此书为西安财经大学"青年英才发展支持计划"和陕西省教育厅一般专项科研计划项目的阶段性成果

产品空间理论视角下的
中国纺织产业升级路径研究

黄伟丽 著

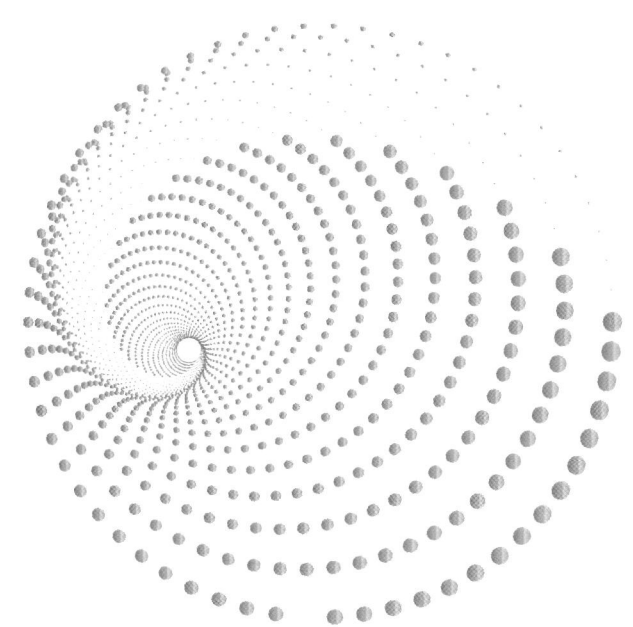

中国社会科学出版社

图书在版编目（CIP）数据

产品空间理论视角下的中国纺织产业升级路径研究/黄伟丽著.
—北京：中国社会科学出版社，2022.9
ISBN 978-7-5203-9845-9

Ⅰ.①产… Ⅱ.①黄… Ⅲ.①纺织工业—产业结构升级—研究—中国 Ⅳ.①F426.81

中国版本图书馆 CIP 数据核字（2022）第 038357 号

出 版 人	赵剑英	
责任编辑	车文娇	
责任校对	周晓东	
责任印制	王 超	

出　　版	中国社会科学出版社	
社　　址	北京鼓楼西大街甲 158 号	
邮　　编	100720	
网　　址	http://www.csspw.cn	
发 行 部	010-84083685	
门 市 部	010-84029450	
经　　销	新华书店及其他书店	
印　　刷	北京明恒达印务有限公司	
装　　订	廊坊市广阳区广增装订厂	
版　　次	2022 年 9 月第 1 版	
印　　次	2022 年 9 月第 1 次印刷	
开　　本	710×1000　1/16	
印　　张	17	
插　　页	2	
字　　数	253 千字	
定　　价	89.00 元	

凡购买中国社会科学出版社图书，如有质量问题请与本社营销中心联系调换
电话：010-84083683
版权所有　侵权必究

前　言

作为轻工大类中的传统优势产业，纺织产业是国民经济的传统支柱产业、重要民生产业和创造国际化新优势的重要产业。新中国成立至今，纺织产业从供不应求到供过于求，从吸纳就业人口近百万到上千万，从出口创汇 1 亿美元到 2464 亿美元，在美化人民生活、增强综合国力等经济和社会发展中发挥了不可替代的作用。随着国际格局与国际贸易秩序变化以及中国经济进入新常态，纺织产业发展呈现阶段性变化，贸易顺差仍保持一定增长，但增长速度大幅下滑。与此同时，原材料价格和劳动力成本却快速上升，节能减排、绿色环保理念日益强化，中国纺织产业整体进入增长动力转换期。但是，长期贴牌生产、自主创新和品牌营销能力不足、增长动力后劲乏力问题日益显现，中国纺织产业突破全球价值链低端锁定的困境，实现竞争力可持续提升面临严峻挑战。在此背景下，基于产品空间理论，剖析中国纺织产业陷入全球价值链低端锁定的发生机制与影响因素，为中国纺织产业实现竞争力的可持续提升寻找全新的路径具有重大战略意义和实践价值，这也正是本书的研究主题。

本书的研究视角是产品空间理论，研究主题为现阶段开放条件下的中国纺织产业升级问题实质上是纺织产业竞争力可持续提升问题。本书利用中国 1962—2018 年 98 种纺织产品的面板数据进行门槛回归，试图揭示纺织产业陷入全球价值链低端锁定，且发展后劲乏力的形成机制，从而为实现纺织产业可持续升级及高质量发展提供政策建议。研究发现，中国纺织产业虽然取得了巨大成就，但逐渐偏离比较优势。中国纺织产业陷入低端锁定并非源于路径依赖效应。中国纺织产业累积的生产能力和要素禀赋尚不足以支撑其实现跨越式升级。据此，本书设计了适合中国纺织产业可持续发展的升级路径。

本书各章节的主要内容如下。

第一章是绪论。主要介绍本书的研究问题、研究背景、研究目的与意义、研究内容与方法、研究思路与框架以及主要创新点。

第二章是产品空间理论与相关文献综述。从产品空间理论、产业升级、产品空间理论下相关产业升级、纺织产业升级四个方面对以往研究进行回顾和评述，以引出本书的文献借鉴启示。

第三章是中国纺织产业发展概况与问题，采用横向的国际对比法和纵向的不同发展阶段的自我比较法，深入描述了中国纺织产业的发展现状与障碍。

第四章是产品空间理论视角下中国纺织产业升级的理论解释。本章主要完成两项工作：一是构建中国纺织产品空间网络演化的理论框架，即纺织产业的升级受外部因素（产业政策）和内部因素（遵循比较优势进行自我发现、自我创新）的共同影响；二是详细阐述中国纺织产品空间网络在全球产品空间中演进的影响因素及其作用机理。

第五章是产品密度对中国纺织产业升级影响的实证分析。产品密度表征纺织产业既有的生产能力和要素禀赋的大小，影响着中国纺织产业升级的幅度和演化轨迹。在全球产品空间中表现为局部产品空间的稠密或稀疏。同时，产品空间理论下表征纺织产业升级的代理变量为比较优势（RCA）指数。基于此，运用门槛回归模型，从总体上对产品密度与比较优势指数之间的非线性关系进行实证检验，并利用产品发展形态模型揭示产品密度影响纺织产业升级的作用机理。进行国别异质性拓展分析，通过与同等水平的"低—中高收入"类型的国家和国民收入增幅大的国家相比，检验中国纺织产业升级轨迹是否偏离比较优势以及偏离的程度。最后，对中国纺织产业政策的影响效应进行实证检验。

第六章是产品复杂度对中国纺织产业升级影响的实证分析。产品复杂度表征中国纺织产品技术含量或附加价值的高低。首先，运用门槛模型对产品复杂度对纺织产业升级的非线性影响进行总体回归，检验产品密度和产品复杂度的交互项对纺织产业升级的影响作用。其次，基于产品发展形态视角揭示产品复杂度对纺织产业升级的作用机理，以及产品密度与产品复杂度的交互项对纺织产业升级的作用机理。最后，对中国纺织产业政策效应进行实证分析。

第七章是产品机会前景收益对中国纺织产业升级影响的实证分析。产品机会前景收益表示开发一种纺织产品的潜在价值带来的收益大小，测度纺织产品既有价值之外的潜在机会价值这一部分。一般来讲，拓展性越强的纺织产品，既有价值和潜在价值均较大。首先，运用门槛模型，从总体上实证检验产品机会前景收益对纺织产业升级之间的非线性关系。检验产品密度和产品机会前景收益的交互项对纺织产业升级的影响机理。其次，从产品发展形态视角分别揭示产品机会前景收益以及产品密度与产品机会前景收益的交互项对纺织产业升级的作用机理。最后，对产品机会前景收益与纺织产业升级之间的关系做相应的稳健性检验。

第八章是升级路径设定。路径设计应遵循三大原则：比较优势原则、优化纺织产品空间整体网络原则、依赖市场与政府相结合的双轮驱动的原则。在上述原则指导下设计了四条升级路径：一是沿着邻近产品进行升级；二是产品结构升级与产品价值升级协同推进；三是提升复杂度较高的纺织产品的国际竞争力；四是挖掘升级潜力大的纺织产品的潜在机会价值。

第九章是研究结论与展望。本章对全书进行总结，归纳全书理论和实证研究的重要结论，并指出研究的不足之处以及未来的研究方向。

感谢美国 Harvard University 的 Hausmann 团队对本书的大力帮助。感谢王海刚教授、冯俊华教授、马宏瑞教授、赵来军教授、薛俭教授、苏芳教授、贺宝成副教授、张原副教授、李德强副教授、陶建宏副教授、倪明明老师以及陕西科技大学经管学院的任课老师，包括朱文莉教授、杨君岐教授、陈晓暾副教授、祝福云副教授、阚立娜副教授、曹志鹏副教授、王胜利教授、许华副教授、邢战雷老师、甄小鹏老师、贺蕾老师、杨勇老师等给予的支持和帮助。特别感谢马广奇导师对本书的指导。

现把我博士期间的研究成果奉献给读者，希望能够促进中国传统产业高质量发展理论发展。在研究和成书过程中，参考了国内外专家学者的大量成果文献，一并表示感谢。书中如有瑕疵，热忱欢迎读者把意见、建议及时反馈给我们，以便我们及时更正。中国传统产业升级与高质量发展的探索尚在路上，需要携手共进。

最后，谨以此书献给我目不识丁却为我们点亮心灯的母亲张女士，以兹感恩！

黄伟丽

于古城西安

2021 年 7 月

目 录

第一章 绪论 ·· 1

　第一节　研究背景和意义 ································· 1
　第二节　研究内容与方法 ································· 7
　第三节　研究思路与框架 ································· 10
　第四节　创新点 ··· 13

第二章 产品空间理论与相关文献综述 ····················· 15

　第一节　产品空间理论 ··································· 15
　第二节　相关文献综述 ··································· 30

第三章 中国纺织产业发展概况与问题 ····················· 67

　第一节　中国纺织产业发展概况 ·························· 67
　第二节　中国纺织产业发展中存在的问题 ·················· 94
　第三节　本章小结 ······································· 99

第四章 产品空间理论视角下中国纺织产业升级的理论解释 ······ 101

　第一节　中国纺织产业在全球产品空间中的演进逻辑 ········ 101
　第二节　中国纺织产业升级的理论框架 ···················· 106
　第三节　市场主导假定下纺织产品空间结构演进的
　　　　　影响因素及作用机理 ···························· 107
　第四节　政府在纺织产品空间演化过程中的角色分析 ········ 113
　第五节　本章小结 ······································· 119

第五章 产品密度对中国纺织产业升级影响的实证分析 ………… 121

第一节 研究设计 ……………………………………………… 121
第二节 实证结果与稳健性测试 ……………………………… 127
第三节 产品密度影响纺织产业升级的机理检验 …………… 136
第四节 国别异质性 …………………………………………… 140
第五节 产业政策的影响效应检验 …………………………… 144
第六节 本章小结 ……………………………………………… 149

第六章 产品复杂度对中国纺织产业升级影响的实证分析 ……… 151

第一节 研究设计 ……………………………………………… 151
第二节 实证结果 ……………………………………………… 156
第三节 产品复杂度影响纺织产业升级的机理检验 ………… 171
第四节 产业政策的影响效应检验 …………………………… 178
第五节 本章小结 ……………………………………………… 180

第七章 产品机会前景收益对中国纺织产业升级影响的
实证分析 …………………………………………………… 182

第一节 研究设计 ……………………………………………… 182
第二节 实证结果与稳健性测试 ……………………………… 187
第三节 产品机会前景收益影响纺织产业升级的
机理检验 ……………………………………………… 205
第四节 本章小结 ……………………………………………… 208

第八章 升级路径设定 ……………………………………………… 211

第一节 沿着邻近产品进行升级 ……………………………… 211
第二节 产品结构升级与产品价值升级协同推进 …………… 212
第三节 提升复杂度高的纺织产品的国际竞争力 …………… 213
第四节 挖掘升级潜力大的纺织产品的潜在机会价值 ……… 215
第五节 本章小结 ……………………………………………… 217

第九章 研究结论与展望 ………………………………………… 218
  第一节 研究结论 ………………………………………………… 218
  第二节 研究不足与展望 ………………………………………… 220

附录 中国纺织产品比较优势（1962—2017 年） ………………… 222

参考文献 …………………………………………………………… 247

第一章 绪论

第一节 研究背景和意义

一 研究背景

(一) 现实背景

轻工业是覆盖最广的民生消费品业,而作为重要民生产业的纺织产业以生产生活资料为主,属于轻工大类中的传统优势产业。Chenery 和 Syrquin (1957) 曾在合著的《发展的型式:1950—1970》一书中,强调轻工业特别是主要依赖农产品原材料的纺织等工业对经济增长做出了重大贡献。改革开放 40 多年来,纺织业逐渐成长为中国轻工业中产业链最完整、门类最齐全的工业部门,其生产规模远超其他轻工行业。自新中国成立开始,中央政府从国家总体经济层面上高度重视纺织产业发展问题,专门设立了中央人民政府纺织工业部。1953—1957 年第一个五年规划时期就确定了棉纺织业的发展规模。纺织工业部门在国家五年规划纲要的指导下,制定自己的五年规划纲要,此后的每一个五年规划纲要均会具体制定纺织产业的发展重点,由强调纺织产业的"量"逐步上升到"质"。截至 2017 年年底,中国纺织产业的主营业务收入已经达到 68936 亿元,约占轻工业主营业务收入的 34%。图 1-1 为中国纺织产业与其他轻工业的竞争力对比图。图中圆圈代表纺织产业。圆圈形状越大,表示竞争力越强。可以看出,改革开放以来中国纺织产业无论是在"量"上,还是在"质"上均远远高于其他轻工业。

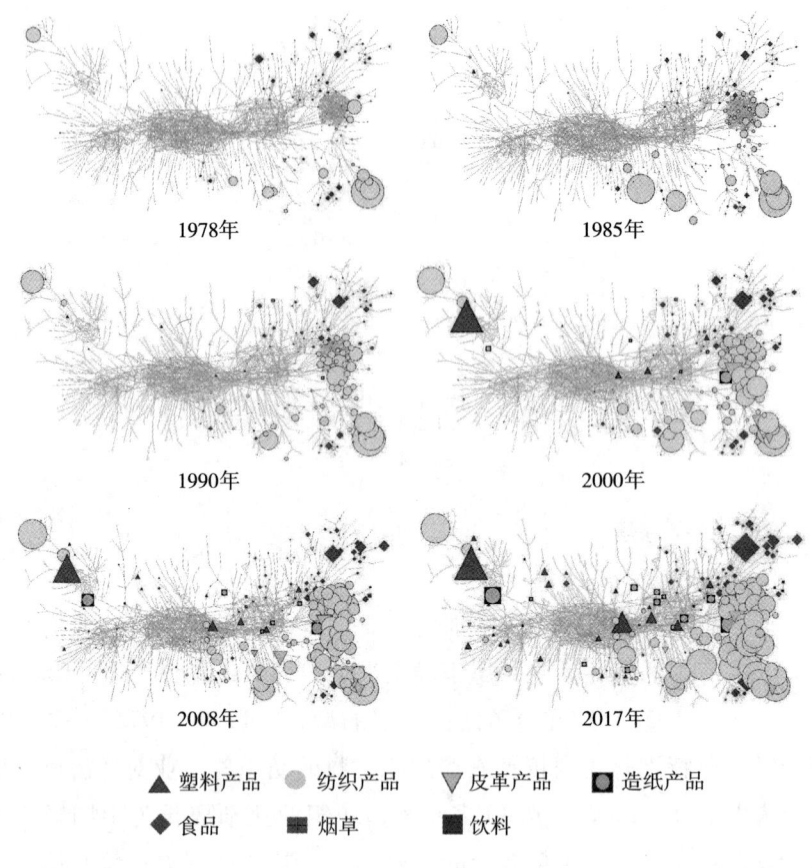

图 1-1 纺织产业在所有轻工业中的地位

资料来源：联合国贸易统计数据库（https://comtrade.un.org/）。

虽然中国是一个既成的"纺织大国"，但是"纺织强国"之路仍然任重道远。由于纺织产品出口体量非常大，中国被称为"纺织大国"。纺织产品出口额从 1962 年的 1.45 亿美元增长到 2017 年的 2740 亿美元，增加了 1888.66 倍，年均增幅达 14.70%，全球占比 35% 左右。但是，纺织产业在"质"上的劣势也越来越明显。一是从国内视角考察，纺织产品无法满足消费者日趋理性以及对个性化、品质化的消费需求；二是从国际视角考察，尽管中国政府早在 1991 年就提出优化商品结构、创建名牌出口产品的战略（刘晓宁，2015），但是真正具有国际知名度的产品寥寥无几。不仅如此，随着全球对污染减排、节能环保的重视，中国纺织产品出口还要应对发达国家碳关税政策的挑战。此外，随着中国从中等偏下收入国家攀升为中等偏上收入国家，原材料价格和劳动力成本也随之快速上涨，要素市场供给持续出现结构性短缺，以至于传统的增长动力逐渐弱化。不过，这也倒逼中国纺织产业从粗放型经济增长方式向绿色集约型经济发展方式转变，从要素驱动向创新驱动转换，这意味着中国纺织产业进入增长动力转换期。

在增长动力转换期，中国纺织产业面临着低端锁定的风险，其竞争力的持续提升面临着后劲不足的危机。在国际贸易出口中，技术含量比较低的纺织产品出口量大，而技术含量比较高的纺织产品出口量小，在国际贸易中还没有形成明显的比较优势。随着劳动力要素禀赋的消失，中国纺织产业在"量"上的比较优势也逐渐被东南亚等国家替代。图1-2显示，显性比较优势纺织产品的种类数由1962年的56种上升到2017年的72种，56年才增加了16种，然而纺织产业的平均比较优势却由1962年的3.24下降到2017年的2.04，年平均下降率达0.84%。究其原因是新开发的复杂度更高的纺织产品还没有形成明显的比较优势，而既有的纺织产品的比较优势却一直在下降。中国

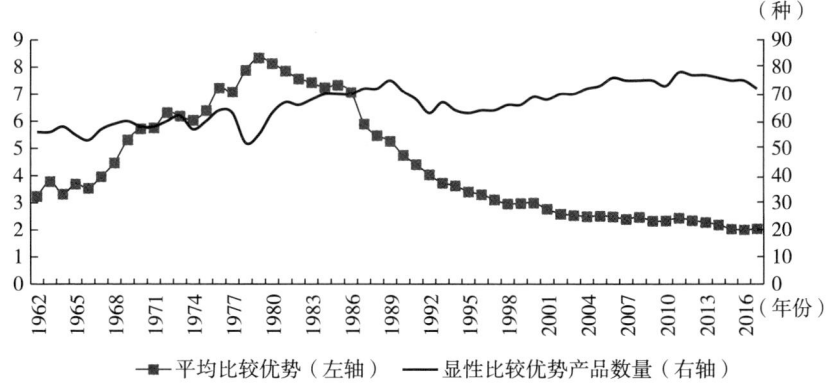

图1-2　1962—2017年纺织产业平均比较优势与显性比较优势产品数量

资料来源：根据联合国国际贸易数据整理计算而得（https://comtrade.un.org/）。

纺织产业只有进行结构调整，淘汰落后产能，提高具有潜力且在可生产能力范围内的纺织产品的技术复杂度才有可能突破低端锁定，实现竞争力的可持续提升。

目前中国实施的供给侧结构性改革正好为纺织产业竞争力的可持续提升提供了机遇。受到学界、政界以及业界关注的供给侧结构性改革最早在2015年11月10日中央财经领导小组第十一次会议上被提及（包特力根白乙，2018）。后来，李克强总理在2016年政府工作报告中明确提出，以供给侧结构性改革提高供给体系的质量和效率。本书认为，纺织产业供给侧结构性改革不仅是中国政策鞭策下的战略行为，也是其发展过程中长期累积的一系列问题倒逼下的必然选择，包括纺织产业内部结构、纺织企业产权结构、纺织产品结构以及技术结构等方面的问题。解决这些问题，需要在统筹兼顾需求侧结构性改革的基础上以供给侧为发力点推进结构性改革，从而与需求侧有机结合。要围绕"去落后产能、去积压库存、降低成本、弥补短板、促进科技创新、提高综合生产能力、增加综合效益、提高国际竞争力"（张富禄，2016）展开。因此，纺织产业供给侧结构性改革一定要在充分发挥市场主导作用的基础上，优化供给侧要素配置，逐步减少低端、无效供给，不断促进纺织产业全要素生产率的提高，从而达到纺织产业可持续发展的目标，不过这并非一蹴而就的短期行为，需要做好打持久战的心理准备。

（二）理论背景

开放条件下中国纺织产业竞争力提升的相关理论主要分散于国际贸易和增长理论。其中，国际贸易领域的代表性理论有Ricardo的比较优势理论（Ricardo，1817）、Heckscher-Ohlin的要素禀赋理论（Heckscher and Ohlin，1991）。前者认为生产技术差异决定产业发展的方向和路线，后者认为要素禀赋差异决定产业发展的方向和路线。生产力增长理论的典型代表有诺贝尔奖获得者Romer的内生增长理论（Romer，1989）和Grossman-Helpman的质量阶梯模型（Grossman and Helpman，1994）。前者使用Dixit-Stiglitz生产函数（Dixit and Stiglitz，1977）构建品种多样性模型，该模型的前提假设是一国的初始专业化模式不会影响后期产品专业化生产水平。例如，丝绸或者电视机的初始专业化模式不会影响电脑的预期生产水平。而后者的前提假设是每种产品的质量提升是独立进行的。这两种理论均有一个共同的前提假设，即产品质量提升路线是同质的、不间断的，因此只要投入技术、人力、物力就一定可以提高质量。实际上，产品质量提升是不连续的、非均质的，因为产品所蕴含的生产能力和要素禀赋之间具有不完全替代性，有的产品之间根本没有关联，例如蚕丝和宝石；而有的产品之间关联度（相似性）很大，例如生产男士衬衫和女士衬衫。如果产品之间的技术距离很远，产品需要跨越很多"台阶"才有可能实现质量的提升，提高过程中的风险很大，如果跨越的距离不足以到达标的，就会从高处"摔落"，这就是政府的很多产业政策都失败的原因所在。

纺织产业竞争力的可持续提升是一个诸多因素共同影响的复杂过程，既有可衡量的自然资源、劳动力等要素的作用，也有难以衡量的附着在自然资源和劳动力身上的人力资本和科学技术水平的影响，更有隐形的企业文化、企业家精神和行业环境的作用。早期的古典经济学家一般从可衡量要素出发，强调自然资源和劳动力等要素在纺织产业发展中的作用，并据此提出解释产业经济增长的理论模型。但现实中纺织产业内部各子行业在投入同等数量要素的情况下会得到不等的经济产出，伴随产业经济理论研究的深化，对这些不可见要素的质量分析逐渐被重视，因而现代产业经济学不仅从资源禀赋的角度，更从生产技术和各个子行业自身的发展潜力出发进行深入研究。本书则在对中国纺织产业竞争力提升和发展路径的分析中同时考虑可见的投入要素和不可见的投入要素，但是影响纺织产业发展的因素多之又多，不可能全部考虑进去。无论是可衡量的还是不可衡量的投入均可抽象为能力，而产品是承载这些能力的主体，且产品集聚的异质性体现了生产能力和要素禀赋之间的差异，进而影响纺织产业竞争力提升的可能性、幅度和频率，而异质性正是产品空间理论的核心，意味着纺织产业发展路线是非线性的。从这一角度看，基于产品空间理论研究中国纺织产业发展的路线、影响因素及其内在机理更具解释力度。

本书的研究需要集中探讨产品空间理论视角下纺织产业竞争力持

续提升的问题，有效解决可持续提升问题需要分析三个子问题：第一，中国纺织产业自身发展规律是什么？第二，纺织产业陷入低端锁定的形成机制是什么？第三，纺织产业竞争力可持续提升后劲乏力的原因是什么？在产品空间理论的核心概念中，产品密度影响着纺织产业发展的方向和幅度（张亭和刘林青，2016），可以解释第一个问题；产品复杂度影响着纺织产业发展的高度（马海燕和于孟雨，2018），可以解释第二个问题；产品机会前景收益影响着纺织产业发展的潜力（刘林青和邓艺林，2019），可以解释第三个问题。因此，选择这三个指标作为主要影响因素具有一定的科学性和合理性。此外，依据产品空间理论，当市场失灵时政府在纺织产品空间结构转换过程中扮演着重要角色，这又引出本书所要回答的新问题：政府行为尤其是产业政策对中国纺织产业升级的影响效应是什么？在市场和政府行为相互作用下所设定的升级路径又是什么？通过对这些问题的研究，可以回答中国纺织产业竞争力提升的可持续问题和路径问题。

二　研究意义

如何推动中国纺织产业突破低端锁定瓶颈以应对其升级后劲不足的问题？纺织产业升级主要指纺织产业内部结构升级以及自身附加价值的提高。前者体现为产业内部各个行业之间的协调发展及其结构的合理化与高级化，后者主要表现为产品技术复杂度的提高、生产要素的优化组合以及管理水平的提高等。目前作为国民经济传统支柱产业的纺织产业的比较优势虽然一直在下滑，但其内部结构正在优化，一部分没有竞争力的纺织产品正在退出市场，另一部分具有较大潜力的纺织产品正在成长。不过现在出现了一个尴尬的问题，即新的潜在优势产品还没有成长起来，而"旧的、没落的"纺织产品正在退出世界舞台。现在的核心问题是如何解决纺织产业升级的可持续问题，这一主题的研究具有重大战略意义和实践价值。

本书的研究意义表现在理论和实践两个方面。

（1）理论意义。本书在产品空间理论的框架下，采用联合国贸易统计数据库SITC（rev2）4位码分类的产品出口贸易流数据，从总体和产品形态层面系统地探讨了产品密度、产品复杂度、产品机会前景收益对纺织产业升级的影响以及作用机理，并将政府行为纳入分析框架，进一步地探讨了政府在纺织产品空间结构演化过程中的作用，这在一定程度上拓宽了产品空间理论的研究维度和应用范围，彰显了其强大的理论价值。

（2）实践意义。首先，近60年来中国纺织产业的发展轨迹是什么样的？为什么会形成这样的发展轨迹？这种轨迹在多大程度上受到政府产业政策的影响？其次，中国纺织产业竞争力提升面临的主要障碍是什么？这种障碍的形成机制是什么？中国政府目前实施的供给侧结构性改革是否对症下药？再次，近60年来中国纺织产业在多大程度上实现了由低附加值向高附加值的升级？对中国的纺织产业而言，是否产品复杂度和机会前景收益越高越有利于促进其升级？最后，产品空间理论下克服中国纺织产业升级障碍的一套合适的路径是什么？这些问题不仅可在本书中找到答案，而且对这些问题的探讨能够加深对中国纺织产业发展现状和发展趋势的认识，从而对如何促进中国纺织产业竞争力可持续提升进而在一定程度上对促进中国跨越"中等收入陷阱"具有重要现实意义。

第二节　研究内容与方法

一　研究内容

本书以纺织产业为研究对象，以现阶段开放条件下的中国纺织产业升级问题（实质上是纺织产业竞争力可持续提升问题）为研究主题，以产品空间理论为研究视角，有机地运用复杂网络分析法和非线性的门槛回归模型，对纺织产业升级的形成机制、影响因素及其作用机理进行定性和定量研究，试图在产品空间理论的框架下解决中国纺织产业在增长动力转换期面临的增长后劲乏力问题。核心内容分为三大块。一是产品空间理论对中国纺织产业升级的理论解释。二是讨论产品空间理论下影响中国纺织产业升级的因素并对其进行实证分析。三是基于以上理论分析和实证分析，探讨中国纺织产业升级的具体路径设计和配套的保障措施。

本书的主要内容包括以下几个方面。

（1）产品空间理论视角下中国纺织产业升级的理论框架。基于产品空间理论的纺织产业升级是产品结构升级与产品附加价值提高协同推进的过程。从产品空间理论的能力角度讲，其是一国企业发现其擅长生产的纺织产品并在"干中学"中掌握这种能力的过程，其升级发展具有路径依赖性，在呈"核心—边缘"结构的全球产品空间中则表现为从边缘向核心区域渐进式移动的过程。本书将"渐进式升级"拓展至"跨越式升级"，即纺织产业的升级是在外部条件（产业政策）和内部条件（遵循比较优势进行自我发现、自我创新）的共同作用下，当生产能力和要素禀赋累积到一定程度时引发的"质"的跨越式升级。通过将作为内部条件的"自增式发展"和外部条件的政府行为相耦合，本书构建了中国纺织产品空间网络演化机制的理论框架。

（2）利用复杂网络分析法，结合联合国商品贸易统计数据库（UN Comtrade）和 Feenstra 等（2005）编制的全球贸易流量表组合成的时间跨度为 1962—2018 年的"国家—产品"层面的出口贸易数据，由参与国际贸易的商品作为矩阵元素，由商品之间的技术距离作为连接强度构建具有"核心—边缘"结构的全球产品空间网络，动态刻画中国纺织产品空间网络在全球产品空间中的演化过程，分析中国纺织产品空间演进的影响因素，分别为产品密度、产品复杂度和产品机会前景收益。运用非线性的门槛回归模型，对上述影响因素进行总体回归和机理检验。首先，着眼于中国纺织产业发展轨迹是否偏离比较优势这一问题，从产品密度的视角为其找到理论解释，并做进一步的国别异质性分析。其次，由于产品空间理论视角下影响纺织产业升级的主要因素除了产品密度还有产品复杂度和产品机会前景收益，本书进而探讨了产品复杂度与产品机会前景收益影响中国纺织产业升级的作用机制，以及产品密度与产品复杂度、产品机会前景收益之间的交互作用机制。最后，由于中国纺织产业的发展深受政府行为，尤其是产业政策的影响，本书重点考察了纺织产业政策的影响效应。

（3）基于理论和实证分析结果设计了产品空间理论视角下中国纺

织产业的升级路径，并且为了保证路径的顺利进行，提出了具体的政策建议。

二 研究方法

本书拟采用文献计量法、规范分析法、实证分析法和比较分析法展开研究。

（一）文献计量法

文献综述部分，对产品空间理论、产业升级、纺织产业升级、产品空间理论下相关产业升级这四大领域的研究文献进行知识图谱分析，梳理前人的研究成果和不足，以引出本书的研究。

（二）规范分析法

采用规范分析法构建本书的理论框架，在美国哈佛大学 HRKH 团队（由 Hausmann 带领的团队，其成员主要包括 Ricardo、Klinge 和 Hidalgo 等）提出的产品空间理论的基础上，将政府行为，尤其是产业政策纳入分析框架，构建内外部条件协同影响中国纺织产业升级的理论框架。

（三）实证分析法

在规范分析的基础上，基于联合国国际贸易统计数据库、世界银行 WDI 数据库等，有机地运用复杂网络分析方法、动态 GMM 计量方法、面板固定效应检验方法、Probit 检验方法、OLS 检验工具，分析产品密度、产品复杂度、产品机会前景收益和产业政策对纺织产业升级的影响及其作用机理。

（四）比较分析法

比较分析法主要体现在两个方面。一是体现在对纺织产业发展现状的描述上。采用横向的国际对比法和纵向的不同发展阶段的自我比较法，深入探讨中国纺织产业的发展现状。二是充分运用对比分析法分组检验三个子主题下的实证分析结果。例如，本书参照纺织产业的历次"五年规划"时段划分，将样本期间划分为 10 个时期；根据世界银行公布的国民收入水平增幅，将全球样本国家分为四组；通过不同子样本间的对比分析来分别比较产品密度、产品复杂度、产品机会前景收益对纺织产业升级的异质性影响，并对异常影响进行剖析，达到拓宽研究广度、增强研究深度的目的。

第三节 研究思路与框架

一 研究思路

本书选择产品空间理论作为纺织产业升级的分析视角，试图说明以下问题：一是产品空间理论视角下中国纺织产业在全球价值链中低端锁定的形成机理；二是产品空间理论视角下中国纺织产业可持续升级后劲乏力的内外影响因素及作用机理；三是市场和政府双轮驱动下的纺织产业可持续升级的具体实现路径。

基于上述研究目的的研究思路是：第一，通过文献综述引出产品空间理论并论证该理论的适用性。第二，采用对比分析法描述纺织产业发展现状以分析其存在的障碍。第三，阐述产品空间理论对纺织产业升级的理论解释，包括内生因素（产品密度、产品复杂度和产品机会前景收益）和外生因素（政府行为）。第四，检验内部因素和外在因素对纺织产业升级的影响及作用机理。第五，在综合理论分析与实证检验的基础上进行路径设计并提出保障路径顺利进行的对策建议。

二 研究框架

第一章是绪论。主要介绍本书的研究问题、研究背景、研究目的与意义、研究内容与方法、研究思路与框架以及主要创新点。

第二章是产品空间理论与相关文献综述。从产品空间理论、产业升级、产品空间理论下相关产业升级、纺织产业升级四个方面对以往研究进行回顾和评述，以引出本书的文献借鉴启示。

第三章是中国纺织产业发展概况与问题。本章采用横向的国际对比法和纵向的不同发展阶段的自我比较法，深入描述了中国纺织产业的发展现状与障碍。

第四章是产品空间理论视角下中国纺织产业升级的理论解释。本章主要完成两项工作：一是构建中国纺织产品空间网络演化的理论框架，即纺织产业的升级受外部因素（产业政策）和内部因素（遵循比较优势进行自我发现、自我创新）的共同影响；二是详细阐述中国纺织产品空间网络在全球产品空间中演进的影响因素及其作用机理。

第五章是产品密度对中国纺织产业升级影响的实证分析。产品密度表征纺织产业既有的生产能力和要素禀赋的大小,影响着中国纺织产业升级的幅度和演化轨迹,在全球产品空间中表现为局部产品空间的稠密或稀疏。同时,产品空间理论下表征纺织产业升级的代理变量为比较优势(RCA)指数。基于此,本章运用门槛回归模型,从总体上对产品密度与比较优势指数之间的非线性关系进行实证检验,并利用产品发展形态模型揭示产品密度影响纺织产业升级的作用机理。本章还进行了国别异质性拓展分析,通过与同等水平的"低—中高收入"类型的国家和国民收入增幅大的国家的比较,检验中国纺织产业升级轨迹是否偏离比较优势及其偏离程度。最后,本章对中国纺织产业政策的影响效应进行了实证检验。

第六章是产品复杂度对中国纺织产业升级影响的实证分析。产品复杂度表征中国纺织产品技术含量或附加价值的高低。首先,本章运用门槛模型,对产品复杂度对纺织产业升级的非线性影响进行总体回归,检验产品密度和产品复杂度的交互项对纺织产业升级的影响作用。其次,本章基于产品发展形态视角揭示产品复杂度对纺织产业升级的作用机理,以及产品密度与产品复杂度的交互项对纺织产业升级的作用机理。最后,本章对中国纺织产业政策效应进行实证分析。

第七章是产品机会前景收益对中国纺织产业升级影响的实证分析。产品机会前景收益表示开发一种纺织产品的潜在价值带来的收益大小,测度纺织产品既有价值之外的潜在机会价值这一部分。一般来讲,拓展性越强的纺织产品,既有价值和潜在价值均较大。首先,本章运用门槛模型,从总体上实证检验产品机会前景收益对纺织产业升级之间的非线性关系,检验产品密度和产品机会前景收益的交互项对纺织产业升级的影响机理。其次,本章从产品发展形态视角分别揭示产品机会前景收益以及产品密度与产品机会前景收益的交互项对纺织产业升级的作用机理。最后,本章对产品机会前景收益与纺织产业升级之间的关系做相应的稳健性检验。

第八章是升级路径设定。路径设计应遵循三大原则:比较优势原则、优化纺织产品空间整体网络原则、依赖市场与政府相结合的双轮驱动的原则。在上述原则指导下设计了四条升级路径：一是沿着邻近产品进行升级；二是产品结构升级与产品价值升级协同推进；三是提升复杂度较高的纺织产品的国际竞争力；四是挖掘升级潜力大的纺织产品的潜在机会价值。

第九章是研究结论与展望。本章对全书进行总结，归纳全书理论和实证研究的重要结论，并指出研究的不足之处以及未来的研究方向。

本书的研究框架如图1-3所示。

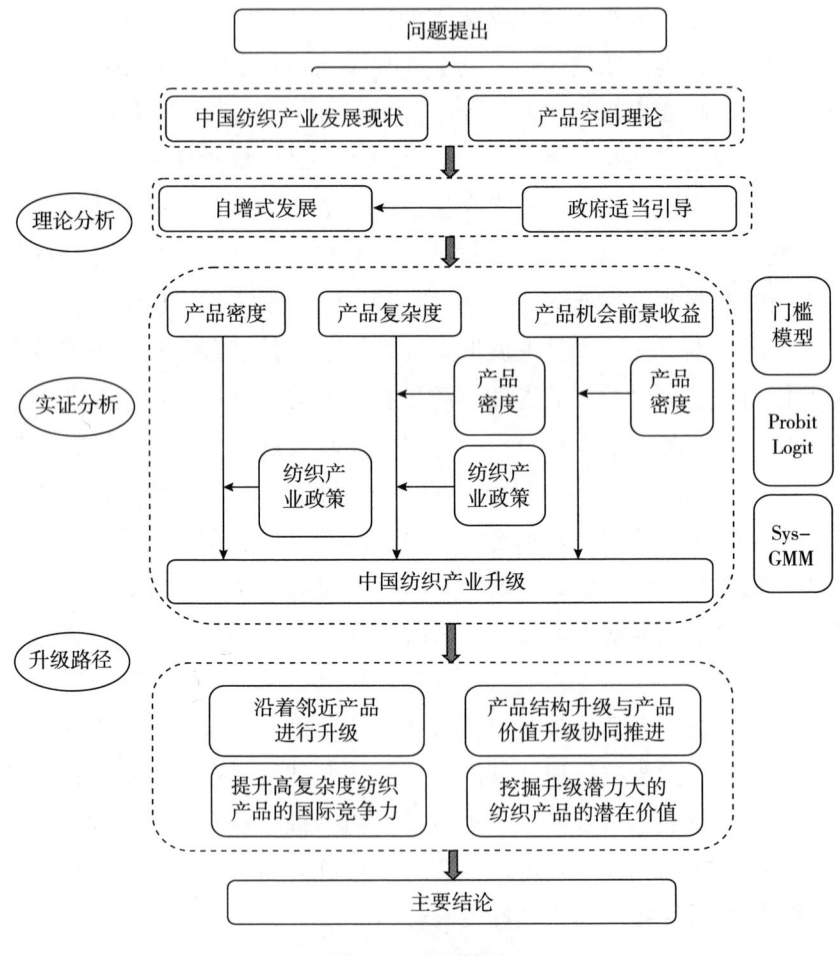

图1-3 研究框架

第四节 创新点

本书的创新点在以下四个方面有所体现。

一 构建了产品空间理论视角下中国纺织产业升级的理论框架

相较于当前纺织产业升级的相关研究，产品空间理论研究视角的选取不仅能系统地诠释纺织产业升级的内涵，而且能解释中等收入国家，尤其是中国，现阶段纺织产业面临的竞争力提升不可持续的现实困境。考虑到中国纺织产业发展的现实情况，将外部条件的政府行为与内部条件的自增式发展相整合，构建了中国纺织产品空间网络演化机制的理论框架。在市场和政府双轮驱动的理论框架下依次选取产品密度、产品复杂度、产品机会前景收益作为内部条件的代理变量，选取纺织产业政策作为外部条件的代理变量展开实证分析。

二 产品密度对中国纺织产业升级的促进作用在逐渐减弱

目前国内已有研究是从整体上检验产品密度对所有产业升级的影响，本书首次研究不同门槛水平下产品密度对纺织产业升级的影响，通过非线性门槛模型回归，发现随着产品密度水平的提高，其对纺织产业升级的影响在逐渐减弱，这表明中国纺织产业的发展逐渐偏离比较优势。通过对中国纺织产业政策的影响效应进行检验可以发现，追求赶超式发展战略的纺织产业政策使纺织产业在发展过程中逐渐偏离了比较优势。

三 产品复杂度对中国纺织产业升级的抑制作用先加剧后减弱

通过构建产品复杂度的非线性门槛模型，发现其对中国纺织产业升级的抑制作用先加剧后减弱。通过构建产品发展形态模型，发现产品复杂度通过抑制产品失势和产品升级从而抑制了纺织产业升级，导致中国纺织产业面临着既有的比较优势逐渐消失，而新的比较优势还未形成的低端锁定局面。通过路径依赖效应检验可以发现，随着产品密度水平的提高，产品复杂度对中国纺织产业升级的促进作用逐渐增强。这表明中国纺织产业陷入低端锁定并非缘于路径依赖效应。

四 产品密度尚不足以调节产品机会前景收益对中国纺织产业升级的抑制作用

通过构建产品机会前景收益的非线性门槛模型可以发现，其对纺织产业升级的抑制作用逐步减弱。通过对产品密度与产品机会前景收益的交互项进行门槛面板回归可以发现，产品密度对产品机会前景收益的正向调节效应具有门槛效应，当产品密度处于低水平区间时，不能调节产品机会前景收益的抑制作用；只有当产品密度跨越低水平区间，进入高水平区间时，才能调节产品机会前景收益使其发挥促进作用。结合中国纺织产业全球产业链低端锁定这一现实，可知中国纺织产业目前累积的生产能力和要素禀赋尚不足以支撑其实现跨越式升级。

第二章 产品空间理论与相关文献综述

第一节 产品空间理论

一 产品空间理论的基本内涵

产品空间理论建立在内生增长理论基础上，强调内生技术进步对长期经济增长的促进作用。内生增长理论的核心思想是经济增长能够在不依靠外部力量的前提下实现持续增长。内生技术进步是经济增长的源泉，而知识的积累是内生技术进步的根源。知识积累的途径一般有两条，分别是R&D和"干中学"。在第一阶段的内生增长模型中，"干中学"是唯一有效促进收益递增的知识积累的重要途径；而第二阶段的内生增长模型强调技术进步是企业自主的R&D活动的结果，此阶段产生了一些内生增长模型，如创造性破坏内生增长模型、质量阶梯模型。无论是在内生增长模型的第一阶段还是第二阶段，技术进步均是内生的，因而经济增长也是内生的（Romer，1989）。与内生增长理论相比，产品空间理论的亮点在于它捕捉到了产品空间的异质性，包括集聚异质性和扩散异质性，并据此推断出各国经济增长停滞的拐点，同时也指出了跳出经济增长停滞陷阱的方向，为政策制定者提供了重要的参考依据。

HRKH团队发现，1992—2003年中国出口的产品中既有劳动密集型产品又有高精尖产品，对于一个发展中国家来说，这在当时是一件很不可思议的事情，因为这意味着当时的中国既有劳动资源禀赋又有资本和技术资源禀赋。一种可能的解释是中国部分劳动密集型产品顺利过渡到了资本或技术密集型产品。为验证上述猜测，HRKH团队利用1962—2000年联合国国际贸易数据库中国际贸易标准分类4位编码数字的1006种产品出口数据，根据产品之间的邻近性（也叫相似性）构建产品空间网络，从经济学意义上揭示了世界各国产品空间结构的演化趋势和影响因素，得出如下几点结论：第一，产品与产品之间存在技术距离。每件产品都涉及高度特殊的投入，诸如基础设施、专有技能、劳动培训、物质资本、中间投入品、知识产权、规制或其他公共产品（曾世宏和郑江淮，2008）。第二，产品之间的相似性具有异质性。相似性大的产品之间相距比较近，组成的局部产品空间比较稠密；相似性小的产品之间相距比较远，组成的产品空间比较稀疏。高精尖产品往往处于核心区域的紧密型产品空间，简单产品往往处于边缘区域的稀疏型产品空间。这也是该理论的核心，即具有"核心—边缘"结构的产品空间具有集聚异质性。第三，一国显性比较优势的演变具有路径依赖性。当国家出口的"一篮子"产品变化时，这些产品很可能与那些既有产品邻近性很强。第四，处于产品空间稠密区域的国家比那些处于产品空间稀疏区域的国家更容易改变它们的相对比较优势，而且向产品空间核心区域进行扩散的速度也更快，这体现了产品空间的扩散异质性。

产品空间理论也叫能力理论，该理论研究的不是产品，产品只是生产能力和要素禀赋的载体，它研究的是一国的产业或企业如何通过跨越产品之间的技术距离实现从低生产能力禀赋区域移动到高生产能力禀赋区域，从而实现可持续发展。为了让人们更容易理解这一抽象理论，HRKH团队借用"猴子与森林"的比喻，即所有国家出口"篮子"中的产品可以被看成一棵棵分布的树木，所有的树木组成一片森林（张亭和刘林青，2016），因为每个国家的初始生产能力和要素禀赋不同，出口的一篮子产品具有异质性，因此树木之间的分布具有不同的稀疏紧密的形态，从而这片森林具有异质的局部结构特征。一般来说，这片森林的中心是稠密形态，越往边缘，形态越表现为稀疏状态。可以将每个国家看成由企业组成的猴群，这些猴群在森林里不同树木之间来回跳动。其中，每个猴子从一棵树跳到另一棵树的难易程度取决于树木之间的距离,这个距离就是指产品之间的相似性大小。假如两个产品之间需要的生产要素禀赋具有较大的相似性,则树木之间的距离比较短,猴子比较容易实现从一棵树向另一棵树的跳跃(张亭和刘林青,2016);假如两个产品之间需要的生产要素差异很大,树木之间的距离就很大,猴子跳跃起来就很困难。例如,橘子和橙汁之间需要的生产要素很相似,从橘子到橙汁需要的原材料是一样的,只需要购买一台榨汁机就可以实现从橘子到橙汁的跳跃。但是,从橙汁到汽车的跳跃就比较困难,需要具备专业知识的人力资本、高精尖仪器、反复的实验、苛刻的实验环境以及生产环境等。一般来说,发达国家的产品多样化水平比较高,所以往往处于这片森林的中心区域,而发展中国家的产品比较普遍化,往往处于这片森林的周围。鉴于产品空间的异质性,一国的产业升级轨迹往往遵循渐进式升级路线。

二 产品空间结构的刻画

产品空间理论是复杂网络理论应用于经济学领域的创造性成果,其系统性和前沿性在一定意义上折射出近20年来复杂网络科学的进步对经济学的推进作用,同时这也在一定程度上传递出一种信号,即继续深化复杂网络科学在经济学领域的应用在信息时代是一件具有深远价值的事情。

上述分析充分论证了基础学科的交叉融合对经济增长理论的重大贡献。就本书的研究主题而言,表现为复杂网络理论在经济学领域的延伸诞生了产品空间理论。而复杂网络理论的精髓价值正是异质性,由此便不难理解为何产品空间理论的核心价值也在于异质性。除此之外,复杂网络在围绕产品空间理论展开的多学科研究中,物理学家和经济学家的奠基作用明显,共同构筑起产品空间理论研究的知识基础。第一篇里程碑意义的论文可追溯到Hausmann和Klinger发表在《科学》杂志上的期刊论文。该论文基于对各国出口产品结构历年演化的观察得出产品空间异质性的结论,进而否定了那些假定各国产品空间是均匀和连续的传统贸易增长理论的密度、距离、模块和联通度等概念正是产品空间理论的结构思想来源。复杂网络主要包括随机网络、规则网络、无标度网络、小世界网络,其中,小世界网络是复杂网络分析的典型代表,介于规则网络、随机网络两者之间,因其具有较高聚类性和较短平均路径长度而经典展现了复杂网络的异质性特征。换言之,在小世界网络中大部分节点连接的边很少,而少部分节点却拥有大量连接,这种特征使小世界网络相对更能刻画现实世界的经济现象,如"二八定律"。同样,在产品空间网络中大部分国家位于产品空间的边缘位置,而少数发达国家却占据着产品空间的中心区域。由此可见,用小世界网络刻画产品空间可以更好地揭示蕴含在产品上的生产能力和要素禀赋的积累与发展规律以及经济高质量发展的新视野(见图2-1)。不仅如此,小世界网络还具有扩散速度快的特质。如果一个国家的产品空间满足小世界网络特征,该国向产品空间核心区域移动的速度将比较快。

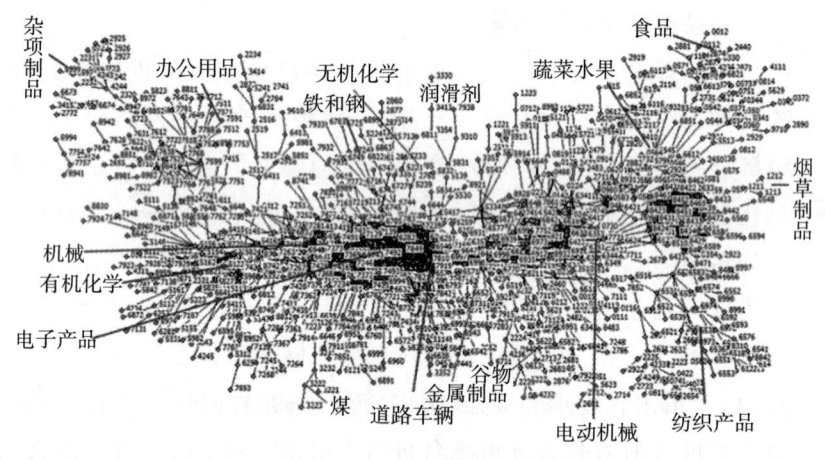

图 2-1 全球产品空间结构示意

资料来源:根据联合国国际贸易数据整理计算而得(https://comtrade.un.org/)。

相信上面的分析已经引起大家对小世界网络的好奇心。小世界现象最早由美国社会学家 Milgram 于 1967 年提出,用以分析社交网络中是否存在一个最短的路径(张妍妍,2014)。他成功完成了一个著名的送信试验并得出一个有名的结论。他随机挑选一些人并让他们尽快通过熟人将信件送到美国的那位朋友手中，结果是预期数量的信件到达了目的地。Milgram 统计分析后发现每封信件平均要通过 6 个人才能到达，于是他得出结论，任意两个人之间可以平均通过 6 个熟人联系在一起（王斌，2003）。换言之，世界上任意两位随机挑选的人可以由一条由中间熟人形成的短链相连。这种特征被称为"6 度分离"，在物理学领域被称为"小世界效应"。

在 Milgram 研究的基础上，Watts 和 Strogatz 基于对规则网络和随机网络的观察，提出小世界网络模型（W-S 模型）（Watts and Strogatz，1998）。他们认为，无论是自然界还是现实社会中的大多数网络既不是完全规则的也不是完全随机的。在 W-S 模型中，两位学者从一个具有 N 个节点和 K 条连接边数的较为稀疏的规则网络出发，通过断键重连的方式，即按照概率 p 对每条边进行重新连接，得到一个新的网络。由于这个新网络具有一个较短的特征路径长度，因此将其称为小世界网络，这是一个更偏向于随机的网络（张妍妍，2014），其特质如下：一是网络巨大，节点数可达十亿数量级；二是网络是相对稀疏的，因为网络中的任一节点构成的局部网络相对于整个巨大网络是微乎其微的；三是网络中不存在核心点；四是整个网络是高度聚类的，个体网络之间都有重叠。

由于小世界网络是完全规则网络向完全随机网络过渡的一种网络，相比于规则网络和随机网络，小世界网络能够更科学地模拟真实世界的"小世界"现象。因为规则网络虽然具有高聚类性质（张毅等，2013），但不具有小的平均路径长度，而随机网络虽然具有小的平均路径长度，但不具有高聚类特性（汪小帆，2006）。基于此构造小世界网络，其算法为：第一步，构造规则网络。将一个包含 N 个节点的最近邻耦合网络（规则网络的一种）围成一个环，其中每个节点与它左右相邻的各 $K/2$ 个节点相连，K 为偶数（陆安，2018）。第二步，随机重连。以概率 p 在随机选取的一对节点之间加上一条边，即将边的一个端点随机放在一个新的位置上，但每个节点都不能有边与自身相连。学者往往通过测量聚集系数、平均路径长度、度分布这几个统计指标来表征小世界网络的特质。

聚集系数（Clustering Coefficient），也叫聚类系数，是一种测度局部网结构的指标，其数理表达式为：

$$c(p) = \frac{3(K-2)}{4(K-1)}(1-p)^3 \tag{2-1}$$

平均路径长度指连接任何两个点之间最短路径的平均长度，一般利用"重正化群"方法对其进行测算（Newman and Watts，1999），其公式为：

$$L(p) = \frac{2N}{K}f(NKp/2) \tag{2-2}$$

其中，$f(u)$ 为一普适边度函数，满足：

$$f(u) = \begin{cases} constant, & u \leq 1 \\ (\ln u)/u, & u \geq 1 \end{cases} \tag{2-3}$$

其中，$constant$ 指常数。

度分布是指一个点的邻点的个数。在基于随机重连的小世界网络中，每个节点的度至少为 K。一个随机选取的节点的度为 k 的概率为：

$$P(k) = \binom{N}{k-K}\left(\frac{Kp}{N}\right)^{k-K}\left(1-\frac{Kp}{N}\right)^{N-k+K} \tag{2-4}$$

当 $k \geq K/2$ 时，有：

$$P(k) = \sum_{n=0}^{\min(k-K/2,\, K/2)} \binom{K/2}{n}(1-p)^n p^{(K/2)-n} \frac{(pK/2)^{k-(K/2)-n}}{(k-(K/2)-n)!}e^{-pk/2} \tag{2-5}$$

而当 $k < K/2$ 时，$P(k) = 0$。

Watts（2000）给出了关于小世界网络的具体判定标准：一是总体规模 N 是固定的；二是各个点的平均度数 K 是固定的，且 K 大于 1，小于 N，从而保证了整体网络的稀疏性；三是任意两点之间都可以通过一定的长度建立与其他点的联系。

三 产品空间理论的核心指标及其测度

衡量产品空间结构属性的指标主要有产品邻近性、显性比较优势、产品密度、产品复杂度、经济复杂性展望指数、产品机会前景收益，这些指标共同揭示了一国比较优势演化与经济增长、产业升级的内在关联机制。本部分对这些指标一一进行阐述。

(一) 产品空间结构

产品空间是由参与国际贸易的商品作为矩阵元素，由商品之间的技术距离作为连接强度构成的。产品空间的实质是技术和能力空间，因为在产品空间中，被可视化的产品实质上是产品所承载的专有知识和技术的物化。在产品空间中，产品与产品之间的连通性被叫作"邻近度"，根据生产它们所需的专有技术的相似性来度量，即根据两种产品共同出口的可能性来测量。产品与产品是否彼此接近以产品之间的邻近度与1的差距为衡量标准。邻近度指数的值越大，产品与产品彼此越接近，邻近度指数的值越小，产品与产品彼此相隔越远。用产品空间映射社会经济现象是近年来研究经济增长的前沿视角，通过对产品空间的结构特征和个体特征进行量化分析，可以探索到经济可持续增长的方向。

产品空间网络的核心不是产品，而是产品聚类异质性，即一些局部空间比较稠密，另一些局部空间比较稀疏。在图论学里，产品空间就是复杂地呈现"核心—边缘"结构的无向网络图，图中点与点之间的连线就是产品与产品之间的连通性，点与点是否彼此接近意指产品与产品是否彼此接近。尤其，借助复杂网络中的小世界网络能够完美刻画现实世界的产品空间，以揭示蕴藏在产品中的技术知识和能力禀赋的累积和演进特征。用复杂网络分析法分析产品空间时，主要将复杂网络分为两大类，分别是整体网和个体网。其中，整体网即指整个网络，个体网指整体网络中以某个点为中心抽取的局部网络。但不管分析整体网还是个体网，均需要量化出一些基本的概念，例如关联性、距离、密度。其中，密度指标分为整体网络密度和个体网络密度，在这些基本概念的基础上可以延伸出其他概念。产品空间理论的核心概念便源于这些基本概念，产品空间中的邻近度对应复杂网络中的关联性；产品空间中的距离对应复杂网络中的距离；产品空间中的密度对应复杂网络中的密度，也分为整个产品空间密度和个体产品密度。基于此，在测度产品空间的基本概念时采用的测度方法沿用复杂网络的测度方法。

在具体操作时，利用 56 年（1962—2017 年）全球 148 个国家的 774 种 SITC（Rev. 2）四位码分类的产品出口数据，测算任意两产品之间的邻近度（$\varphi_{p,q,t}$），其值在 [0, 1]。采用 Hidalgo 等（2007）的做法，以 0.55 为阈值判定产品连通与否。当 $\varphi_{p,q,t} \geq 0.55$ 时，认为两产品之间连通，否则不连通。同时，根据 $\varphi_{p,q,t}$ 的大小衡量产品空间中两产品位置的接近程度，至此，以邻近度指数为基础成功构建具有异质性的恒定全球产品空间。之所以以 0.55 为邻近度的阈值，是因为当阈值大于 0.55 时，大部分产品之间变得不连通，以至于大多数国家都不能移动到全球产品空间的核心区域，意味着这些国家永远不可能发展成为发达国家，而这与现实情况相违背。之所以说全球产品空间具有异质性，是因为产品空间的核心区域相对稠密，而边缘区域相对比较稀疏。之所以说全球产品空间是恒定的，是因为采用了 56 年的面板数据测算产品之间的相似性。值得一提的是，全球产品空间与各个国家的产品空间是两个不同的概念，在全球产品空间中每个国家当年的出口"篮子"决定着其在全球产品空间网络的位置。随着时间的推移，这个国家的出口篮子会发生变化，这个国家在产品空间中的位置也随之移动，移动的距离和方向取决于该国目前能够制造什么，附近（在很短的距离内）有什么产品。从理论上讲，在全球产品空间中的国家只有不停地向中心位置移动才能获得经济增长。处于产品空间中心位置的国家的生产能力较强，而且与周边国家相比，该国附近有更多的多样化机会，而提高国家的多样化水平是推动一国向产品空间中心位置移动的关键动力。之所以说处于中间位置的国家附近有更多的多样化机会，是因为分布在全球产品空间外围的产品所需要的专业技术和知识不易重新部署到许多新行业，例如培养咖啡或从地下提取石油所需要的技术和专业知识就很难重新部署到重型机械或化学产品的生产上。综上所述，产品空间可以提供预测一国的产业发展的方向，并提供建设性对策。

（二）产品邻近性

由前文可知测度产品邻近性（也叫相似性）的指标为邻近度（$\varphi_{p,q,t}$）。邻近度的概念为描绘产品空间提供了底层数据，作为衡量两种产品所包含的技术含量之间的相似性指标,是通过计算两种产品 p 和 q 中的其中一个具有显性优势的情况下,另一种也具有显性优势的最小条件概率得到的(Hidalgo et al.,2007)。其测量技术具体为:在第 t 年同时出口商品 p 和 q 的有效出口国的国家数量 k 分别与出口产品 p 的有效出口国的国家数量 m 和产品 q 的有效出口国的国家数量 n 的比值,并且两者取其小。衡量一个国家是否是产品 p 的有效出口国的标准基于一个国家出口产品 p 的相对竞争优势(RCA)。只有当一个国家出口的产品 p 的相对竞争优势大于 1 时,该国才被称为产品 p 的有效出口国。举例阐述邻近性的计算方法,假如 1962 年出口白酒的有效出口国有 17 个,出口葡萄酒的有效出口国有 24 个,两种酒同时出口的国家有 11 个,那么在白酒具有显性优势的情况下,葡萄酒也具有优势的条件概率为 $11/17 \approx 0.65$;在葡萄酒具有显性优势的情况下,白酒具有显性优势的条件概率为 $11/24 \approx 0.46$。根据定义,白酒和葡萄酒的邻近度就为 $11/24 \approx 0.46$,注意这里的分母用的是 24 而不是 17,即两者取其小,以减少这种关系是虚假的可能性。邻近度的测量技术如式(2-6)所示:

$$\varphi_{p,q,t} = \frac{\sum_c x_{c,p,t} x_{c,q,t}}{\max(k_{p,0}, k_{q,0})} \qquad (2-6)$$

其中,当 c 国出口的产品 p 的显性比较优势(RCA)大于 1 时,$x_{c,p,t}=1$,否则为 0;同理,当 c 国出口的产品 q 的显性比较优势(RCA)大于 1 时,$x_{c,q,t}=1$,否则为 0。$k_{p,0}$ 为产品 p 的有效出口国的数量,同理,$k_{q,0}$ 为产品 q 的有效出口国的数量。表达式为:

$$k_{p,0} = \sum_c x_{c,p,t}$$
$$k_{q,0} = \sum_c x_{c,q,t}$$

如此,通过计算任意两种产品之间的邻近度便可构建邻接矩阵。其实,在实际操作中一般采用"共现分析法"(He et al.,2018)测算世界上任意两种产品之间的邻近度。所谓"共现分析法"即测量任意两种产品共同被出口的概率。由于在计算产品之间的邻近度时,采用的样本产品有 786 种,最终得到的邻接矩阵为 786×786 的对称方阵，其中对角线上的值为1。具体形式如式（2-7）所示：

$$\varphi_{p,q} = \begin{bmatrix} 1 & \varphi_{1,2} & \varphi_{1,3} & \cdots & \varphi_{1,786} \\ & 1 & \varphi_{2,3} & \cdots & \varphi_{2,786} \\ & & 1 & \ddots & \varphi_{3,786} \\ & & & \ddots & \vdots \\ & & & & 1 \end{bmatrix} \quad (2-7)$$

邻接矩阵中的邻近度值介于0和1。对于产品p和产品q而言，如果p产品与q产品之间邻近度值越大，表明p和q两种产品之间的技术距离越近，各自所体现的专有技术和能力就越相似，那么从p产品转型到q产品的成功率也就越高，产品p转型的目标越容易达成。相反，如果产品p和产品q之间的邻近度很小，意味着产品p和产品q的专有技术和能力之间的相关性很小，需要协调添加许多缺失的能力和输入要素禀赋以进入生产，且风险指数加大。就本书的研究主题而言，中国生产纺织产品p的能力可以通过其与周围其他产品之间的邻近性来揭示。

（三）显性比较优势

学术界一般采用显性比较优势（Revealed Comparative Advantage，RCA）指数来衡量某一产业的产品在国际贸易中的相对竞争优势，综合反映某产业在附加值程度、加工深浅度、技术密集度方面的状况，因而在一定意义上也是一种综合衡量产业竞争力（王恕立和刘军，2012）的指标。该指标最早由Balassa（1965）提出，现在成为构建产品空间的基础性指标，用一国的某种产品的全球出口贸易额占该国出口总额的份额与全球此种产品的世界出口贸易额占世界出口总值的份额之比来计算。该测量技术的实质是一国某种产品在该国的市场份额与该产品在全球的市场份额之比，当比率大于1时，该国此种产品的市场份额超过了"公平份额"，便具有显性比较优势。举例来讲，2010年大豆的全球出口总额占世界贸易总额的0.35%，出口总额为420亿美元。其中，巴西出口了近110亿美元大豆，占巴西当年出口总额的7.80%，巴西2010年全年出口贸易总额为1400亿美元。通过计算7.80%/0.35%，可得巴西大豆的RCA为22.29，这意味着巴西大豆的出口份额是大豆出口"公平份额"的 22 倍,因此说巴西在大豆方面具有较高的比较优势,巴西大豆属于显性比较优势产品。相反,当比率小于 1 时,该国此种产品属于隐性比较优势产品。当一国的某种产品的 RCA 指数从小于 1 演变为大于 1 时,称为"产品升级"。自 HRKH 团队采用此测度方法研究一国经济增长尤其是产品空间理论形成以后,产品空间理论的跟随者和拓展者也延续了此种测度方法。测度方法可以表示为式(2-8):

$$RCA_{c,p,t} = \frac{c_{p,t} \big/ \sum_{p} c_{p,t}}{\sum_{c} c_{p,t} \big/ \sum_{p} \sum_{c} c_{p,t}} \qquad (2-8)$$

式中,$c_{p,t}$ 表示 c 国 p 产品的出口额。

Hausmann 等(2006)将 RCA 连续变量转化为虚拟变量 $x_{c,p,t}$,以进一步研究产业升级的两种典型形态:产品失势与产品升级。当 $RCA_{c,p,t}$ 小于 1 时,$x_{c,p,t}$ 取值为 0,否则为 1。$x_{c,p,t}$ 可用于计算产品的技术复杂性和国家经济复杂性。$x_{c,p,t}$ 可以表示为式(2-9):

$$x_{c,p,t} = \begin{cases} 1, & RCA_{c,p,t} \geq 1 \\ 0, & RCA_{c,p,t} < 1 \end{cases} \qquad (2-9)$$

邓向荣(2016)将产品发展形态由两种形态发展为四种形态。形态 1 为一国上一期的隐性比较优势产品在这一期仍然具有隐性比较优势;形态 2 为一国上一期的隐性比较优势产品在这一期转变为具有显性比较优势;形态 3 为一国上一期具有显性比较优势的产品在这一期退化为不具有显性比较优势;形态 4 为一国上一期具有显性比较优势的产品在这一期仍然保持着显性比较优势。产品发展形态的详细划分为本书进一步研究产品个体网络结构属性影响产业升级的作用机理做了铺垫。

(四)产品密度

产品密度衡量一国潜在产品 p 周围具有显性比较优势的产品所承载的生产能力和要素禀赋集的大小,影响着潜在产品 p 在产品空间中跳跃的幅度,同时反映了潜在产品 p 周围的局部产品空间分布情况,例如稀疏或者稠密等。基于此含义的产品密度的测量技术为:一国在

t 时期的潜在产品 p 与所有具有显性比较优势的产品 q 的邻近度之和与全球所有产品 p 和产品 q 的邻近度之和的比值。简单来讲，此测量技术也被称为潜在产品 p 与周围产品的加权平均邻近度。从产品密度的测量方法中可以推测出，如果显性优势产品所承载的能力集合较高，那么它们将对周围潜在产品的发展和升级提供更大的支撑作用，甚至可能引领潜在产品实现跨越式升级。不仅如此，这些能力集合还能够推动"没落"的显性优势产品退出市场，使目前的产业结构朝着更加合理化的方向演化，同时将被占用的资源重新配置到更具发展潜力的产品上。具体测度技术如式（2-10）所示：

$$Density_{c,p,t} = \frac{\sum_q \varphi_{p,q,t} x_{c,q,t}}{\sum_q \varphi_{p,q,t}} \qquad (2-10)$$

式中，$x_{c,q,t}$ 表示 RCA 连续变量转化成的 0—1 二值虚拟变量，当 c 国出口的产品 q 的显性比较优势（RCA）大于 1 时，$x_{c,q,t}=1$，否则为 0；$\varphi_{p,q,t}$ 表示在 t 时期产品 p 和产品 q 之间的邻近度，是测量产品密度的关键指数之一。

（五）产品复杂度

本书注意到产品的机会前景收益和国家的经济复杂性展望两指数均与产品技术复杂性相关。产品复杂度也称产品复杂性指数（Product Complexity Index，PCI），能评估生产产品所需的高效技术的多样性和复杂性，其实质是捕捉生产产品所需的专有技术的数量和复杂程度。产品空间中最复杂的产品包括复杂度高的电子、化学品和机械，最不复杂的产品包括原材料和简单的农产品，其中，之所以说机械很复杂，因为它需要制造方面的一系列专业知识，包括协调一系列高技能人才的专业知识。产品复杂度基于可以生产同类产品的国家数量以及这些国家的经济复杂程度来测度，其具体测算方法是通过计算生产特定产品的国家的平均多样性以及这些国家生产的其他产品的平均普遍性来确定的（Hidalgo and Hausmann，2009）。产品复杂度的数理公式为：

$$PCI_p = \frac{1}{k_{p,0}} \sum_c x_{c,p,t} k_{c,0} \qquad (2-11)$$

式中，$k_{p,0} = \sum_c x_{c,p,t} = Ubiquity$，$k_{c,0} = \sum_p x_{c,p,t} = Diversity$，$Ubiquity$ 表示产品普遍性；$Diversity$ 表示国家多样性。

之所以用产品普遍性和国家多样性来衡量产品的技术复杂性，主要是基于生产产品所需的能力。生产产品 p 需要一个国家特定的投入或者能力组合，一个具备更多功能组合的产品 p 需要一个国家拥有更多的能力，而一个拥有更多能力的国家可以生产出更多种类的产品。可见，产品的复杂性与国家的多样性相关，而国家的多样性与其拥有的能力大小有关。值得注意的是，用一国可用的能力数量来衡量国家多样性从严格意义上讲是不准确的，存在一定的缺陷。这是因为生产相同数量产品的国家可能正在制造需要不同数量能力的商品。在这种情况下，各国的多样化并不是这些国家可用数量最准确的估算方法，因此，为了提高计算的准确性，还需要借助衡量产品所需的能力数量来纠正这一缺陷。

初步估计时产品所需的能力数量是用产品的普遍性来估计的，这是因为生产需要较少功能的产品更有可能在许多国家生产，而生产具备较多功能的产品则会发生在少数国家。由此，可以利用产品的普遍性来提高国家多样性的计算。然而，产品的普遍性也是对其所需能力数量的不完美衡量，需要通过衡量生产该产品的国家可用的能力数量来纠正。

从上述分析可知，产品复杂度（PCI）需要通过产品普遍性（$k_{p,0}$）和国家多样性（$k_{c,0}$）来衡量，而且为了提高产品复杂度的效度和信度，需要通过产品普遍性的迭代算法与国家多样性的迭代算法进行相互纠正。此算法产生了一系列变量，可用来估计各国生产结构的复杂性和产品的复杂程度。变量由式（2-12）和式（2-13）给出：

$$k_{c,n} = \frac{1}{k_{c,0}} \sum_p x_{c,p,t} k_{p,n-1} \qquad (2\text{-}12)$$

$$k_{p,n} = \frac{1}{k_{p,0}} \sum_c x_{c,p,t} k_{c,n-1} \qquad (2\text{-}13)$$

将式（2-12）代入式（2-13），可得：

$$k_{p,n} = \frac{1}{k_{p,0}} \sum_c x_{c,p,t} \frac{1}{k_{c,0}} \sum_q x_{c,q,t} k_{q,n-2} \qquad (2-14)$$

进行足够多次的迭代，直至 $k_{p,n} = k_{p,n-2} = 1$，此时有：

$$k_{p,n} = \sum_q \tilde{M}_{p,q} k_{q,n-2}$$

式中，$\tilde{M}_{p,q} = \sum_c \dfrac{x_{c,p,t} x_{c,q,t}}{k_{c,0} k_{p,0}}$。

取 $\vec{Q}$ 为 $\tilde{M}_{p,q}$ 的第二大特征值的特征向量，以 $\overline{\vec{Q}}$ 和 $stdev(\vec{Q})$ 分别表示 $\vec{Q}$ 的均值与标准差，则可以得到产品技术复杂度：

$$PCI = \frac{\vec{Q} - \overline{\vec{Q}}}{stdev(\vec{Q})} \qquad (2-15)$$

（六）经济复杂性展望指数

经济复杂性展望指数（COI）是衡量一个国家目前的生产能力附近有多少复杂产品的标准。COI 捕捉一个国家的多样化的便利性，其中高 COI 反映附近有大量的复杂产品，这些产品依赖于当前生产中存在的类似能力或技术诀窍，即 COI 捕捉现有经济能力通过产品空间将简单多样化推向相关的复杂生产的可能性程度。低复杂性展望度反映出一个国家目前的生产能力附近的产品很少，因此很难获得新的技术诀窍并增加其经济复杂性。就本书的研究主题而言，COI 捕捉中国纺织产业目前的生产能力附近有多少复杂产品。COI 越高，中国的纺织产业目前的生产能力附近的复杂产品数量越多，能生产复杂产品的可能性就越大。

COI 的测量技术为一国的所有潜在优势产品的密度被其自身技术复杂性加权平均之后的求和。其数理表达式如式（2-16）所示：

$$COI_c = \sum_p Density_{c,p,t} (1 - x_{c,p,t}) PCI_p \qquad (2-16)$$

式中，PCI 表示产品 p 的技术复杂性指数；$(1-x_{c,p,t})$ 表示仅计算该国目前没有生产的产品。

值得一提的是，COI 的测算公式与式（2-17）中 COG 的测算公式方括号（[ ]）中的部分不仅形似而且有异曲同工之妙。只不过与产品层面的 COG 相比，COI 针对的是国家或产业层面的概念。

（七）产品机会前景收益

产品机会前景收益（COG）可以用来衡量一国开发一种新产品获得的收益，它来自开发产品 p 以后一国复杂性展望指数的变化，量化了新产品在打开更多更复杂产品的大门方面作出的贡献。用数理形式表达为：

$$COG_{c,p,t} = \left[\sum_s \frac{\varphi_{p,s}}{\sum_u \varphi_{s,u}} (1 - x_{c,s,t}) PCI_s \right] - Density_{c,p,t} PCI_p$$

（2-17）

式中，产品 p、产品 s、产品 u 之间的逻辑关系是新开发的产品 p 打通了产品 s 的链路，而产品 s 又打通了产品 u 的链路；PCI 表示产品的技术复杂性指数；$(1-x_{c,s,t})$ 表示仅计算该国目前没有生产的产品；$(1-x_{c,s,t}) PCI_s$ 表示隐性优势产品 s 的技术复杂性指数；$Density_{c,p,t} PCI_p$ 表示新开发的显性优势产品 p 的密度的加权平均，权重为产品 p 的复杂性指数。

就本书的研究主题而言，纺织产品 p 的机会前景收益越高，表明纺织产品打通的复杂度更高的产品的数量就越多，则中国纺织产业生产能力附近的复杂产品的数量就越多，能生产更复杂纺织产品的可能性就越大。

四　产品空间理论的政策含义与政策主张

（一）政策含义

一是解释了贫穷国家不能达到富裕国家收入水平的原因，即产品空间移动的困难。贫穷国家往往处于产品空间外围，即产品空间比较稀疏的区域；富裕国家往往处于产品空间的中心，即产品空间比较紧密的区域。从稀疏的产品空间移动到紧密的产品空间有一段艰难的距离，一些国家能够找到一条连续的产品空间结构演变路径，而有些国家就找不到，其产品空间结构演变的路径会出现中断，产业升级就会"断档"。二是该理论强调了比较优势的动态化，即强调了从潜在比较优势向显性比较优势转化的过程，因此通过制定合适的激励机制，激发企业家发现具有较高生产率水平的产品并且能够以较低的成本生产和出口它,这个"自我发现"的过程是实现产品空间结构转型的关键。

(二) 政策主张

一是一国要想保持持续的高速增长,不应该注重出口产品的数量而应该注重出口的是什么产品,应该生产并出口那些与既有优势产品相近的产品组合。二是发展中国家以前的出口导向战略是发展劳动密集型产品,并且通过招商引资的方式承包大量的处于产业价值链低端的外包业务,这种产业经济发展方式导致企业家创新才能配置扭曲。因此,需要实施积极的产业政策、税收政策、财政政策等激励和约束企业家"自我发现"行为,发现一些产品密度稠密区域的潜在新产品,并力求形成显性比较优势,使其在国际市场上具有竞争力。

第二节 相关文献综述

本书的研究视角是产品空间理论,研究主题为现阶段开放条件下的中国纺织产业升级问题实质上是纺织产业竞争力可持续提升问题,因此,本章首先对产品空间理论的研究文献进行梳理。其次,与研究产业升级的其他理论进行对比以突出产品空间理论的亮点。再次,对纺织产业升级的相关文献进行系统梳理以考察是否有学者在研究纺织产业升级问题时已经使用过产品空间理论。此外,对产品空间理论视角下相关产业升级的研究文献进行梳理以检查既有文献基于产品空间理论具体研究了哪些产业的升级问题,是否已经有学者专门研究过纺织产业。最后,系统地对全部文献进行总结评述。

一 产品空间理论文献综述

知识图谱分析法是展示某一研究领域科学知识的演进规律与结构关系的一种比较前沿的信息量化方法。近年来利用知识图谱软件对某一领域的文献进行量化分析逐渐从图书情报领域拓展至其他领域。本书利用陈超美(2009)开发的基于JAVA环境的CiteSpace V.5.3.R4软件，以 Web of Science（WOS）数据库为来源，检索主题为"Product Space and Economic Complexity""Product Space and Product Sophistication""Product Space and Product Relatedness""Product Space and Opportunity Outlook Gain"的文献，删除与主题不相关的文献后，得到168篇文献。国内文献以 CNKI 数据库为来源检索主题中含"产品空间"的文献，删除不相关的文献后得到79篇文献。至此，共收集到2006—2019年247篇文献进行数据挖掘和计量分析，提炼产品空间理论研究领域的知识基础，把握其研究前沿和热点，展望未来研究方向。

（一）国外文献综述

通过利用 CiteSpace 软件对所收集文献的关键词进行 LLR 算法的聚类分析可知，学者主要应用该理论研究国家经济增长问题。研究机理主要涉及增加品种多样性和提高国家经济复杂性两种途径，这些从关键词聚类图谱中可以明显地看出（见图2-2）。图谱中十字形节点越大代表集聚程度越高，节点间的连线代表关键词之间的共现关系（王兴宇，2019）。可以明显看出，集聚程度最高的关键词为产品空

图2-2 2006—2019年产品空间领域关键词共现图谱

间（Product Space）。圆圈越大表示关键词出现的频率越高，明显看出频率最高的关键词为增长（Growth）。深色节点代表具有重要价值的关键词，分别是增长（Growth）、经济复杂性（Economic Complexity）和贸易（Trade）。

包含这些具有重大价值的关键词的文章，在一定程度上代表着产品空间理论领域的发展与演进过程中具有重要意义的拐点，对梳理产品空间领域的研究脉络意义重大（Jia et al., 2014）。在围绕产品空间理论展开的多学科研究中，物理学家和经济学家奠基作用明显，共同构筑起产品空间理论研究的知识基础。第一篇里程碑意义的论文可追溯到2007年Hausmann和Klinger发表在《科学》杂志上的期刊论文。他们基于对各国出口产品结构历年演化的观察得出产品空间异质性的结论，进而否定了那些假定各国产品空间是均匀和连续的传统贸易增长理论。Hausmann和Klinger认为这种假设与事实不符，并非总是有机会找到产品来提升比较优势的阶梯，因为产品所蕴含的生产能力和要素禀赋之间具有不完全替代性，产品之间存在技术距离。为验证他们观点的正确性，HRKH团队用逆向思维，基于结果来衡量产品之间的相似性，并且证明了基于结果（出口值）的测度方法能更全面地捕捉要素禀赋和技术复杂性的广泛关系，作者将产品之间的相关性网络叫作"产品空间网络"。HRKH团队通过实证分析发现：第一，一国通过升级该国生产和出口的产品类型来促进经济增长，且制造此类新产品所需的技术、资本、机构和技能很容易从接近自己目前专业化的商品身上获得。第二，大多数高档产品密集地连接着并处于产品空间的核心，而低档产品稀疏地连接着并处于产品空间的外围。在产品空间中，那些在高档产品上具有比较优势的国家处于产品空间的核心，而那些在低档产品上具有比较优势的国家处于产品空间的外围。上述结论证明了产品空间结构的异质性在预测结构转型模式方面的重要意义，从而为更深入的产品空间理论研究奠定了基础。

Jankowska等（2012）、Vivarelli等（2018）、Balland等（2013）、Hartmann等（2017）、Ushchev和Zenou（2018）、Eum和Lee（2019）、Kabadurmus（2019）、Zhu等（2019）、Garas等（2019）等的研究成果

和上述代表性成果共同推动了产品空间理论研究的发展。例如，Anna Jankowska 等（2012）在一篇工作论文中，研究产品空间和中等收入陷阱之间的关系时，没有像大部分研究者那样，从各种制度和社会经济缺陷角度（教育和职业培训、产品市场上的垄断结构、监管环境等）去研究使拉丁美洲陷入中等收入陷阱的原因，而是从经济结构演变这个视角来研究中等收入陷阱。其通过韩国和拉丁美洲经济结构的演变来强调健全的政策设计和适时的重要性。随着研究的深入，学者对产品空间领域的研究从实证方面上升到理论方面。例如，Turco 和 Maggioni（2016）通过构建企业层面的产品空间网络，探索企业和本地产品的特定能力禀赋在促进土耳其制造业创造新产品方面的作用。作者发现企业的产品空间演化具有强大的认知路径依赖性，进一步地，在进行区域异质性分析以后，作者发现在落后的东部地区引入新产品，依赖于企业内部产品特定资源的影响。相反，西方发达地区的产品创新相对更多地取决于当地相关技术的获取能力。这意味着越是落后的地区，其制造业企业的产品创新越依赖于既有的要素禀赋。Hartmann 等（2017）结合计量经济学、网络科学和经济复杂性的方法，探究一个国家的产品组合是否也能预测收入不平等。结果表明，出口复杂产品的国家与出口简单产品的国家相比，收入不平等程度较低。进一步地，使用多元回归分析的结果表明经济复杂性是收入不平等的重要和负面预测因素，并且这种关系在控制了收入、制度、出口集中和人力资本的综合衡量指标后仍然是成立的。此外，这些研究结果表明，一个国家的生产结构可能会限制其收入不平等的范围。最后，本书通过在线资源提供结果，该资源允许其用户可视化超过 150 个国家的结构转型及其相关的收入不平等变化（1963—2008 年）。Ushchev 和 Zenou（2018）开发了一种产品差异化模型，其中产品空间是一个网络，每一种产品代表着网络中的节点，节点之间的连线由产品之间的可替代性程度决定。作者将消费者定位到该网络中，以便每个消费者（节点）的位置对应于他们的"理想"品种，研究证明存在一种独特的伯特兰—纳什均衡。Garas 等（2019）将复杂网络分析法应用到医学领域，利用 1990—2016 年 195 个国家的疾病流行数据构建疾病空间网络以探究经济发展对各国卫生复杂性的影响，结果表明，人均收入越高，国家疾病的复杂性就越高。

（二）国内文献综述

国内对产品空间理论的研究比较分散，纵向角度看，聚焦点从最初的产品复杂度逐渐转移到产品密度（马海燕和于孟雨，2018）。基于此，下文将依次对产品复杂度、产品密度进行综述。

1. 产品复杂度

利用 CiteSpace 软件对所收集文献的关键词进行 LLR 算法的聚类分析，发现"出口复杂度""服务贸易""全球价值链""经济增长"四个关键词的中心度比较大（见图 2-3），说明服务贸易出口复杂度、中国参与全球价值链分工的影响作用、出口复杂度与经济增长之间的相互影响是最主要的研究议题。再结合表 2-1 可知，上述四个关键词的中心度依次为 1.06、0.26、0.34、0.15，而中心度反映研究热点之间的转化，不过要想知道热点之间的转化顺序还需要借助关键词突现图（见图 2-4），其从时间发展角度更加直观地展示产品出口复杂度研究热点的演进历程。

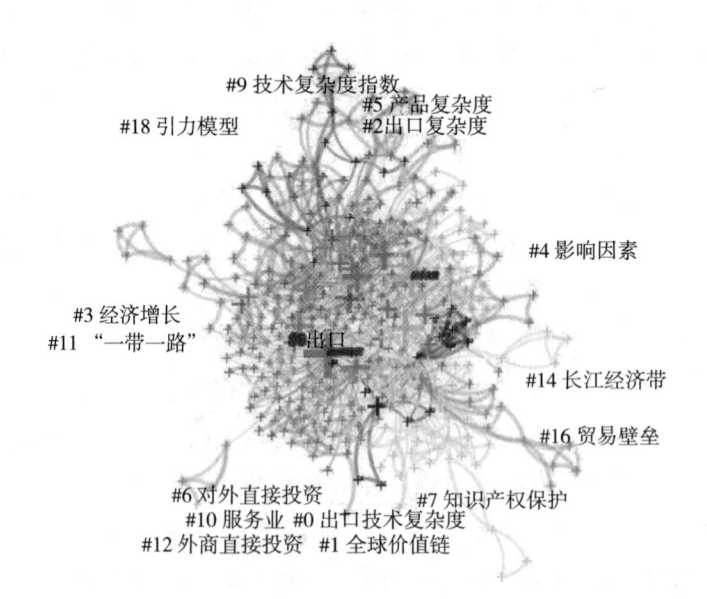

图 2-3　2006—2019 年 CSSCI 期刊中产品复杂度研究关键词聚类图谱

表 2-1　2006—2019 年 CSSCI 期刊中产品复杂度研究高频关键词

序号	关键词	频数	中心度	年份	序号	关键词	频数	中心度	年份
1	出口复杂度	315	1.06	2010	8	人力资本	16	0.08	2015
2	服务贸易	52	0.26	2011	9	技术含量	14	0.04	2014
3	全球价值链	44	0.34	2014	10	制度质量	13	0.02	2014
4	经济增长	22	0.15	2011	11	知识产权保护	10	0.04	2015
5	影响因素	19	0.17	2014	12	出口净技术复杂度	9	0.00	2016
6	对外直接投资	18	0.01	2015	13	环境规制	8	0.00	2015
7	制造业	16	0.14	2015	14	金融发展	5	0.00	2013

关键词	年份	实现强度	开始年份	结束年份	2008—2019年
经济增长	2008	3.111	2010	2012	_____
出口技术水平	2008	3.2912	2010	2012	_____
金融发展	2008	3.7368	2012	2013	_____
服务贸易	2008	2.655	2015	2017	_____
出口净技术复杂度	2008	3.3306	2016	2017	_____
全球价值链	2008	6.0959	2017	2019	_____

图 2-4　2006—2019 年 CSSCI 期刊中产品复杂度研究排名前 6 关键词突现

第一阶段为 2006—2012 年，研究热点为产品出口复杂度与经济增长之间的关系。代表性文献郭晶和杨艳（2010）以高新技术产业为研究样本，利用 HRKH 团队构建的产品复杂度指标进行跨国比较，发现中国是在低点缓慢提升。进一步研究发现，经济增长是促进中国高新技术产业出口技术复杂度提高的主要推动力。

第二阶段为 2013—2014 年，研究热点为产品出口复杂度升级的影响因素，重点研究金融发展，其他影响因素有人力资本、国际技术溢出、对外直接投资、熟练劳动力、知识产权保护、制度质量等。代表性文献顾国达和郭爱美（2013）研究中国金融发展对出口复杂度的影响机理，发现人力资本累积、研发效率以及外国直接投资技术溢出的吸收能力是重要的影响渠道，并且研究结果通过了跨国经验数据的稳健性检验。

第三阶段为 2015—2017 年，研究热点包括两个，分别是服务贸易出口复杂度和出口净技术复杂度。戴翔（2013）计算并利用跨国面板数据，探究服务出口复杂度对经济增长质量的影响，发现前者对后者具有稳健的促进作用。邰鹿峰和徐洁香（2017）利用跨国面板数据，研究服务贸易出口技术复杂度对产业结构服务化的影响，发现前者对后者具有显著促进作用，但是这种促进作用具有行业异质性和国家异质性。其他学者则围绕服务型商品的出口复杂度的影响展开广泛的研究，发现汇率变动（戴翔等，2016）、制度环境（刘艳等，2015）、基础设施等（张雨和戴翔，2015）对服务型商品的出口复杂度产生重要的影响。

第四阶段为 2018—2019 年，研究热点为中国参与全球价值链分工的影响。代表性文献沈玉良和彭羽（2018）以智能手机为样本，探究中国电子产品在全球价值链上的水平。其发现中国本土与国外品牌的技术复杂度差距在逐步缩小，甚至在部分核心零部件模块领域已接近国际领先水平。任英华等（2019）使用 2000—2014 年跨国面板数据，探究全球价值链嵌入程度对出口技术复杂度的异质性影响，发现全球价值链嵌入只对低技术复杂度的国家有利，因此建议较为落后的国家和地区积极融入全球价值链分工。

除了以上四个阶段所提及的研究，也有零星文章涉及产业升级。例如，张亭和刘林青（2017）使用 1962—2013 年联合国国家贸易数据库 SITC（rev2）4 位码分类的全球产品出口数据，通过对比中日产品技术复杂度对产业升级的影响，发现中国产品复杂度与日本相去甚远，且中国产品复杂度抑制产业升级，而日本产品复杂度促进产业升级。

2. 产品密度

利用 CiteSpace 软件对所收集文献的关键词进行 LLR 算法的聚类分析，发现"产品空间""比较优势""产业升级"三个关键词节点大（见图 2-5），这说明国内学者主要应用该理论研究国家比较优势的演化和产业升级问题。进一步地，由表 2-2 可知除了上文所提到的关键词，还有"中等收入陷阱""产品密度""劳动密集型产品"等。

由这些关键词可以初步分析出国内学者主要在中国劳动密集型产品在国际贸易中具有比较优势这一背景下研究如何进行产业升级、防止国家陷入中等收入陷阱等问题。

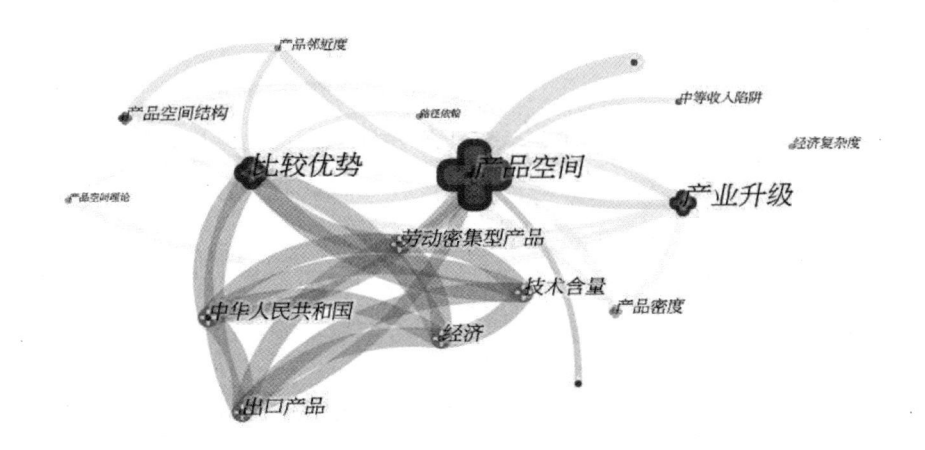

图 2-5　2006—2019 年 CNKI 期刊中产品空间理论研究关键词聚类图谱

表 2-2　2006—2019 年 CNKI 期刊中产品空间理论研究高频关键词

关键词	频数	中心度
产品空间	36	0.64
产业升级	19	0.58
比较优势	17	0.30
产品空间结构	14	0.03
产品密度	6	0.03
中等收入陷阱	4	0.03
路径依赖	3	0.01
劳动密集型产品	3	0
出口产品	2	0

关键词聚类图谱显示该领域的研究焦点主要为产业升级路径。国外较少有文献提及产品空间中的产品密度与产业升级的关系，这可能

与市场化国家对产业结构的关注较少有关。而在处于转型期的中国，许多学者更重视产业转型和结构升级的问题，而基于产品空间视角的探讨也不在少数。曾世宏和郑江淮（2008）最先对产品空间理论进行了规范性描述，从产品空间的主要观点、政策含义与政策主张等方面予以介绍，并将此理论应用到中国的经济发展上，对中国的经济发展提出了一些建设性建议。张其仔（2008）结合中国国情，从理论上将路径依赖的线性思维拓展至非线性思维，即依赖能力禀赋进行产业升级的路径在现实中会发生分岔。程文和张建华（2013）则通过将产品异质性拓展至企业异质性，进一步拓展产品空间理论。他们认为，企业也具有大小强弱之分，并用企业的存活期 n 来表征，得出企业进行产品创新的最佳距离 $\delta \times n$ 由企业的存活期 n、企业产品创新的收益系数 f 和成本系数 c 的大小决定。但是，程文和张建华的研究并没有界定距离扩大到什么程度才会引起路径突变。而邓向荣和曹红（2016）通过引入"生产能力累积"，进一步将路径依赖拓展至路径突破，认为当生产能力累积到一定程度便会引起质变，使产业升级实现"破坏式创新"。他们还利用联合国国际贸易数据库中1962—2014年全球商品出口数据进行实证分析，结果表明美国走跨越式发展路径，同时中国产业升级也"适度偏离"比较优势，需要重新进行思路调整。在上述理论发展的基础上，马海燕和刘林青（2018）利用1962—2015年国家—产品层面的数据，运用最小二乘法和系统广义矩估计方法研究产品密度与产业升级之间的关系，结果发现产品密度对产业升级的促进作用存在最优值，当产品密度超过这一拐点时，便会阻碍产业升级。

二 产业升级文献综述

产业升级的内涵至今没有统一的界定，本书综合前人的研究，从产业结构优化和产业价值链升级的角度对其内涵进行阐述。

一是基于产业结构优化视角的产业升级。所谓产业结构优化，是指产业结构合理化、高级化、高效化。评判产业结构是否合理主要是看它是否由本国要素禀赋的相对丰裕程度决定（林毅夫，2015），一国的要素禀赋结构决定该国的比较优势，而具有比较优势的产业才能承受相应的沉没成本。企业为追求利润最大化会选择生产具有比较优势的产品，以便通过积累超额资本以及在"干中学"过程中积累专业知识，进而开发更复杂的产品。当复杂度比较高的产品不断替代"旧"产品时，产业结构会更加高级化；随着产业结构高级化水平的提升，高技术资本的产业的生产效率也逐步提高，直至成为兼具比较优势和竞争优势的产业，此时产业结构从高级化上升为高效化。二是基于产业内部价值攀升视角的产业升级。价值链从商品链发展而来，商品链是指国际贸易网络下从装配到 OEM（Original Equipment Manufacturing）和 OBM（Original Brand Manufacturing）出口（Gereffi，1999）。全球商品链的各个环节蕴含着价值创造与分配过程，以及各个环节之间的内在联系（Gereffi and Bair，2001）。Humphrey 和 Schmitz（2002）进一步将价值链升级细分为工艺流程升级、产品升级、功能升级。

对产业升级内涵的研究是一个从宏观结构到内部价值逐步深入的过程。本书认为，产业升级是产业结构升级和产业价值链升级的耦合，两者相辅相成，并且最终均通过产品升级来实现产业升级。产品升级成功意味着企业在全球价值链中的位置攀升；意味着被替代产品的失势，过剩产能的化解，产业结构的优化。

下面分别从宏观层面的结构主义观、中观层面的产业内价值升级、微观层面的产品升级展开综述。

（一）宏观层面的结构主义观

利用 CiteSpace V.5.3.R4 软件，以 Web of Science（WOS）数据库为来源，以主题 = "Industrial Structure" 搜到 2007—2018 年文献 679 篇，删除与主题不相关的文献后，得到 634 篇文献。之所以选择 WOS 数据库，是因为其收录了全球约 10000 种权威和高影响因子的学术期刊，从词库中检索的文献质量性价比高，且具有典型性。国内文献以 CNKI 数据库中的 CSSCI 期刊为来源检索出 1998—2018 年摘要 = "产业结构"的文献 591 篇。至此，共收集到 1225 篇文献，对其进行数据挖掘和计量分析，提炼产业结构研究领域的知识基础，把握其研究前沿和热点，展望未来研究方向。

1. 国外文献综述

利用 CiteSpace 软件对所收集文献的关键词进行 LLR 算法的聚类分析，可以发现，"Industrial Structure"居于中心位置（见图 2-6），高频次兼高中心度的关键词反映了此主题的研究热点，主要有"China""Economic Growth""Energy Consumption""CO_2 Emission""Efficiency""Industrial Symbiosis"（见表 2-3）。这说明产业结构的调整主要是以环境保护为目标。

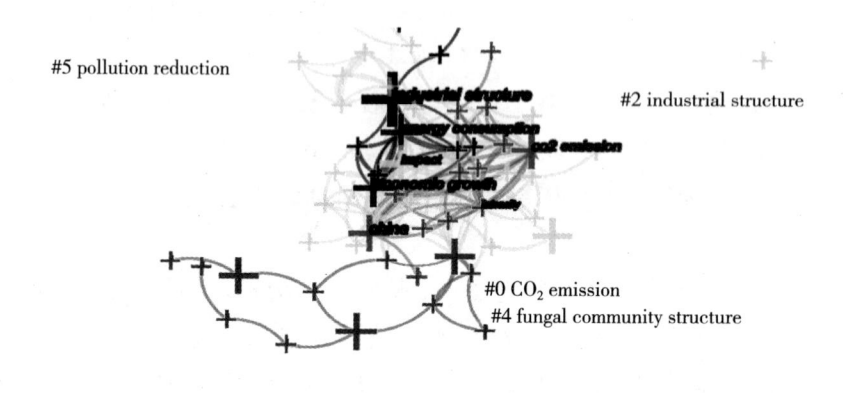

图 2-6 1998—2018 年 WOS 数据库中产业结构升级研究关键词共现图谱

表 2-3 1998—2018 年 WOS 数据库中产业结构升级研究高频关键词

序号	关键词	频数	中心度	年份	序号	关键词	频数	中心度	年份
1	Industry Structure	21	0.24	2016	7	System	11	0.06	2016
2	Economic Growth	16	0.12	2017	8	Efficiency	6	0.17	2017
3	China	15	0.10	2017	9	Urbanization	6	0.10	2017
4	Energy Consumption	13	0.11	2016	10	Impact	9	0.08	2017
5	CO_2 Emission	13	0.34	2017	11	Population	5	0.18	2016
6	Industrial Symbiosis	2	0.15	2017	12	Input-Output Analysis	2	0.19	2017

建立在结构主义视角上的产业升级主要聚焦于第一、第二与第三产业在整体产业中的占比与经济增长之间的关系、三大产业结构演化

的规律及影响因素。早在17世纪末，William Petty 在其所著的《政治算术》中就提到产业结构的概念，他指出随着国民收入的提高，国家的主要产业将逐渐由制造业向服务业转移，这引发了学术界对产业结构演化规律研究的热潮。Adam Smith 在《国富论》中也对产业结构做了阐述（Smith and Stewart，1963）。Ricardo（1817）则基于比较优势视角对产业结构进行阐述。1935年是产业结构研究的高峰期，这一年Fisher 在其所著的《文明和安全的冲突》一书中第一次提出"第三产业"的概念。自此，整体产业被清晰地划分为第一、第二和第三产业，并沿用至今。Clark（1957）通过对世界部分国家劳动力在产业之间转移的数据进行统计分析，发现经济发展的各个阶段的主导产业的劳动力数量远比同一阶段非主导产业的劳动力数量多，经济发展水平和劳动力数量是一种相互促进的关系。由于这一发现与威廉·配第定理一脉相承，故被合称为"配第—克拉克定理"（Petty-Clark Thesis）。Kuznets（1971）对配第—克拉克定理进行更深入的研究，他运用非常翔实的数据对三次产业分别进行时间序列分析和横截面分析（见表2-4）。纵向分析的结论有三点：一是随着时间的推移，第一产业的从业人员比重和国民收入比重都在下降；二是第二产业的从业人员比重变化不大，国民收入比重在上升；三是第三产业的劳动力比重快速增加，但是国民收入比重变化不大。通过对同一时间点人均收入水平由低到高的57个国家进行横截面分析发现，随着人均收入水平的提高，第一产业的从业人员比重和国民收入比重都呈下降趋势。相反，第二产业的从业人员比重和国民收入比重都呈上升趋势，第三产业的从业人员份额迅速上升，但是国民收入比重却没有太大变化。

表2-4　　　　　　　　　　三次产业发展形态

三次产业	时间序列分析		横截面分析	
	劳动力比重	国民收入比重	劳动力比重	国民收入比重
第一产业	↓	↓	↓	↓
第二产业	→	↑	↑	↑
第三产业	↑	→	↑	→

不同于前面关于产业结构的研究，霍夫曼将研究的关注点聚焦于第二产业，提出了判别工业化进程的标准——霍夫曼比例，即消费品工业净产值与资本品的工业净产值的比值，如果霍夫曼比例不断下降，则工业化进程在不断上升（王师勤，1988）。Chenery 和 Syrquin 在合著的《发展的型式：1950—1970》一书中，使用发展中国家和地区 1950—1970 年的数据，借鉴 Kuznets 的计算方法，计算出在不同国民收入水平下三次产业的就业人数比重和 GDP 比重，归纳出产业结构转换的一般规律，被称为"钱纳里标准"（Chenery，1957）。例如，就三次产业的从业人员而言，当人均收入水平达 400 美元时，第一产业吸纳的就业人员占比 43.80%，第二产业占比 23.50%，第三产业占比 32.70%。当人均收入水平为 1000 美元时，三次产业的比重分别为 25.20%、32.50% 和 42.30%。该理论为各国产业结构的演进趋势判断提供了基准依据，进而成为世界各国制定产业政策的重要参考标准（Chenery and Taylor，1968）。罗斯托（1997）进一步研究了不同发展阶段三次产业对经济增长的驱动作用，发现各个经济发展阶段都对应一个主导产业，该主导产业通过扩散效应带动其他产业发展，进而推动经济向前发展。

学者基于上述理论进行了丰富的实证研究。Zhang 等（2014）使用 1978—2011 年历史数据，定量研究产业结构与碳排放之间的影响。结果表明，第三产业的份额增加在抑制碳排放强度方面发挥了重要作用。因此，大力发展第三产业成为产业结构调整的方向。Li 和 Lin（2014）认为，调整产业结构对中国政府降低能源强度至关重要。他们运用非线性模型研究产业结构是否以及在何种条件下有利于降低能源强度。结果表明，只有当产业结构小于 40.44% 时，产业结构才会对能源强度产生结构性奖励或负面影响。因此，中国应该降低工业增加值与 GDP 的比率，刺激技术进步，不断降低能源强度。Chang 和 Ning（2015）认为，对二氧化碳（CO_2）减排的日益关注需要了解经济的生产结构。作者提出一种联合分析和多目标规划方法，以确定关键的二氧化碳排放部门和优化的减排目标生产结构，并利用 2007 年中国数据作为示范。结果表明，为了减少二氧化碳排放量 5707.16

万—5452.12万吨，中国需要通过关注连锁特征所定义的工业集团来改变产业结构，这可能导致随后的 GDP 减少 825.90 亿元。不过从政策角度来看，作者提出的分析技术可为规划者和决策者提供有价值的信息，以制定可行和实用的产业政策，并对二氧化碳排放产生影响。Qiu 等（2017）采用解耦指数和产业结构特征偏差指数法，分析了 2000—2014 年徐州都市圈产业结构转型的时空特征及其产生的碳排放。产业结构的空间格局表明，经济衰退资源型城市的碳排放强度高于成熟的资源型城市，其次是非资源型城市和再生资源型城市。产业结构一直是引起大都市之间碳排放强度异质性的主要因素，而优化大都市区产业结构和布局的关键是促进产业结构转型，从资源密集型转变为资本密集型，完善城市间协同产业发展的制度。Zhou 等（2019）使用环渤海地区 48 个城市的产业的投入产出数据，运用数据包络分析方法，对产业结构升级的生态效率作用进行时空分析，发现产业结构升级似乎对周边城市产生负面溢出效应。

2. 国内文献综述

利用 CiteSpace 软件对所收集文献的关键词进行 LLR 算法的聚类分析，可以发现，"产业结构升级"居于中心位置，"产业结构合理化""产业结构高级化""经济增长"居于次要位置（见图 2-7），说明围绕产业结构升级的研究主要从影响结果和升级路径展开。再结合表 2-5 可知，其中心度依次为 0.74、0.24、0.37、0.10，而中心度反映了研究热点之间的转化，"高中心度"所对应的年份不仅是具有重大转折意义的年份，同时也是研究热点转换的年份。从表 2-5 可以看出，1998—2005 年的研究热点为产业结构高级化，2006—2011 年的研究热点转换为产业结构合理化。此外，产业结构高效化的研究热度近些年来也逐渐上升，其被引频次和中心度只不过因时间短较低而已。无论是产业结构高级化还是产业结构合理化或者是产业结构高效化，均是为了促进经济增长。

综上所述，本书将 1998—2019 年产业结构升级的研究分为三个阶段。第一阶段为 1998—2005 年，研究热点为产业结构高级化。产业结构高级化是合理化的升级，是指在不同的经济发展阶段，与此阶

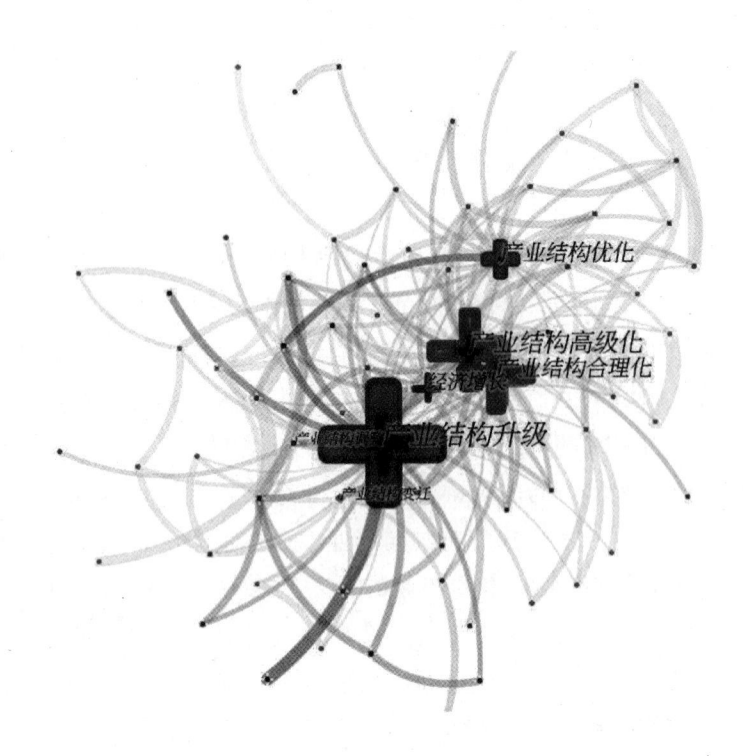

图 2-7 1998—2018 年 CSSCI 期刊中产业结构升级研究关键词共现图谱

表 2-5 1998—2018 年 CSSCI 期刊中产业结构升级研究高频关键词

序号	关键词	频数	中心度	年份	序号	关键词	频数	中心度	年份
1	产业结构升级	158	0.74	1998	8	空间溢出效应	6	0.04	2017
2	产业结构高级化	91	0.37	2005	9	技术创新	6	0.01	2018
3	产业结构合理化	86	0.24	2011	10	碳排放	5	0.05	2015
4	经济增长	40	0.10	2013	11	城镇化	5	0.00	2016
5	制造业	10	0.00	2009	12	供给侧改革	5	0.00	2016
6	环境规制	9	0.01	2017	13	人力资本	4	0.01	2016
7	中国	8	0.01	2009	14	耦合协调	3	0.01	2018

段相匹配的产业成为该国最具有比较优势的产业。例如，在信息时代，资本技术密集型产业如果是一国的最优产业，则说明该国的产业结构高级化水平较高。代表性文献如李江帆（2005）认为，全面推进

第三产业现代化能在最大程度上推动产业结构高级化。第二阶段为2006—2011年，研究热点为产业结构合理化，是指第一、第二与第三产业之间关系的协调度提高。因此，只要产业结构与该国的生产要素相对丰裕程度保持一致便是合理的。代表性文献干春晖等（2011）分别分析了产业结构合理化和产业结构高级化对经济增长的影响，发现过度强调产业结构高级化，容易引发经济波动，而应该强调产业结构合理化，维持经济稳定增长。第三阶段为2012年至今，研究热点为产业结构高效化。产业结构高效化建立在合理化和高级化的基础之上，是一个低效率、低技术复杂度的产业不断减少，同时高效率、高技术复杂度的产业不断增多的循环往复过程。代表性文献如倪明明（2015）认为，产业结构高效化是产业结构合理化和高级化的升级，产业结构优化需要同时满足合理化、高级化和高效化才能达成目标。

（二）中观层面的产业内价值升级

利用 CiteSpace, V.5.3.R4 软件，以 WOS 数据库为来源，检索标题＝"GVC" or "Global Value Chain"的文献，在删除与主题不相关的文献后得到 104 篇文献，覆盖 2007—2018 年。国内文献以 CNKI 数据库中的 CSSCI 期刊为来源检索出 2004—2018 年摘要＝"全球价值链"并含"产业升级"的文献 217 篇。至此，共收集到 321 篇文献进行数据挖掘和计量分析，提炼产业价值链升级研究领域的知识基础，把握其研究前沿和热点，展望未来研究方向。

1. 国外文献综述

利用 CiteSpace 软件对所收集文献的关键词进行 LLR 算法的聚类分析，可以发现，"Global Value Chain"居于中心位置（见图 2-8），高频兼高中心度关键词反映了此主题的研究热点，主要有"Brand""OBM""Governance Mechanism""Competitive Advantage""China""Taiwan"等（见表 2-6）。这说明全球价值链升级研究的热点主要聚焦于以下几点：一是全球价值链的内涵；二是全球价值链视角下产业升级的动力机制；三是全球价值链视角下产业升级的驱动力；四是全球价值链视角下产业升级的途径，如品牌建设。

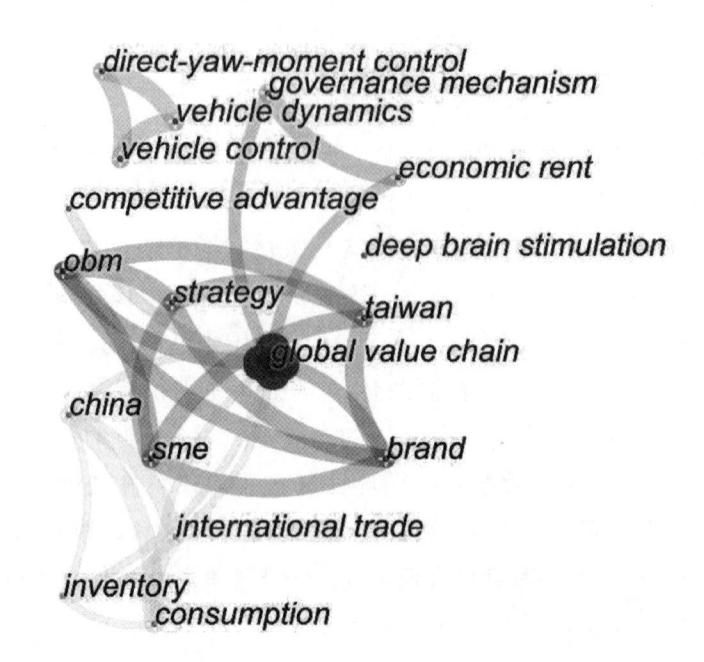

图 2-8　2007—2018 年 WOS 数据库中全球价值链升级研究关键词共现图谱

表 2-6　2007—2018 年 WOS 数据库中全球价值链升级研究高频关键词

序号	关键词	频数	中心度	年份	序号	关键词	频数	中心度	年份
1	Global Value Chain	18	0.82	2008	5	Competitive Advantage	2	0.00	2016
2	Brand	2	0.20	2008	6	China	2	0.00	2018
3	OBM	2	0.00	2008	7	Taiwan	2	0.00	2008
4	Governance Mechanism	2	0.00	2009	8	Consumption	2	0.00	2018

首先，全球价值链内涵融合了价值链、商品链和全球化的概念。价值链的概念首次出现在 1985 年 Porter 所著的《竞争优势》一书中，用以描述企业内部生产流程之间的价值增加链。Kogut（1985）将企业内部的价值链拓展到企业间。Gereffi（2000）将企业间的价值链拓展到全球视野，并从产品全生命周期的视角将全球价值链定义为产品的设计、生产、销售、配送与售后等价值活动在全球范围内的垂直分工和水平分工过程。分工的理论依据依次起源于 Smith 的绝对竞争优

势理论、Ricardo 的比较优势理论、Hecksher 和 Ohlin 的要素禀赋理论。

其次，全球价值链视角下产业升级的动力机制分两种情况：第一，嵌入过程的动力机制为包含生产者驱动和购买者驱动的二元动力机制。生产者或购买者驱动产品全生命周期的各个环节在与原链条分离后的重组。其中，购买者驱动价值链的物质流，生产者驱动价值链的知识流。第二，已经嵌入全球价值链后的动力机制为相对高级要素的培育（张幼文，2015）。一国的产业国际竞争优势来源于该产业所拥有的要素结构。全球生产网络下要素可以自由流动，一国通过引进并集聚更高级的要素形成新的比较优势，从而实现向价值链中高级链条的攀升。在完成攀升后，部分企业实现升级，另一部分企业则不得不退出市场进行转型，从而使相对落后的生产要素重新进入市场再分配或通过全球生产网络流动至后嵌入国家。

再次，全球价值链视角下产业升级的驱动力。一是生态约束力。Marchi（2013）开发了一个综合的理论框架，根据意大利家居行业的案例研究，分析环境升级轨迹及其对企业绿色战略的影响。经验证据表明，企业通过制定绿色战略，减少环境影响的同时，实现了经济效益和竞争力，从而将环境约束转化为竞争优势的新驱动力（Marchi et al.，2013）。二是价值链的治理机制。Gereffi 等（2005）构建了一个理论框架，以帮助解释全球价值链中的治理模式。该理论产生五种类型的全球价值链治理模式，依次为等级、圈养、关系、模块和市场。他们通过四个简短的行业案例研究强调全球价值链治理的动态和重叠性。

最后，全球价值链视角下产业升级的途径。Bonaglia 等（2008）阐述了一个允许发展中经济体的公司成功地从原始设备制造商转变为自己的原始品牌制造商跨国企业的过程。通过对土耳其的跨国电商公司 Arcelik 进行案例研究，他们确定了成功国际化的四个因素：快速战略执行、建立技术能力和组织适应的投资、专注于国际营销能力和分销网络以及利用业务集团资源。分析表明，全球化不仅受到巨型现有公司的推动，也受到外围国际化的新兴公司的推动，这要归功于它们采用的上述四种策略。

2. 国内文献综述

利用 CiteSpace 软件对所收集文献的关键词进行 LLR 算法的聚类分析，可以发现，"产业升级""全球价值链"居于中心位置（见图 2-9），"高频次"兼"高中心度"的关键词反映了此主题的研究热点，主要有"路径""产品内分工""产业集群""产业转移"（见表 2-7）。这说明基于全球价值链的产业升级的研究主要从其内涵和升级路径展开。基于此，将 2005—2019 年产业内价值升级的研究分为两部分展开。

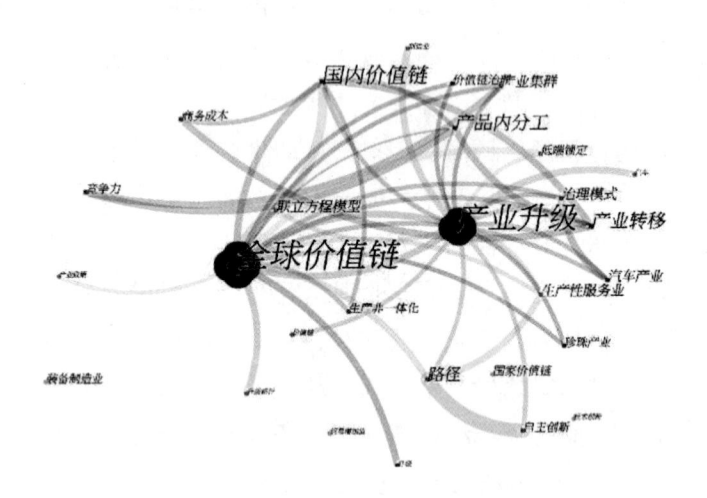

图 2-9　2004—2018 年 CSSCI 期刊中价值链研究关键词共现图谱

表 2-7　　2004—2018 年 CSSCI 期刊中价值链研究高频关键词

序号	关键词	频数	中心度	年份	序号	关键词	频数	中心度	年份
1	全球价值链	132	1.06	2005	8	装备制造业	3	0.00	2018
2	产业升级	98	0.83	2005	9	生产性服务业	2	0.00	2013
3	路径	4	0.02	2011	10	产业政策	2	0.00	2014
4	产品内分工	4	0.08	2009	11	商务成本	2	0.00	2009
5	产业集群	4	0.06	2007	12	低端锁定	2	0.00	2015
6	产业转移	3	0.07	2009	13	自主创新	2	0.22	2011
7	汽车产业	3	0.00	2009	14	治理模式	2	0.00	2007/2009

基于全球价值链的产业升级内涵,代表性文献如张向阳和朱有为(2005)认为,全球价值链下的产业升级是指在全球生产网络中,从基本加工到贴牌生产(OEM)到自己设计制造(ODM)再到自有品牌制造(OBM)的攀升(张向阳和朱有为,2005)。随着中国参与全球生产活动的深入,国内学者掀起对全球价值链的研究热潮。宏基集团总经理施振荣发现20世纪70—90年代的中国台湾是全球电子元件的代理加工厂,美国和日本等发达国家的跨国公司牢牢掌握着电子产品的研发设计和营销环节。据此,施振荣(2010)提出了著名的"微笑曲线"理论。其实,在电子行业的全球价值链的分工中,日本经历了从低附加值到高附加值的过程。日本之所以能到达全球价值链的高附加值环节,是因为日本在此过程中进行了技术引进、组织架构优化、工艺流程优化、管理技能优化等一系列资源优化配置活动。由此可见,全球价值链视角下的产业升级的路径为尚未嵌入全球价值链的国家通过嵌入全球价值链进而从知识溢出中获益,或者已在全球价值链中的国家通过资源优化配置移动到附加值更高的链条上去(乔小勇等,2017)。这两种路径的表现形式为产业集群和产业转移。

就中国在国际分工体系中位置的攀升而言,代表性文献如周勤和周绍东(2009)通过构建产品建构函数,发现中国企业被低端锁定的根本原因是技术创新和组织创新不足,并据此提出有针对性的政策建议。刘志彪(2007)发现,尽管中国的出口量迅速上升,但是中国产业在全球产品内分工价值链上的攀升有限,因为进一步的攀升受到全球价值链主导者的阻碍,因此进入均衡性网络比进入被主导的全球价值链网络更有利于产业升级。就中国在全球价值链框架下通过产业集群促进产业升级而言,杜龙政和刘友金(2007)通过分析中国区域产业集群在全球价值链背景下的发展现状、阻碍与机遇,指出集群式创新是可采取的促进产业升级的路径,即分工明确的企业集聚在一起协作,获得彼此的创新需求,达到促进企业升级的目标。就中国在全球价值链框架下通过产业转移促进产业升级而言,刘志彪(2007)发现国际产业转移中的服务业转移对中国的发展具有深远的影响。因此,营造和完善与之相匹配的制度环境和基础设施、吸引服务业外商直接投资的政策应该上升到战略层面。

(三) 微观层面的产品升级

利用 CiteSpace V.5.3.R4 软件，以 WOS 数据库为来源，以主题＝"Product Quality"或"ExportQuality"或"Quality Upgrading"检索到 1985—2019 年相关文献 69 篇。国内文献以 CNKI 数据库中的 CSSCI 期刊为来源，以摘要＝"出口产品质量升级""产品升级"检索出 2005—2018 年相关文献 364 篇。至此，共收集到 433 篇文献进行数据挖掘和计量分析，提炼产品升级研究领域的知识基础，把握其研究前沿和热点，展望未来研究方向。

1. 国外文献综述

利用 CiteSpace 软件对所收集文献的关键词进行 LLR 算法的聚类分析，可以发现，圆圈有四个，分别是"Impact""Export""Demand""Competition"（见图 2-10），圆圈意为对其他节点有重要影响的节点，意味着上述四个关键词是主要关键词。其他次要关键词有"Standard""Nontariff Measure""Growth""Certification"等（见表 2-8）。这说明产品升级研究的热点主要聚焦于影响出口产品质量升级的因素和路径方面。

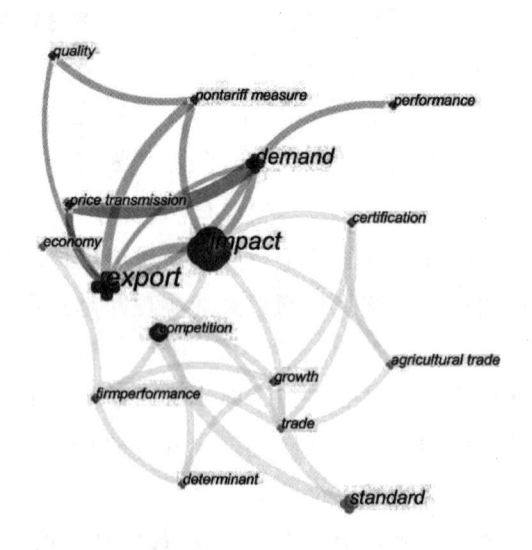

图 2-10　1985—2019 年 WOS 数据库中产品升级研究关键词共现图谱

表 2-8　1985—2019 年 WOS 数据库中产品升级研究高频关键词

序号	关键词	频数	中心度	年份	序号	关键词	频数	中心度	年份
1	Export	6	0.29	2012	6	Price Transmission	2	0.00	2017
2	Impact	5	1.14	2018	7	Growth	2	0.11	2019
3	Demand	4	0.36	2017	8	Agricultural Trade	2	0.00	2019
4	Standard	3	0.00	2019	9	Certification	2	0.12	2019
5	Nontariff Measure	2	0.10	2018	10	Quality	2	0.00	2012

一是出口产品质量的影响因素研究。Verhoogen（2008）认为，生产率更高的工厂生产的产品质量更高，同时该工厂会提高工人工资水平以维持高生产率。这与产品空间理论所强调的技术生产水平和人力资本是产品升级的根本推动力一致，但是忽略了一点，即提高生产水平和人力资本也不一定能实现产品升级的成功，因为产品之间存在技术距离，产品升级存在不连续性，当企业现有的能力禀赋不足以支撑其跨越到目标产品时，产品质量提升将遭遇失败。Pula 和 Santabárbara（2012）在产品质量阶梯理论的框架下，以出口单位价值表征产品质量，运用离散选择模型，测算中国对欧盟出口的质量是否提升，发现中国在欧盟市场的出口产品质量相对比较高，造成了对发达经济体市场地位的威胁，而质量提高的原因主要在于加工贸易和全球生产网络在中国的日益增长。全球生产网络和加工贸易在中国的增长并没有促使中国产品升级到价值链的高端，反而位居"低端锁定"。中国产品质量升级没有得到实质突破，也并不会对发达经济体造成实质威胁，而借助产品空间网络分析法可以证明本书的观点。

二是产品升级的途径分为两种：一种是通过破坏式创新而产生的创造性产品，此时产品多样性提高，产业实现跨越式升级；另一种是通过渐进式改革的方法实现旧产品的更新换代，包括功能的增加、性能的改良等，促进产业实现渐进式升级。由于产品升级的经典模型主要为垂直差异化模型、质量阶梯模型和企业异质性模型等，本书在这一部分按照经济学的逻辑思维依次对上述模型展开论述。

早在 1966 年 Lancaster 就提出产品垂直差异化的概念，即同类产品由于技术生产率、工艺流程等的不同而产生的参差不齐的质量差异，是产品的功能、性能上的差异，而不是外观、颜色、形状上的差异。例如，所有消费者都认为越保暖的保暖裤，其品质越好。一般来讲，在垂直差异化模型中有两家生产厂商，假定它们的生产边际成本相同，且生产高质量产品的厂商获得的利润较高，反之，则不然（Cremer and Thisse，1991）。当消费者的收入水平差距比较小且品质偏好的分布比较均匀时，两家厂商会通过拉开质量来规避价格竞争以获取更高利润，以求生存（Tirole，1988）。结果往往是生产高质量产品的厂商获取质量优势，进而生存下来。但是，如果把品质改善的成本考虑进模型中，则生产高质量产品的厂商不一定能凭借较高质量赢取更多利润，此时便不存在质量优势（Wang，2003）。

　　研究产品升级的另一经典模型是企业异质性模型，其强调企业的生产率之间存在异质性（Melitz，2003）。生产率高的企业会选择出口，生产率低的企业继续在国内销售，生产率更低的企业面临着被淘汰的压力，不得不提高生产率走向出口。至此，产品升级目标达成。Baldwin 和 Harrigan（2005）将企业异质性和产品垂直差异化融入同一研究框架，结果发现生产率越高的企业，生产的产品质量越高，获取的利润越高，越有能力承担交易成本，越倾向于选择出口，而出口的增多会反过来加大企业的交易成本，这"倒逼"企业提高生产率并生产更高质量的产品。后续研究者也得出了类似结论（Kugler and Verhoogen，2008；Hallak and Sivadasan，2008）。质量阶梯模型认为各种产品处在"质量阶梯"的不同位置，假定生产产品的国家只有北方和南方两类（Grossman and Helpman，1991）。通常来讲，北方国家的企业技术创新能力更强，倾向于通过自主创新开发新产品获取垄断利润，而南方国家为追赶北方国家，会通过技术引进、吸引外商直接投资的方式进行技术模仿，进而提升产品质量，并以更低的价格抢占市场，这种情况倒逼北方国家企业投入下一轮的自主创新。另外，在这种追逐和被追逐的市场环境下有一个关键问题值得被关注，即南方国家的知识产权保护问题。该理论认为南方国家的知识产权保护力度薄弱，在一定程度上损害了北方国家的企业利益。一旦北方国家企业处理其外商直接投资（FDI），南方国家企业的产品质量提升路径将受重挫（Helpman et al.，2004）。但是后续研究者发现，知识产权保护机制的欠缺反而有利于降低南方国家企业的技术模仿成本，进而激励其进行模仿，从而实现产品更新。但是，长期来讲，由于模仿投入对研发创新投入形成"排挤"效应，因此并不利于全新产品的开发，导致南方国家产业升级的幅度、质量、潜力均不如北方国家（Glass and Saggi，2002；Glass and Wu，2007）。

以上文献着重研究如何促进产品质量提升以实现产品结构优化。但是，上述模型均默认假定在产品升级过程中总是存在一种合适距离的产品，因此，产品升级失败是企业的事情。事实上，由于产品所蕴含的生产能力和要素禀赋之间具有不完全替代性，使产品之间的距离有大有小，导致产品升级具有不连续性。当猴子跳跃的距离范围内没有可升级的产品时，产品升级便会失败。也就是说，产品升级仅靠企业发挥主观能动性是不够的，还需要考虑产品之间客观存在的技术差距。

2. 国内文献综述

利用 CiteSpace 软件对所收集文献的关键词进行 LLR 算法的聚类分析，发现"质量升级"居于中心位置（见图 2-11），"高频次"兼"高中心度"的关键词反映了此主题的研究热点，同时也是此主题的影响因素，主要有对外直接投资、环境规制、制度环境、金融危机、贸易自由化、经济政策不确定性、政府补贴、同质性、企业异质性、质量差异（见表 2-9）。

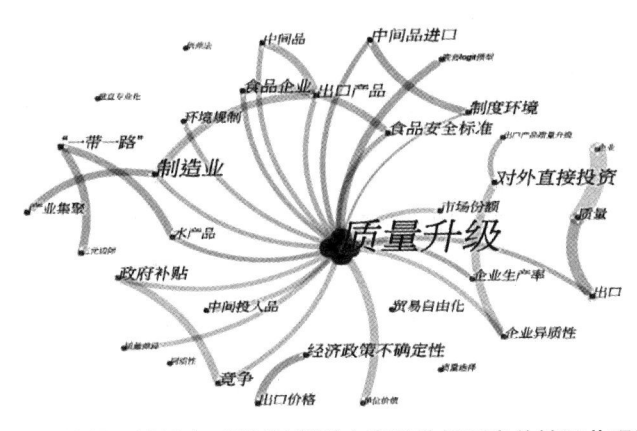

图 2-11 2005—2018 年 CSSCI 期刊中产品升级研究关键词共现图谱

表 2-9 2005—2018 年 CSSCI 期刊中产品升级研究高频关键词

序号	关键词	频数	中心度	年份	序号	关键词	频数	中心度	年份
1	质量升级	53	0.46	2011	8	中间品	2	0.00	2016
2	制造业	8	0.03	2016	9	质量差异	2	0.00	2015
3	对外直接投资	6	0.05	2015	10	金融危机	2	0.00	2010
4	环境规制	4	0.00	2016	11	经济政策不确定性	2	0.01	2018
5	"一带一路"	3	0.05	2018	12	贸易自由化	2	0.00	2016
6	制度环境	3	0.00	2018	13	政府补贴	2	0.00	2015
7	企业异质性	2	0.01	2015	14	同质性	2	0.00	2016

国内学者从三个非常重要的视角，即产品同质性、产品质量差异和企业异质性视角进行研究。樊海潮和郭光远（2015）研究发现，产品异质性越大，越有利于提高企业生产率。然而，无论是基于产品同质还是基于产品异质，这些文献均默认产品质量升级路径是连续的，即只要影响因素具有促进作用，那么产品升级就一定能达成，忽略了产品升级断档的可能。由于产品存在异质性，异质性企业的生产效率决定着其进行产品升级的幅度，如果幅度最大值小于现有产品与目标产品之间的技术距离，则产品升级失败，此时企业将会陷入发展停滞状态。而产品空间理论正好弥补了这一研究不足，致力于解决产品升级断档问题。

三 纺织产业升级文献综述

按照工艺流程进行定义，纺织产业是将天然原材料和化学纤维经过织造以后再进行印染最后制成服装、家纺和其他成品的一个过程。其中，天然原材料包括棉、毛、麻、丝、绢；化学纤维包括涤纶、腈纶、丙纶、氨纶等（许静，2012）。作为重要民生产业的纺织产业以生产生活资料为主，属于轻工大类中的传统优势产业，Chenery 和 Syrquin 在合著的《发展的型式：1950—1970》一书中，强调轻工业特别是主要依赖于农产品原材料的纺织等产业对经济增长做出重大贡献，由于对劳动力的需求非常大，在保障社会就业方面扮演着重要角色。利用 CiteSpace V.5.3.R4 软件，以 WOS 数据库为来源，以主题＝"Textile Industry"搜索到 2007—2018 年相关文献 133 篇。国内文献以 CNKI 数据库中的 CSSCI 期刊为来源，以摘要＝"纺织服装"并含"比较优势"或"产业升级"或"可持续发展"检索出 1998—2018 年相关文献 293 篇。至此，共收集到 426 篇文献进行数据挖掘和计量分析，提炼纺织产业升级研究领域的知识基础，把握其研究前沿和热点，展望未来研究方向。

（一）国外文献综述

WOS 数据库中纺织产业升级研究领域发文量年度分布如图 2-12 所示。整体上，研究纺织产业升级的文献数量一直在下降。尤其是 2012 年以后研究纺织产业升级的文献寥寥几篇。其实，中国的纺织产业为其他产业的发展起到了奠基作用，提高中国纺织产业的竞争力也是人民对生活品质的追求日益高涨的时代需求。

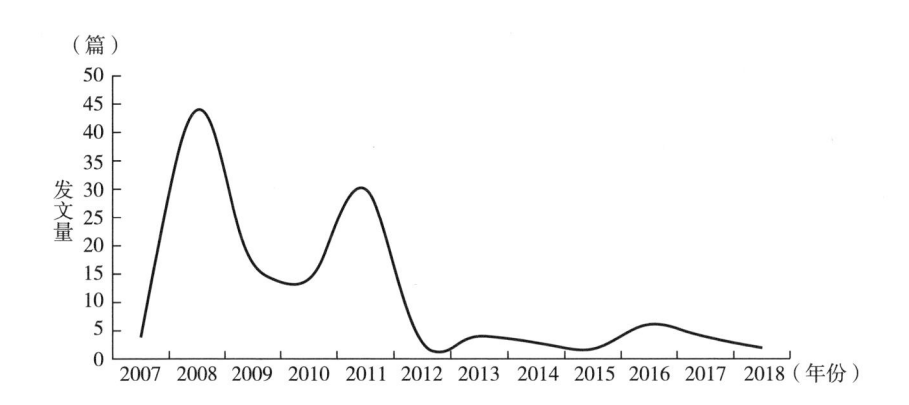

图 2-12　2007—2018 年 WOS 数据库中纺织产业升级研究领域发文量年度分布

从来源期刊看（见表 2-10），该领域的文章主要发表在经济管理刊物上，例如，*Business*、*Management* 等。然而，*Materials Science Textiles* 也在前五名之列。这说明通过提高材料性能进而促进纺织产品升级成为研究焦点。

表 2-10　　2007—2018 年 WOS 数据库中纺织产业升级研究领域发文量前 5 的来源期刊　　单位：篇

序号	期刊名称	发文量
1	Business	95
2	Management	63
3	Economics	55
4	Operations Research Management Science	43
5	Materials Science Textiles	33

利用 CiteSpace 软件对所收集文献的关键词进行 LLR 算法的聚类分析，得到关键词共现图谱（见图 2-13）和高频关键词列表（见表 2-11），可以看出"Greenhouse Gas Emission""Fashion Design""Knowledge Management"是"高频"兼"高中心度"的关键词。这说明国外关于纺织产业竞争力提升的研究主要从三方面展开：一是以环境保护为目标发展纺织产业；二是以产业集群为途径发展纺织产业；三是以知识管理为手段提高纺织产业核心竞争力。其他次要方面包括金融危机背景下纺织产业如何发展；全球化背景下纺织产业集群发展问题；基于资源依赖理论的纺织产业发展问题。值得一提的是，"China"作为高频关键词，说明中国的纺织产业曾在全球很有影响力，其发展困境问题也引起全球学术界学者的研究兴趣。

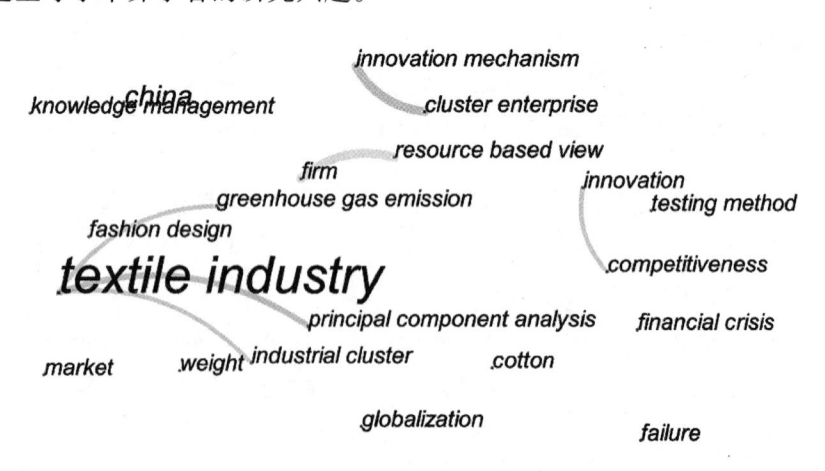

图 2-13　2007—2018 年 WOS 数据库中纺织产业升级研究关键词共现图谱

表 2-11　2007—2018 年 WOS 数据库中纺织产业升级研究高频关键词

序号	关键词	频数	中心度	年份	序号	关键词	频数	中心度	年份
1	Textile Industry	11	0.30	2008	7	Globalization	2	0.00	2008
2	China	3	0.00	2008	8	Fashion Design	2	0.01	2011
3	Greenhouse Gas	2	0.01	2018	9	Cotton	2	0.00	2009
4	Industry Cluster	2	0.00	2010	10	Innovation	2	0.00	2010
5	Knowledge Management	2	0.01	2008	11	Resource Based View	2	0.00	2013
6	Financial Crisis	2	0.00	2009	12	Competitiveness	2	0.00	2010

以产业集群为途径发展纺织产业的代表性文献为 Sun（2010），其认为在信息化和全球化背景下的产业转移是为了产业集群的进一步升级。浙江纺织产业已经到了产业转移的时机，需要提高研发投入水平，丰富产品多样化（Sun，2010）。以环境保护为目标的代表性文献为 Zhu（2018），其运用专家访谈法，构建温室气体管理绩效评价体系，并通过典型纺织品制造商进行有效性检验，结果证明了评价体系的科学性（Zhu et al.，2018）。以知识管理为手段提高核心竞争力的代表性文献为 Dangelico（2013），其观察到很多知名公司均开始通过有效整合外部知识和能力开发绿色产品并获得环保产品的生态标签或第三方认证。外部知识和能力可以多种多样，例如研发、环境知识、清洁技术、制造过程、建立测量产品环境性能的知识等，可以在内部开发或通过外部网络集成。但是通过文献回顾发现，很少有实证研究能解决新产品开发面临的环境挑战。为此，Dangelico 在纺织品和软垫家具行业进行了一项调查，向 700 家公司发送了一份调查问卷，返回了 102 份可用的问卷。结果表明，在将企业外部的知识和能力整合到绿色产品开发的制造工艺和产品设计方面，这种能力非常有用。例如，为绿色产品开发计划带来了更好的财务业绩（Dangelico et al.，2013）。

上文中所述的产业转移和产业集群是基于全球价值链理论研究纺织产业升级问题，而知识整合能力是将知识资本作为纺织产品创新的关键要素。产品空间理论可以同时囊括纺织产业升级的上述动力和要素，从而集成一个系统的理论框架。它在内生增长理论的框架下，基于产品微观视角，利用产品之间技术距离的不完全替代性构建具有"核心—边缘"结构的产品空间网络，核心区域产品空间密集，代表知识资本雄厚，边缘区域知识资本薄弱。在产品空间网络中，产业升级意味着从边缘区域移动到核心区域，这个过程是创新扩散的过程，是产品复杂度提高的过程，是攀升价值链的过程。因此，基于产品空间理论研究纺织产业升级是一个系统工程，具有其他理论无法比拟的优势，体现了信息化时代的特色。

（二）国内文献综述

图 2-14 为 CNKI 数据库中关于纺织产业升级发文量的年度分布。可以看出，近 20 年来该领域文献数量呈现先升后降的趋势。其中，2007 年和 2014 年是高峰期，而近些年学者对纺织产业升级问题的关注度逐渐降低。

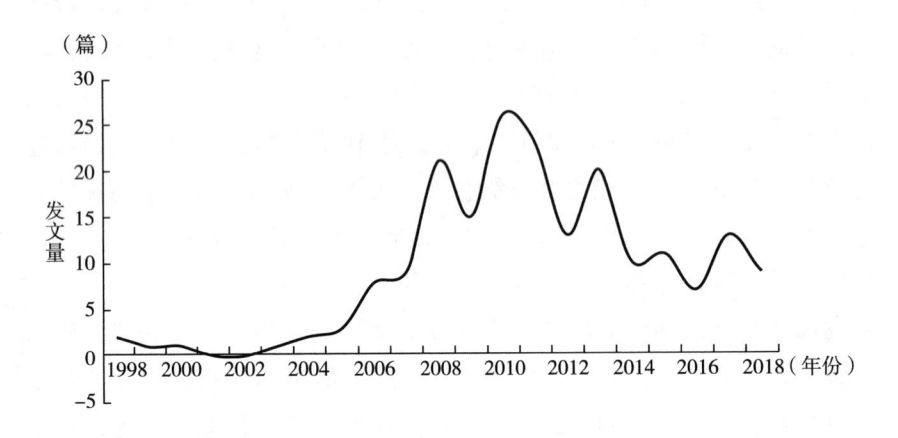

图 2-14　1998—2018 年 CNKI 数据库中纺织产业升级研究发文量年度分布

从来源期刊看，排在前两位的期刊是《企业经济》和《国际贸易问题》。其次是《统计与决策》《科技管理研究》和《国际经贸探索》（见图 2-15）。这反映了纺织产业的升级主要受国际贸易形式的影响，并且学者一般采用统计方法或者计量模型对其升级问题进行量化分析，科学且专业。

《企业经济》10篇（5.0%）

《国际贸易问题》10篇（5.0%）

《统计与决策》6篇（3.0%）

《科技管理研究》6篇（3.0%）

《国际经贸探索》6篇（3.0%）

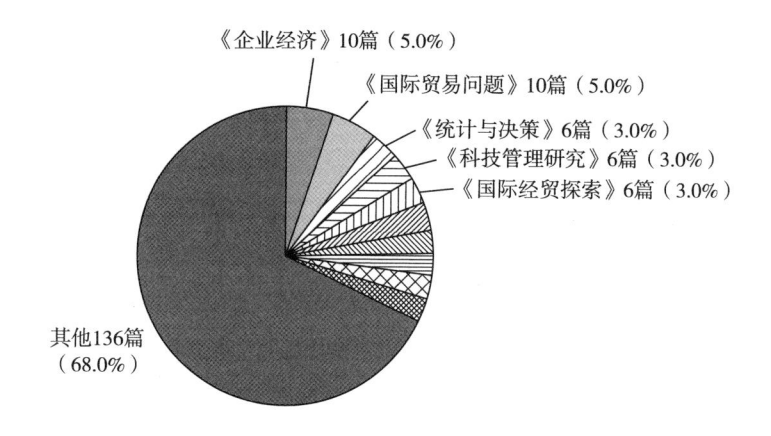

其他136篇（68.0%）

图2-15　1998—2018年CNKI数据库中纺织产业升级研究来源刊物分布

利用CiteSpace软件对所收集文献的关键词进行LLR算法的聚类分析，发现"产业升级""全球价值链"居于中心位置（见图2-16），这与前文对于"产业升级"的可视化分析结果一致。"高频"兼"高中心度"关键词反映了此主题的研究热点，主要有"路径""产品内分工""产业集群""产业转移"（见表2-12）。这说明学者对纺织产业升级问题的研究主要从发展现状、影响因素和升级路径展开。基于此，将1998—2018年纺织产业升级的研究梳理为三部分。一是纺织产业升级的发展现状。张慧明和蔡银寅（2015）通过指标构建，发现中国纺织产业位于"低端锁定"境地，认为技术创新和迎合市场需求是纺织产业突破瓶颈的两种有效措施。二是纺织产业升级的影响因素主要为国际贸易规则和产业政策。陈淑梅和江倩雯（2014）运用GTAP模型，分析建立中国—欧盟自由贸易区的经济效应，结果发现中国—欧盟自由贸易区的建立有利于纺织产业的发展。金中夏和李良松（2014）通过构建模型发现，美国推行的TPP原产地规则对中国纺织产业的发展不利。三是纺织产业升级的路径主要为产业转移、产业集群和产品质量阶梯。其中，一个非常重要的视角是从产品质量阶梯进行解读。张舒（2014）针对基于价值链理论的产业升级研究存在的不足，转向基于产品质量阶梯理论研究产品升级，利用跨国面板数据进行实证分析，发现这些国家产品升级的核心是依据质量阶梯。但是，作者并没有意识到产品质量阶梯理论下产品升级的路径是均质的、连续的，而现实中产品升级是不连续的。因此，作者所谓的完善制度环境反而是在起反作用。

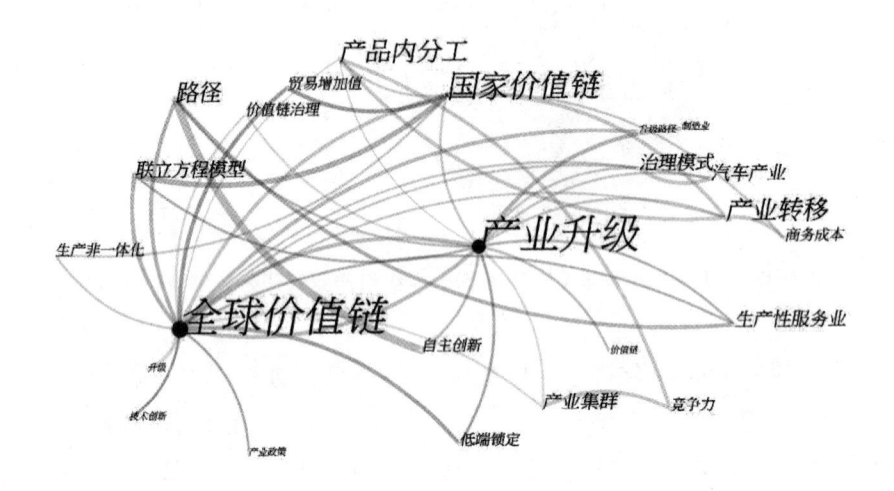

图 2-16　1998—2018 年 CSSCI 期刊中纺织产业升级研究关键词共现图谱

表 2-12　1998—2018 年 CSSCI 期刊中纺织产业升级研究高频关键词

序号	关键词	频数	中心度	年份	序号	关键词	频数	中心度	年份
1	全球价值链	132	1.03	2005	8	产业政策	2	0.00	2014
2	产业升级	98	0.82	2005	9	商务成本	2	0.00	2009
3	国家价值链	16	0.14	2009	10	低端锁定	2	0.00	2015
4	路径	4	0.02	2011	11	自主创新	2	0.00	2011
5	产品内分工	4	0.09	2009	12	生产非一体化	2	0.00	2009
6	产业集群	4	0.06	2007	13	价值链治理	2	0.00	2007
7	产业转移	3	0.06	2009	14	联立方程模型	2	0.00	2013

四　产品空间理论视角下相关产业升级文献综述

利用 CiteSpace V.5.3.R4 软件，以 WOS 数据库为来源，以主题＝"Product Space"和"Industry Upgrading"检索到 2006—2018 年相关文献 39 篇。国内文献以 CNKI 数据库中的 CSSCI 期刊为来源，以摘

要＝"产品空间""产业升级"检索出2007—2018年相关文献79篇。至此，共收集到118篇文献进行数据挖掘和计量分析，提炼产品升级研究领域的知识基础，把握其研究前沿和热点，展望未来研究方向。

（一）国外文献综述

利用 CiteSpace 软件对所收集文献进行文献共被引分析，得到文献共被引网络图谱（见图2-17）。这些重要文献可在文献共被引网络图谱中明显看出，即圆圈所代表的文献，共有4个节点，所以共有4篇。归纳总结这些代表性文献可以发现三点：一是产品空间理论的应用范围从全球层面逐步深入各个国家层面，又逐步深入区域甚至企业层面；二是所用数据越来越细，从3位码细化到4位码再到8位码分类的出口产品贸易数据（如绿色产品）；三是产品创新具有路径依赖性。

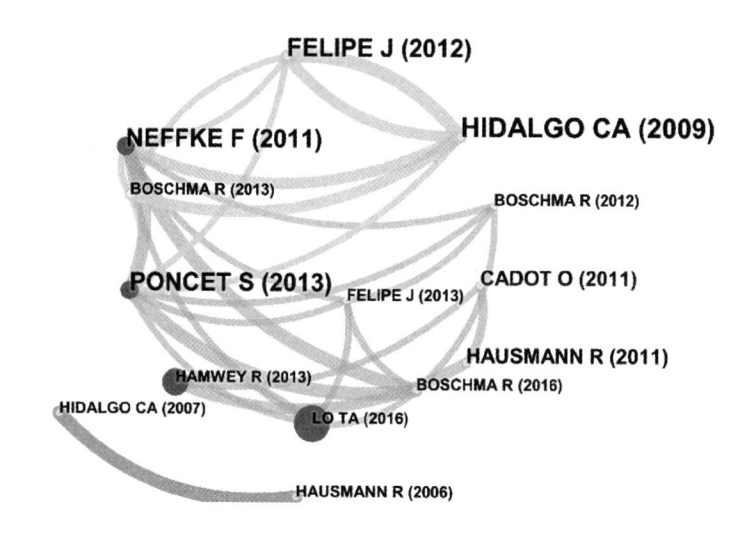

图 2-17 WOS 数据库中产品空间理论研究文献共被引网络图谱

Neffke 等（2011）利用翔实的工厂级别的数据，通过计算各个行业之间的技术关联性，分析1969—2002年瑞典70个地区的经济发展情况，以寻找区域新的增长路径。结果发现，瑞典经济格局的长期演变具有强烈的路径依赖性。与该地区已有产业的技术关联性高的行业进入该地区的可能性,高于与该地区原有行业无关的行业,而且弱关联的产业退出该地区的可能性更高。这篇文献中的技术关联性和瑞典区域经济增长新路径属于演化经济地理学中的核心概念,被巧妙地应用到了产品空间理论中。应用产品空间理论研究经济增长一度成为经济学领域的研究热点。例如,Poncet 和 Waldemar(2013)利用公司—产品层面的出口贸易数据,探究何种产品升级有利于经济发展,结果发现在普通贸易中经营的国内公司的能力水平是经济增长的重要推动力。然而,加工贸易活动并不能带来直接的收益(Poncet and Waldemar,2013)。随着研究的深入,学者开始尝试利用 8 位数字编码的商品出口数据构建产品空间网络,一定程度上深化了产品空间理论的应用范围。例如,Hamwey 等(2013)通过构建绿色产品空间模型,用于绘制各国对特定绿色产品的出口优势,通过分析相关产品的出口表现来预测一个国家可能在世界市场上具有竞争力的潜在绿色产品。在实证分析上,作者采用巴西国家的绿色产品出口数据以确定有利可图的切入点,建立商业上可行的、有竞争力的绿色产品出口的供应方案。

(二)国内文献综述

本书通过文献梳理发现国内学者一般将全部产业作为研究对象,也有部分学者将研究对象聚焦于具体产业,例如服务业、装备制造业、农产品,以及计算机、通信和其他电子设备制造业(见表 2-13)。可截至目前,还没有学者专门将纺织产业作为研究对象研究其升级路径。

表 2-13　　　　产品空间理论视角下相关产业升级研究

学者（年份）	研究对象	样本数据	研究方法	研究结论
刘守英和杨继东（2019）	各个产业	1995—2016 年产品出口数据	复杂网络分析法	中国经济复杂度提高了
许时泽（2019）	服务业	2007—2016 年 6 种服务产业出口数据	复杂网络分析法	中国服务贸易优势在于传统服务领域
郭将和王德地（2018）	装备制造业	2006—2015 年产品出口数据	复杂网络分析法	产业升级应沿着稠密区域的邻近产品方向前进

续表

学者（年份）	研究对象	样本数据	研究方法	研究结论
王红月（2018）	计算机、通信和其他电子设备制造业	2003—2015年产品出口数据	复杂网络分析法	计算机、通信和其他电子设备制造业的升级路线具有路径依赖性
王坤（2018）	农产品	2012—2016年出口数据	复杂网络分析法	农业升级路径可以按照水产品—园艺产品—其他农产品—畜产品—谷物产品—油料产品的顺序进行

五 文献述评

（一）产品空间理论研究述评

产品空间理论是复杂网络理论与经济学理论跨学科结合的成果，具有较大的系统性和前沿性，主要体现在它强大地融合了其他经典的产业升级理论和经济增长理论。例如，大卫·李嘉图的传统比较优势理论、配第—克拉克的产业演进理论、赤松要的雁阵理论、林毅夫的新结构经济学理论以及全球价值链理论。这些理论均可以在产品空间网络中得以验证。就传统的比较优势理论而言，首先该理论的默认研究前提设定为在静态条件下，即劳动资源禀赋不能随时间转换为资本或技术资源禀赋。而产品空间结构理论的默认研究前提设定在动态条件下，劳动资源禀赋随时间可以转换为资本或技术资源禀赋。就林毅夫的新结构经济学而言，该理论认为一国应该发展那些由当下阶段要素禀赋结构内生决定的比较优势产业，这样的产业结构才最具有竞争力。最优产业结构下的资本回报率最高，资本剩余最多，且资本积累的速度最快，直至接近或超过发达国家的速度。与此同时，要素禀赋结构不断接近发达国家，产业结构也随之逼近发达国家。此外，政府应该因势利导，维护并不断完善市场机制，做到有效率为之，而不是乱为，以便为产业结构发展提供更加完善的硬件和软件基础设施。这不正是中国产业从产品空间网络的边缘移向核心区域的演化过程吗？又如全球价值链理论，该理论强调一国应该由价值链的低端攀升至高端。这一过程不正是产品空间网络中产品升级的情形吗？

近十年来产品空间理论的应用领域越来越广泛。国外学者基于产品空间理论主要研究国家经济增长、收入不平等、商品贸易价格以及医学疾病传播问题等，很少涉及产业升级问题。国内学者基于产品空间理论不仅研究经济增长问题、跨越中等收入陷阱问题，还研究产业升级问题。但是，很少研究深入具体某个特定产业，一般以全产业作为研究对象。截至目前，几乎没有文献专门讲国民经济的支柱产业，以纺织产业作为专门的研究对象。

学者主要基于产品复杂度和产品密度这两个指标拓展产品空间理论。其中，关于产品复杂度的研究样本主要集中在服务业和高新技术产业，而随着复杂度的提高，在全球价值链中的地位也会随之攀升。但这只限于资本技术密集型产品，如果换成劳动密集型产品将会如何？同时，关于产品复杂度的研究主要集中于经济增长领域，只有零星文章涉及产业升级。但是，在运用产品空间理论解决产业升级问题时，学者往往将中国和发达国家进行比较，这种方式存在很大的欠缺之处，因为只有当两个国家的劳动工资水平处于同一水平界面时，比较结果才有意义。如果要借鉴发达国家的经验，最好选择人均收入是中国的两倍、要素禀赋结构处于相近水平的国家进行模仿，不然，则会制定严重偏离比较优势的产业政策，从而使中国产业面临升级断档的风险（林毅夫，2015）。

国内外学者对产品空间理论的应用为本书研究纺织产业升级这一难题提供了新的研究思路。国内外关于产品空间理论的研究成果，一方面为纺织产业升级提供了基于产品视角研究的启示，另一方面产品空间结构形态的可视化为纺织产业升级方向提供了具体行业具体转型升级路径设计的启示。

（二）产业升级研究述评

长久以来，学者对产业升级问题的研究从来没有间断过。通过对国内外文献的计量分析可以发现，国外学者倾向于从中观和微观视角出发研究产业升级问题，即从产业价值链理论和产品质量阶梯理论视角出发研究产业升级问题。而国内学者更倾向于从宏观视角出发研究产业升级问题，主要强调通过增加第三产业在国民经济中的比重以优化产业结构，促进经济增长。相对来说，基于微观视角的产业升级研究愈加符合现实，因为随着经济的纵深发展，复杂程度越来越深，以至于较为粗略的三次产业之间比重的调整优化已经不能解决经济发展中出现的复杂问题。

产品空间理论基于产品结构视角巧妙地将宏观的结构主义和中观的价值链理论融合在一起，从而不仅综合了结构主义观和价值链理论强调的产品附加价值提升的观点，而且还将传统的产品质量阶梯理论的均质、连续拓展到异质和断档的层面。这是信息化时代的产物，其他分析方法无法替代。首先，产业结构的合理化、高级化和高效化的前提是最优的产业结构由本国的要素禀赋结构所决定的比较优势决定，这样企业才能获得最大的成本回报率，才有资本承受创新所带来的沉没成本，而那些不具有比较优势的企业将因缺乏竞争力而被市场淘汰。这与产品空间结构理论所强调的由比较优势确定产业演化的发展方向一致。其次，发展中国家在全球价值链中的攀升，实质上是发展中国家在这个由发达国家主导的全球生产网络中往附加值高的地方移动的过程，这与产品空间理论所强调的通过提高产品的技术复杂度进而实现产品升级的经济增长逻辑一致。产品空间网络是一个"核心—边缘"结构的网络，发达国家在核心区，即高附加值区域，发展中国家在边缘区，即附加价值较低的区域，那发展中国家向核心区域迁移的过程就是追求更高附加价值的过程。最后，产品质量阶梯模型默认假定在产品升级过程中总是存在一种合适距离的产品，因此产品升级失败是企业的事情。事实上，由于产品所蕴含的生产能力和要素禀赋之间具有不完全替代性，使产品之间的距离有大有小，导致产品升级具有不连续性。当猴子跳跃的距离范围内没有可升级的产品时，产品升级便会失败。也就是说，产品升级仅靠企业发挥主观能动性是不够的，还需要考虑产品之间客观存在的技术差距。产品空间理论也是基于产品视角研究产业升级问题，不过两者最大的不同之处在于，产品空间网络不仅研究产业升级的可行性路径，而且研究产业升级断档的原因，并指出克服产业升级断档的方向，同时也是中国目前最需要关注的地方。由于这一理论对现实更有解释力，激起了学术界越来越多的学者关注和研究兴趣。

(三) 纺织产业升级研究述评

通过对国内外文献的计量分析发现，目前还没有学者以产品空间理论为切入点研究纺织产业升级问题。国内外学者关于纺织产业升级的研究主要从比较优势理论、技术创新理论、全球价值链理论、产业结构主义观以及产品质量阶梯理论等视角研究纺织产业的结构调整、结构转型、结构再造以及价值攀升等问题。国内外学者对产业升级的含义、路径、影响因素、政府政策以及贸易政策等因素的研究重要且有效，给本书很多启发。但是，这些研究有一个共同的前提假设，即产业升级是连续的，总有一个"台阶"能落脚。这与纺织产业升级的现状不符，纵观几十年来中国纺织产业升级的实践，可以发现纺织产业升级问题并没有得到彻底解决。主要归因于学者研究纺织产业升级问题时往往忽略产业转型升级的断档问题，而基于产品空间视角为解决纺织产业持续升级问题提供了理论支撑，为纺织产业持续升级指明了方向，对中国防范纺织产业升级断档风险、防范陷入中等收入陷阱具有重要指导价值，这也是本书的出发点和创新点。

(四) 产品空间理论视角下相关产业升级研究述评

目前，还没有学者基于产品空间理论研究中国纺织产业升级问题。产品空间理论基于产品结构视角巧妙地将宏观的结构主义和中观的价值链理论融合在一起，从而不仅综合了结构主义观和价值链理论强调的产品附加价值提升的观点，而且还将传统的产品质量阶梯理论的均质、连续拓展到异质和断档的层面，这是信息化时代的产物，同时也是其他分析方法所无法替代的。通过对国内外文献的计量分析发现，国外学者基于产品空间理论很少研究产业升级问题，这可能与国外市场自由化水平高有关，产业政策的作用主要通过市场手段进行。而中国的产业政策对产业发展的影响非常大，国内学者在研究产业升级问题时，一般将全部产业作为研究对象，也有部分学者将研究对象聚焦于具体产业，例如服务业、装备制造业、农产品，以及计算机、通信和其他电子设备制造业。截至目前，还没有学者以产品空间理论为切入点，专门将纺织产业作为研究对象研究其升级路径。

第三章 中国纺织产业发展概况与问题

为全面客观地分析中国纺织产业的现状，本书按照从微观到宏观，从国内到国际的逻辑，采用横向对比和纵向对比相结合的方法展开描述。

第一节 中国纺织产业发展概况

按照工艺流程进行定义，纺织产业是将天然原材料和化学纤维经过织造以后再进行印染最后制成服装、家纺和其他成品的一个过程。其中，天然原材料包括棉、毛、麻、丝、绢；化学纤维包括涤纶、腈纶、丙纶、氨纶等（许静，2012）。

为全面分析中国纺织产业发展概况，采用横向对比和自身发展纵向对比相结合的方法。所谓横向对比，一是将中国纺织产业与其他产业进行对比；二是将中国纺织产业与不同发展水平的国家的纺织产业进行对比。所谓纵向对比，即将中国纺织产业自身发展的各个阶段进行对比。

一 纺织产业在轻工大类中的地位

作为重要民生产业的纺织产业以生产生活资料为主，属于轻工大类中的传统优势产业。Chenery 和 Syrquin 曾在合著的《发展的型式：1950—1970》一书中，强调轻工业特别是主要依赖农产品原材料的纺织等工业对经济增长做出了重大贡献，尤其是在保障社会就业方面扮演着重要角色。作为典型的劳动密集型产业，中国纺织产业对劳动力的需求非常大，《中国工业统计年鉴》公布的数据显示，中国纺织产业 2002 年创造了近 800 万个就业岗位；2010 年达到历史最高，创造了上千万个就业岗位。截至 2019 年，其创造的就业岗位仍然维持在千万左右（见表 3-1）。不仅如此，纺织产业在解决 14 亿人口的"吃、穿、行"的"穿"的问题上发挥着举足轻重的作用。单就解决新中国成立至改革开放前期人民最基本的衣被问题来说，中国纺织产业在中央政府的高度计划体制下运行，在钱之光部长的主持下，到 1980 年便解决了中国人民衣被甚少的问题。1950—1980 年，棉、毛、麻、丝织物的总产量由 25.60 亿米增加到约 144.41 亿米，人均织物产量达 15 米左右（陈义芳，2015）。改革开放以后，中国纺织企业纷纷走出国门，同时将先进装备、优势产能、成功经验输送给国际市场，延伸东道国的产业链，在满足当地人民美好生活方面发挥了积极作用。世界贸易组织的统计资料显示，中国纺织服装产品出口全球占比由 2010 年的 34.31%上升到 2016 年的 38.72%。自 2013 年，随着"一带一路"倡议的提出，中国纺织产业成为"一带一路"经贸合作区的重要合作产业。

表 3-1　　2002—2015 年中国纺织产业创造的就业岗位

年份	从业人员（人）	年份	从业人员（人）
2002	7869620	2009	10803803
2003	8369310	2010	11201383
2004	8945948	2011	10108740
2005	9911401	2012	10007170
2006	10302494	2013	9414800
2007	10951706	2014	9531000
2008	10816151	2015	9139400

资料来源：《中国工业统计年鉴》。

就贸易顺差方面的贡献而言，1962—2017 年中国纺织产品进出口总额从 1.85 亿美元扩大到 3016 亿美元，增长了 1629 倍，年均增长率达 14.39%。其中，纺织产品出口额从 1962 年的 1.45 亿美元扩大到 2017 年的 2740 亿美元，增加了 1888.66 倍，年均增幅达 14.70%；进口额从 0.40 亿美元扩大到 276 亿美元，年均增幅为 12.61%。纺织产品贸易顺差持续扩大，到 2017 年顺差额达到 2464 亿美元，占整个轻工产品贸易顺差额的 7.18%。经过半个多世纪的持续努力，纺织产业的贸易顺差对国民经济的发展做出了巨大贡献，是中国出口创汇的重要收入来源（见图 3-1）。

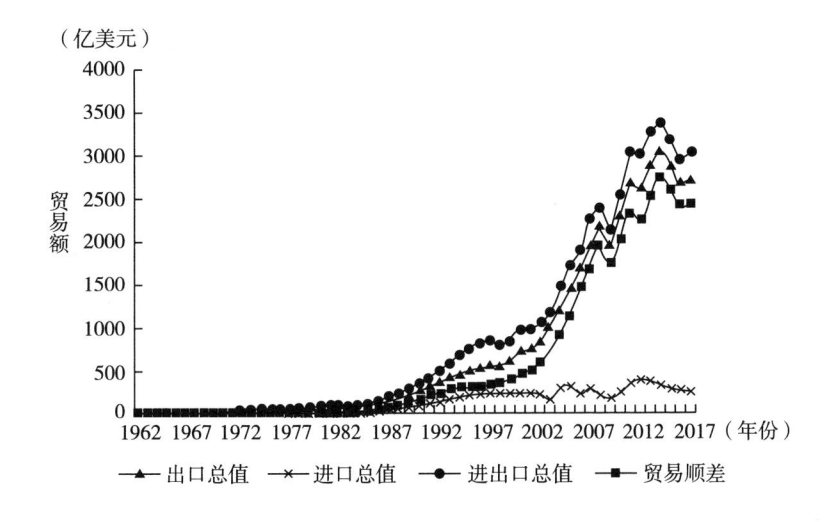

图 3-1 1962—2017 年中国纺织产业进出口值与贸易顺差

资料来源：根据联合国国际贸易数据整理（https：//comtrade.un.org/）。

纺织产业一直是中国大轻工业中最具实力、最重要的一个行业。图 3-2 为中国纺织产业与其他轻工产业的产品空间演化图。图中形状的大小表征产品的比较优势值，因为比较优势在一定程度上代表着产业的国际竞争力，所以圆圈越大，代表其竞争力越强。可以看出，改革开放以来，中国纺织产业无论是在"量"上，还是在"质"上都远远高于其他产业。1978 年圆圈和菱形的图形最多，表明纺织产业和食品产业均具有较大的竞争力；1985 年纺织产业的竞争力已经超过食品产业，并且与 1962 年相比，产品种类明显增多；1990 年中国纺织产业的比较优势较 1985 年明显增强，表明纺织产业在"质"上提升了一大步；2000年及以后虽然有塑料等其他产业的竞争力也凸显出来，但是无论在"质"还是"量"上都远远不及纺织产业。

1978年

1985年

1990年

2000年

2008年

2017年

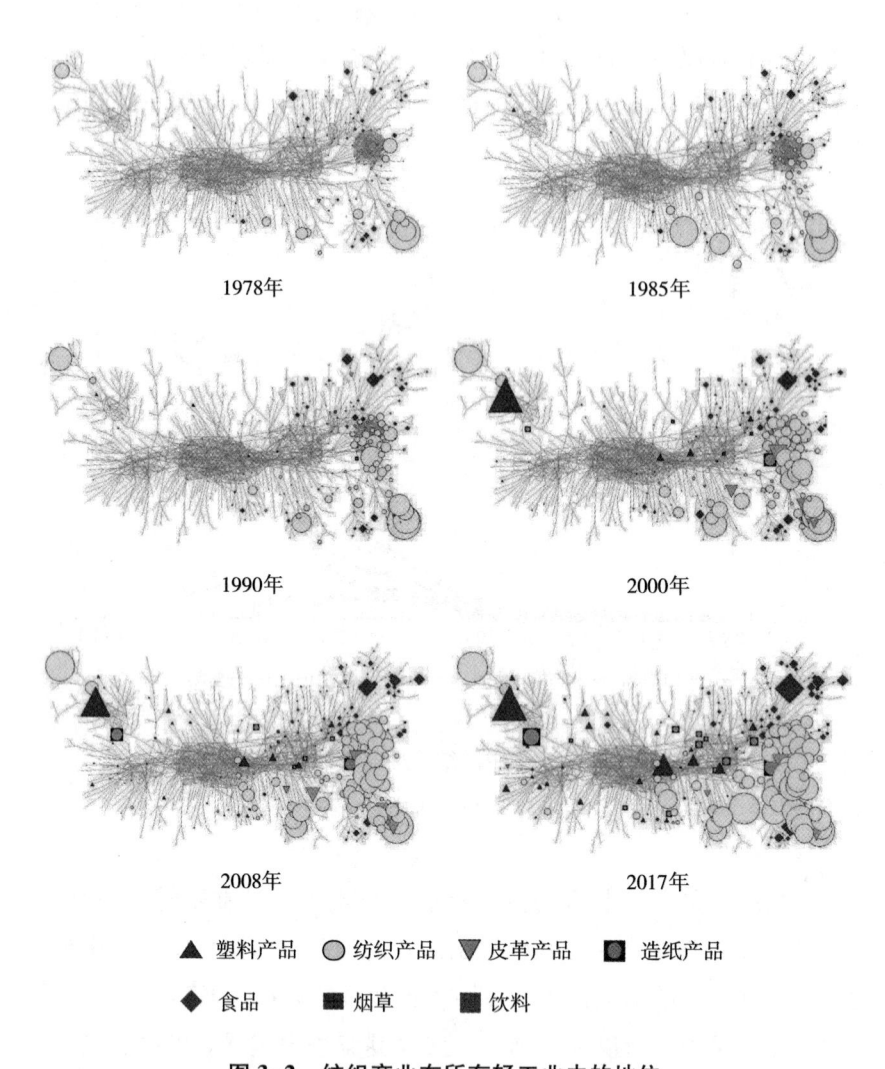

▲ 塑料产品　○ 纺织产品　▽ 皮革产品　⬢ 造纸产品
◆ 食品　■ 烟草　■ 饮料

图3-2　纺织产业在所有轻工业中的地位

资料来源：联合国贸易统计数据库（https://comtrade.un.org/）。

二　中国纺织产业自身发展水平的纵向比较

（一）纺织产业景气指数

景气指数（Prosperity Index）（中国纺织工业企业管理协会，

2019），也称景气度。行业景气度一般通过反映其生产经营状况的一系列客观指标编制而成（田瑞强等，2018），用以综合反映某一行业的所处状态或发展趋势。景气度的最小值为0，最大值为200，临界值为100。当景气度大于100时，表明行业经济状况良好，处于景气状态；当景气度小于100时，表明行业经济状况恶化，处于不景气状态。景气度还可进一步细分为四个状态，分别是不景气［0，100）、中低景气［100，120）、中高景气［120，150）、高景气［150，200］。毫无疑问，由于产业升级要落脚到产品升级，而产品升级的直接实施主体是企业（王桂军和卢潇潇，2019），行业景气度的高低影响着企业的经营决策，企业的经营决策决定着企业的经营业绩，所有企业的经营业绩在一定程度上反映了行业景气度。因此，就本书的研究主题而言，研究纺织行业的景气度这一指标非常具有价值（邓金龙和曾建光，2019）。

图3-3为中国纺织产业景气度变化情况。受数据收集渠道的约束，本书只选取了2002—2015年的数据，但这并不会严重影响对纺织产业自身发展状态演变的分析质量。为了更加细致地刻画纺织产业的经济形势，将纺织产业的景气指数进一步细分为纺织业和纺织服装服饰业的景气度。从图3-3中可以明显看出，纺织业和纺织服装服饰业的景气度演变趋势趋于一致，其景气度均在100以上，即便是2009年和2012年，纺织产业经济状况极度恶化时，景气度的最低点仍维持在100点。

值得注意的是，2002年以来纺织业和纺织服装服饰业的平均景气度均处于缓慢下降态势，尤其是纺织服装服饰业景气度一直处于下降态势。这说明这两个行业发展非常缓慢，几乎陷入停滞状态，在个别年份甚至发生显著下降。可将纺织产业景气度的整体走势分为一个"M"和三个倒"V"形来看："M"处于2002年1月至2005年3月期间，纺织服装服饰业景气度从107.62冲到高位110.83，在高位小幅波动后又回落到103.61，纺织业景气度从102.55冲到高位107.98又回落到104.08，两者呈现同向变动；第一个倒"V"期间属于2005年4月至2009年4月，纺织服装服饰业景气度经过小幅度回升

(a) 纺织行业景气度变化趋势

(b) 纺织服装服饰业景气度变化趋势

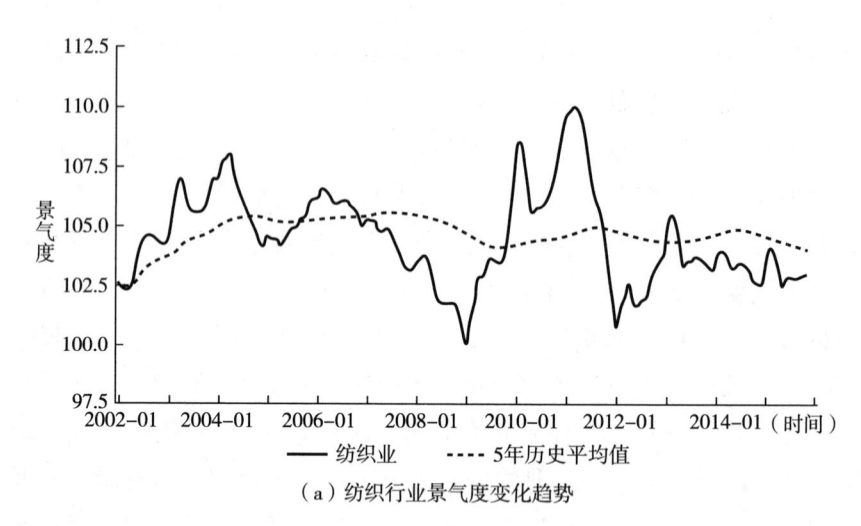

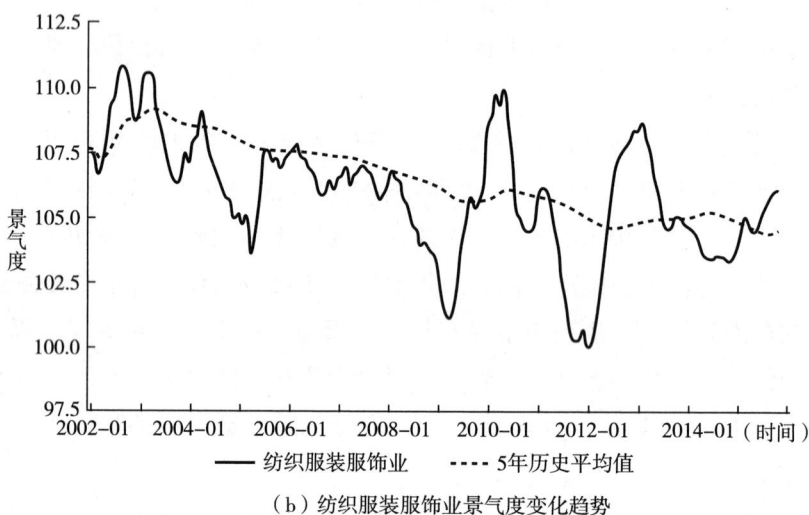

图 3-3 中国纺织产业景气度变化情况

资料来源：国家统计局经济景气监测中心。

后逐渐滑落至 101.09，纺织业经过小幅度回升后逐渐滑落至整个期间的最低点 100，两者呈现同向走势；第二个倒"V"期间属于 2009 年 5 月至 2012 年 1 月，纺织服装服饰业景气度从 101 附近向上持续上涨，在 2010 年 5 月达到阶段性最高值 110 后又迅速滑落至 100，纺织业景气度从 100 附近向上持续上涨，在 2011 年 3 月达到阶段性最高值110又迅速滑落至100.76，两者同向走势；第三个倒"V"期间属于2012年2月至2014年12月，纺织服装服饰业景气度从100附近向上持续上涨，在2013年2月达到阶段性最高值108.69后又逐渐滑落至103.35，纺织业景气度从100附近向上持续上涨，在2013年2月达到阶段性最高值105.4后又逐步滑落至102.53，两者同向走势。此外，2015年1月以后，纺织服装服饰业景气度在高位波动，波动范围为103—106，纺织业景气度也在102和103之间的高位波动，两者呈现同向变动。从四个期间的走势看，两者在低位和高位都呈现同向趋势，即2002—2004年、2009—2010年以及2005年、2013年，中国纺织产业经济状况处于改善期；而2003年、2006—2008年以及2011年处于恶化期。此外，纺织服装服饰业景气度的变动先于纺织业景气度的变动（罗涛，2018）。

前面的研究表明，中国纺织产业的经济运行状况整体良好，但是波动较大。本书重点关注较低的行业景气度。由前文的分析可知，景气度低的年份分别为2003年、2006—2008年和2011年。为揭示这些异常现象出现的原因，通过查阅历史文献可知，2003年国际贸易摩擦急剧增加，导致中国纺织业出口增幅下降。2006—2007年中国纺织行业和纺织服装服饰业经历了较为明显的淘汰重组，加上劳动力成本的进一步上升，使行业出现暂时的不景气现象。2008年国际金融危机使全球经济陷入萎靡，中国纺织产业也不例外（之剑，2008）。2011年中国纺织产业面临着国内外双重挑战：一方面，中国纺织的主要海外市场容量萎缩；另一方面，国内劳动力成本进一步上升，原材料价格波动较大，消费者对纺织产品的质量提出新要求，这使中国纺织产业转型升级的任务迫在眉睫（王晴颖，2012）。

由于景气度一般由一些客观指标构建而成，因此以这些具体的客观指标为切入点对纺织产业的景气度演化趋势及其特征进行诠释。反映景气度变化的指标，按时间维度进行划分可分为领先、同步以及滞后指标。由于资产负债类指标滞后于行业景气的变动，因此领先指标和同步指标成为最优选择。由于纺织产业属于生产型产业，区别于服务业，主要是利用人力资本、固定资产、原材料等资源通过一定的技术手段进行生产，制成品通过消费市场进行交换，获得盈利。基于此，可从以下四个方面选择反映纺织产业所处状态的基本景气变动指标，即生产要素指标（孙云杰，2018）、纺织供给指标、纺织需求指标、纺织盈利指标。本着突出重点的原则，并借鉴相关文献的做法（赖福平，2005），本书分别为四类景气指标匹配对应的财务指标，详见表3-2。

表3-2　　　　　　　　纺织产业景气度衡量指标选择

景气指标	对应财务指标	指标性质
纺织盈利指标	利润总额	正向指标
	税金	正向指标
纺织供给指标	总产值	正向指标
纺织需求指标	产品出厂价格指数	正向指标
	销售总产值	正向指标
	存货	正向指标
生产要素指标	从业人员	正向指标
	原料价格指数	正向指标
	新增固定资产投资	正向指标

1. 反映纺织产业盈利能力的景气指标

最能反映纺织产业景气的应是利润指标。利润指标属于领先指标，利润总额提供了有关企业未来发展能力的信息，包括经营管理费用控制情况（叶康涛，2014）、下期的生产能力（丁一兵和刘威，2018）和投资能力等。因为纺织产品价格会因受到各种因素的影响，包括随机因素，而存在短期的波动，因此不能很好地反映纺织产业的景气。销售量也因不能捕捉市场经济中纺织产品价格的敏感信息，不能反映纺织产业的景气。例如，表面上看销售量增加，但产品价格由于受到市场激烈竞争而下降，那么盈利仍然不会上升，甚至有可能下降，而盈利下降，意味着纺织产业所处的经济状态恶化。

第三章 中国纺织产业发展概况与问题 | 75

图3-4为中国纺织业和纺织服装服饰业的利润总额及其增幅，可以看出纺织业和纺织服装服饰业的利润总额虽然整体上呈上升趋势，但是其增长幅度却存在较大的波动性。例如，其在2003年、2007年、2009年和2011年的增长幅度明显降低。这与其景气度降低的年份基本一致，说明行业利润低时其景气度也低。

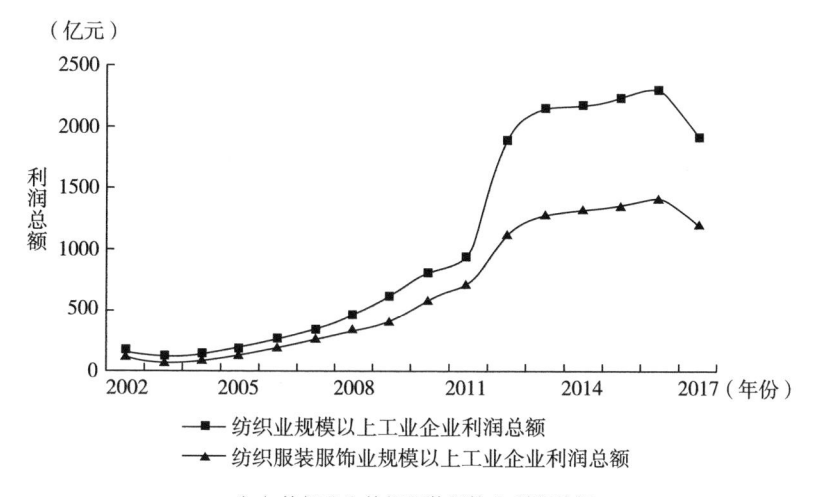

(a) 纺织业和纺织服装服饰业利润总额

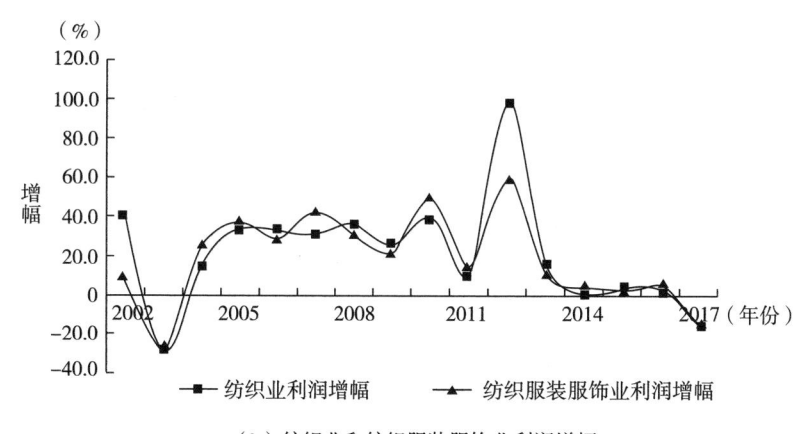

(b) 纺织业和纺织服装服饰业利润增幅

图3-4 中国纺织业和纺织服装服饰业的利润总额及其增幅

资料来源：国家统计局。

2. 反映纺织产业供给状况的景气指标

总产值提供了纺织产业的生产规模方面的信息，在一定程度上反映市场供给侧状况。图3-5展示了纺织产业的工业总产值及其增幅，可以看出中国纺织产业的总产值不断上升，增幅波动较大，且与上文中景气度的变动基本一致。其中，增幅在2006—2009年一直处于下滑状态，这可能源于2006—2007年中国纺织产业的淘汰重组，产业规模不再盲目扩大。另外，2011年以后增幅的下滑可能与2011年出口量缩减和国内消费市场需求结构的转变有关。

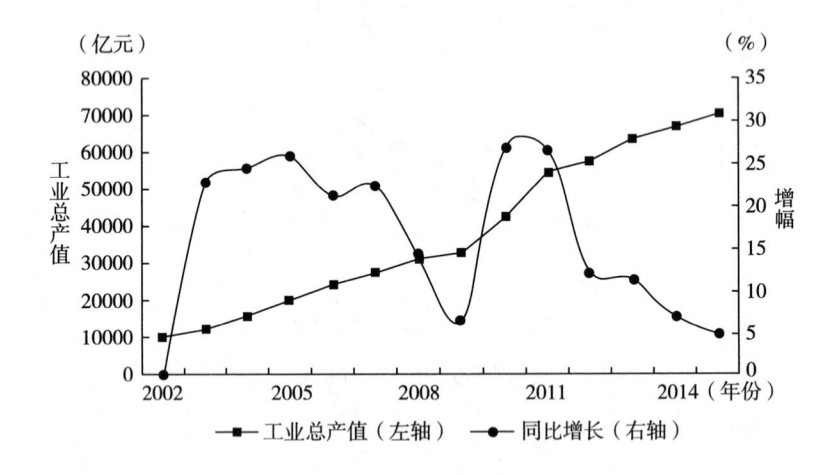

图3-5　2002—2015年纺织产业工业总产值及增幅

资料来源：国家统计局。

3. 反映纺织产业市场需求状况的景气指标

产品出厂价格指数、存货以及产品销售收入从市场需求这一方面反映了纺织产业景气状况。其中，在产量不变的情况下，产品出厂价格指数越高，盈利越多。库存率与产品销售收入的指标性质虽然相反，但都反映了行业销售水平，只不过前者是间接反映，后者是直接反映。库存率反映了一定时期纺织产品的库存情况，其库存量的大小受市场需求的影响；产品销售收入反映了一定时期纺织产品的需求水平。

第三章 中国纺织产业发展概况与问题

就产品出厂价格而言，2002—2017年纺织业生产者（纺织品）出厂价格指数与其景气度走势非常相似，出现了一个正"V"和三个倒"V"形结构。2002—2017年纺织服装服饰品出厂价格指数趋势由一个正"V"和两个倒"V"形结构组成（见图3-6）。值得注意的是，2006—2007年以及2011年两行业的产品价格不降反升，与其景气度变动方向刚好相反，可能是源于企业界的淘汰与整合增强了其品牌竞争力。2003年和2009年产品价格的下跌分别与国际贸易摩擦加剧和国际金融危机有关。

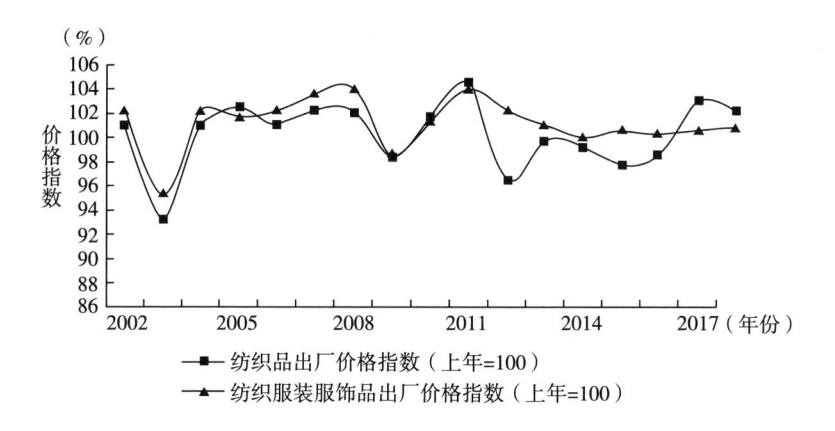

图3-6 2002—2017年纺织品和纺织服装服饰品出厂价格指数

资料来源：国家统计局。

就存货总量而言，整体上纺织业和纺织服装服饰业的年存货总量呈现波动上升趋势，且纺织业高于纺织服装服饰业（见图3-7）。其中，2012年纺织业和纺织服装服饰业的年存货量迅速提升，之后进入缓慢上升阶段。就存货增幅而言，两行业的存货增幅整体上维持在较低水平上。其中，纺织业和纺织服装服饰业在2003年的存货出现了负增长，这可能与当年的国际贸易摩擦有关；在2009年出现了明显下跌，这可能与国际金融危机有关；2011年存货增幅的下跌可能与出口市场萎缩、上游供应链以及下游消费市场的需求偏好提高有关。

(a) 2002—2017年纺织业和纺织服装服饰业存货

(b) 2002—2017年纺织业和纺织服装服饰业存货增幅

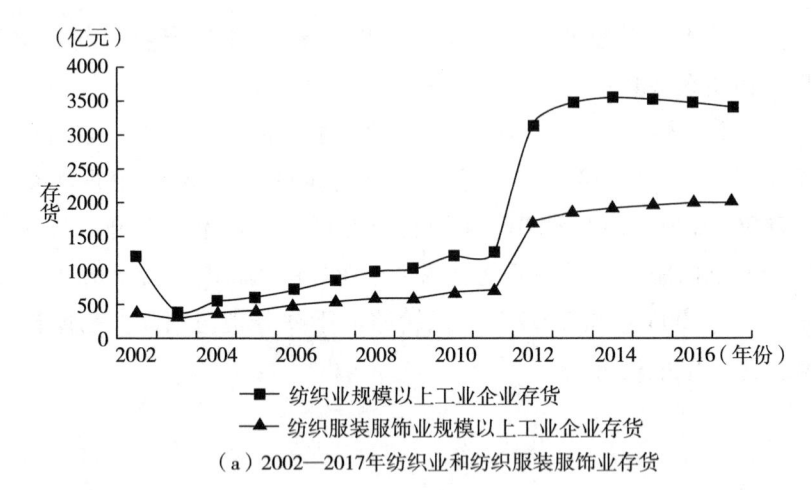

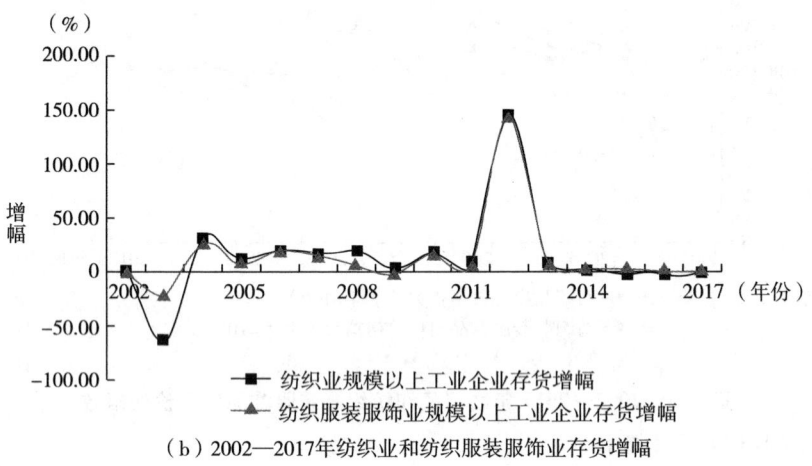

图 3-7　2002—2017 年纺织业和纺织服装服饰业存货及其增幅

资料来源：国家统计局。

图 3-8 展示了 2002—2015 年纺织产业的销售总产值、内销与出口值，销售总产值，减去出口值可以得到内销值。可以看出纺织产业内销值从 2002 年的 5624.06 亿元上升到 2015 年的 52274.84 亿元，年均增长率达 18.7%，而出口值则由 2002 年的 3431.5347 亿元增长到 2015 年的 9425.66 亿元，年均增长率仅为 8.08%，远远小于内销年均增长率，这说明国内消费拉动将逐步成为提升中国纺织产业竞争力的主要着力点。

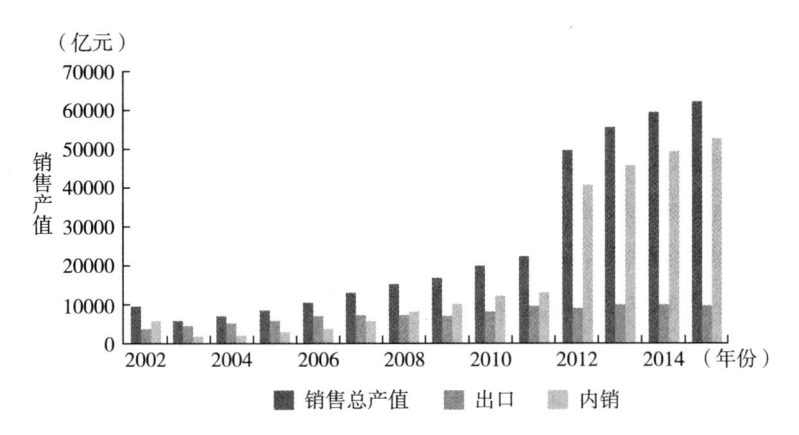

图 3-8　2002—2015 年纺织产业销售总产值、内销与出口值

资料来源：国家统计局。

图 3-9 分别展示了 2002—2016 年中国纺织业和纺织服装服饰业的销售产值及其增幅。就销售产值而言，纺织业的销售产值从 2002 年的 6221.93 亿元增长到 2016 年的 40287.42 亿元，年均增长率达 14.27%。纺织服装服饰业的销售产值从 2002 年的 2833.66 亿元增长到 2016 年的 23664.77 亿元，年均增长率达 16.37%。就增幅而言，两行业的产值增幅在 2003 年均出现了负增长，在 2009 年和 2011 年出现了较大幅度的下跌。这主要是因为外部市场消费需求不振，拉低了行业销售收入增速。值得注意的是，2006—2007 年两行业的景气度下跌，但是价格指数却上涨，并且销售产值上升。这可能是因为在这一期间纺织业在控制产量规模的同时提升品牌运营能力的缘故。

4. 反映纺织产业生产要素的景气指标

从业人员、原料价格指数和固定资产投资分别是衡量纺织生产过程中投入的人力、物力、财力的指标。其中，从业人员规模反映了纺织产业吸纳的就业人员数量，用一定时期内从事相关纺织类产品生产的所有人员的平均数来测度，反映了行业的人力投入水平。纺织原料价格反映了纺织产业生产成本的变化。纺织产业的固定资产投资额是指一定时期内以货币形式表现的新建或新购置的固定资产值，是一个流量指标，表示企业投入生产的所有资本，在一定程度上反映了行业的新增生产能力情况（陈恒等，2016）。

(a) 2002—2016年纺织业和纺织服装服饰业销售产值

(b) 2002—2016年纺织业和纺织服装服饰业销售产值增幅

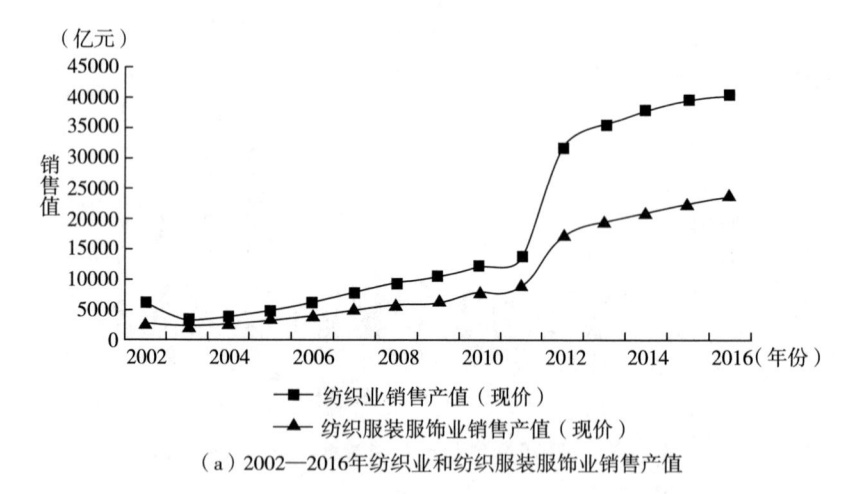

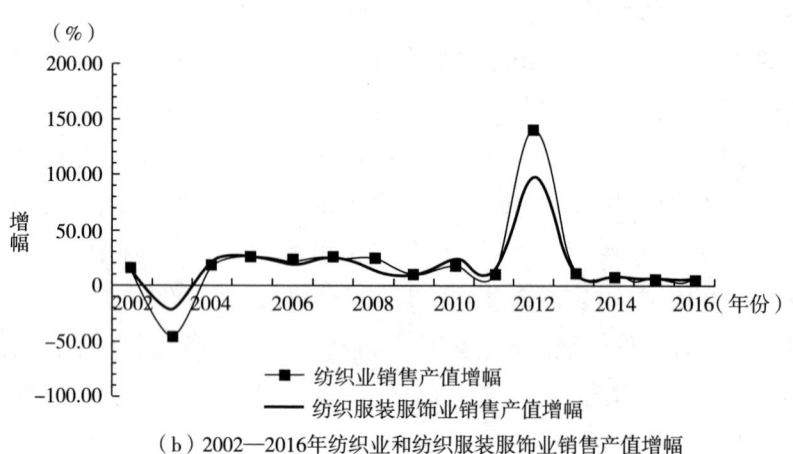

图 3-9　2002—2016 年纺织业和纺织服装服饰业销售产值及其增幅

资料来源：国家统计局。

图 3-10 展示了 2002—2015 年中国纺织产业从业人员数量及其增幅。可以看出从业人员的数量自 2010 年以后逐步下降，接近原点（2002 年的从业人员数量），年均增长率仅为 1.15%。另外，从业人员的增幅在 2008 年、2012—2013 年以及 2015 年均出现了负增长。这说明一方面中国纺织产业的机械化和信息化程度越来越高，机器取代人力的程度越来越高；另一方面中国的人口红利逐渐消失，廉价劳动力由无限供给状态逐步转变为有限供给，劳动力工资的迅速上涨增加

了纺织产业的用工成本,为控制成本使利润最大化,不得不削减工人。

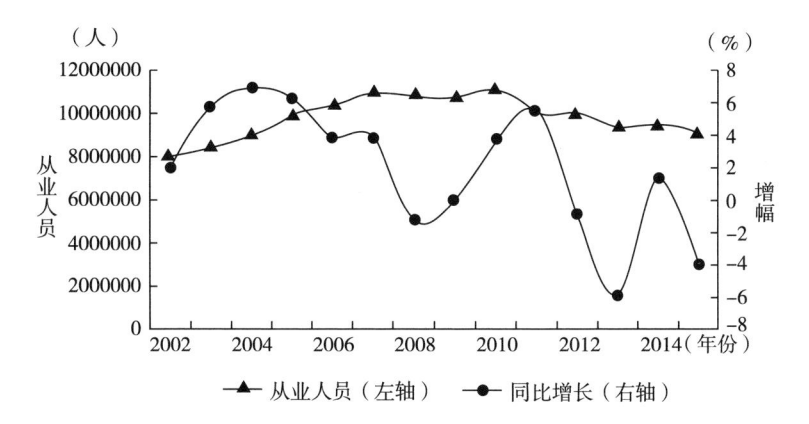

图3-10　2002—2015年纺织产业从业人员数量及其增幅

资料来源:国家统计局。

图3-11展示了2002—2016年中国纺织原材料购进价格指数情况。可以看出,其购进价格指数一直处在97以上。此外,纺织原材料的购进价格波动很大,2011年的原材料价格上涨,这在一定程度上解释了中国纺织产业利润下降、行业景气恶化的原因。

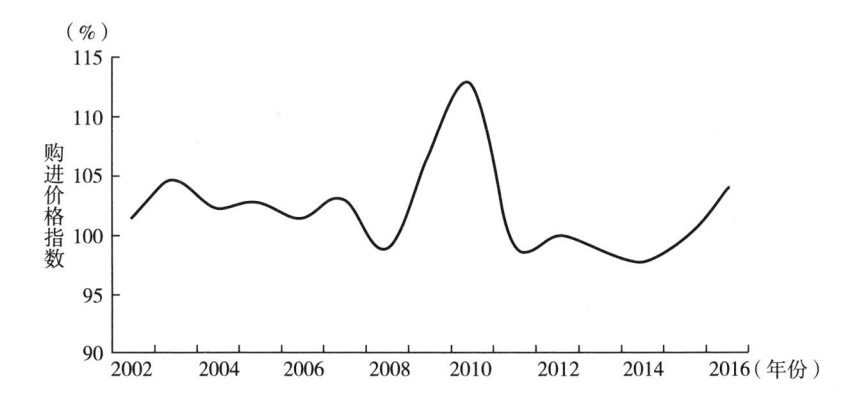

图3-11　2002—2016年中国纺织原料类工业生产者购进价格指数
(上年=100)

资料来源:国家统计局。

图 3-12 反映了 2003—2015 年纺织业和纺织服装服饰业新增固定资产投资情况。其中，纺织业的年度新增固定资产投资一直处于上升状态，但是，截至 2015 年总额才达到 5102 亿元，低于西方发达国家投资水平。而纺织服装服饰业的新增固定资产投资自 2012 年之后开始呈现缓慢增长和大幅波动现象。整体来看，纺织业和纺织服装服饰业的新增固定资产投资规模较小，这在一定程度上约束了纺织产业的创新能力。

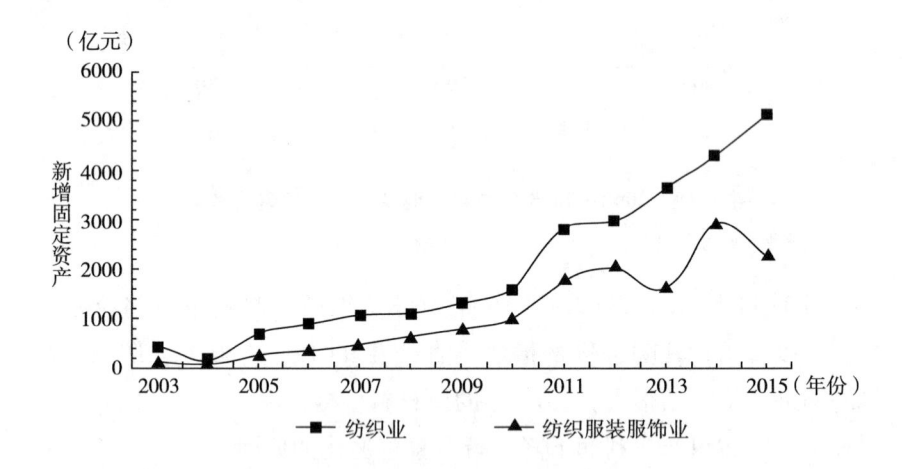

图 3-12　2003—2015 年纺织业和纺织服装服饰业新增固定资产投资

资料来源：国家统计局。

以上四个方面涵盖了纺织产业的市场供给、市场需求、要素禀赋以及发展潜力等状况，在一定程度上较为客观全面地反映了纺织产业的景气度。总结起来就是 2003 年的景气度和财务状况说明中国纺织产业的发展受国际市场的影响；2006—2008 年景气度和财务状况说明中国纺织产业的产量规模得以控制，品牌运营能力逐步上升，产品价格上升，但是销售产值增幅很小，利润增幅下跌。这可能是因为新增固定资产投资有限，技术创新水平不高，加上劳工成本和原材料成本上升所致；2011 年的原材料价格上涨，劳工成本上升，产成品出厂价格上升，利润下降，行业景气恶化。

(二) 纺织产业内部各行业发展现状

按照投入—产出的逻辑视角将纺织产业分为原料、设备及成品三大子行业,进一步地将原料按照其属性细分为天然和化纤两类;将成品按照其用途细分为服装、家用和非家用三类。在确定好分析对象的基础上,采用量化指标对其现状进行分析,目的是发现其存在的优势和劣势。在确定分析目标的基础上,遵循绝对值和相对值相结合的原则,在现有可收集的数据范围内开始甄选具体的财务指标(见表3-3)。

表3-3　　　　　　　　　　纺织行业财务指标

对应财务指标	指标性质
产量	正向指标
企业户数	正向指标
销售产值	正向指标
外销	正向指标

1. 棉花和化学纤维产量

纺织产业的原材料主要分为天然材料和化学纤维材料。天然材料主要有棉、麻、毛和丝;化学纤维材料主要有人造纤维和化学纤维。其中,天然材料中的棉花在纺织工业中占据举足轻重的地位。但是,近年来棉花产量的增长速度跟不上纺织产业的发展需求。从图3-13可以看出,中国棉花产量2002年为432万吨,15年后仅为481.20万吨,占世界棉花产量的比重由2002年的22.50%下降到2017年的20.50%。棉花产量的下降和不稳定加大了纺织产业的行业风险,为降低风险,需要大力发展化学纤维,填补棉花产量的不足。近年来中国化学纤维的产量规模持续扩大,从2000年的694.20万吨扩大到2017年的4392.47万吨,占世界化纤产量的比例由2002年的20.30%上升到2017年的64.27%。综上所述,为保证纺织产业的持续发展,应重视棉花生产,重视化纤工业。结合目前的实际情况,为有效提高棉花产量,应提高其单位生产水平;至于化学纤维,应主要提高其功能效用,致力于研发和专利转化。可适当通过进口满足对原料的需求，作为补充和调剂，这样不仅保证了原料供应，而且可以有效规避国际市场波动风险。

(a) 2000—2017年中国棉花产量及世界占比

(b) 2000—2017年中国化纤产量及世界占比

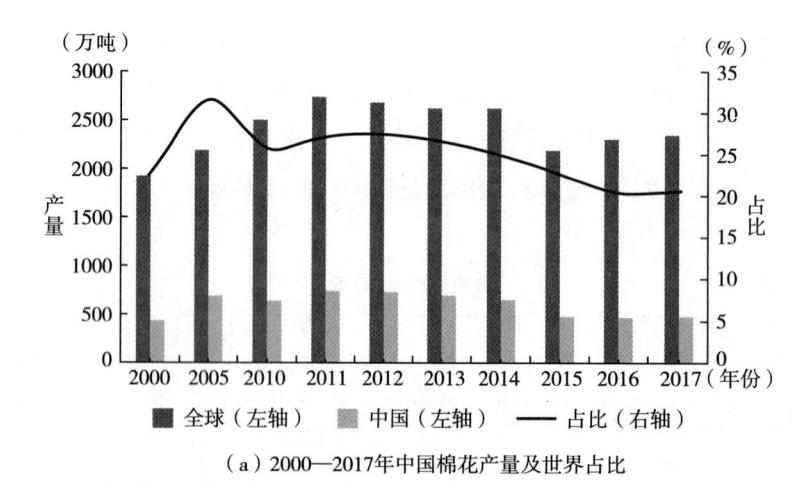

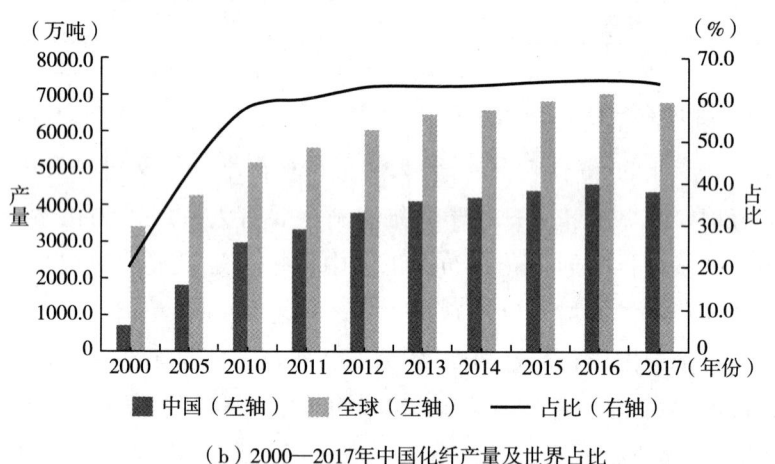

图3-13　2000—2017年中国棉花和化纤产量及世界占比
资料来源：《中国纺织工业发展报告》。

2. 细分行业企业户数

受制于数据收集的约束，这里只列示纺织产业的四类细分产业，分别是天然纤维、化学纤维、纺织服装和纺织专用设备（见图3-14）。可以看到，2000年天然纤维和纺织服装的企业户数最多，分别是9389户和6763户。其中，天然纤维的企业户数占整个纺织产业的49.78%，纺织服装占比为35.86%。化学纤维和纺织专用设备的企业户数相对较少，分别为815户和476户。其中，化学纤维的占比为4.32%，略高于纺织专用设备的2.52%。2010年天然纤维和纺织服装的企业户数最多，分别为33218户和19143户。其中，天然纤维的企业户数占整个纺织产业的59.97%，纺织服装占比为34.56%。化学纤维和纺织专用设备的企业户数也大大提高，分别为1959户和1071户，占比分别为3.54%和1.93%。2017年天然纤维的企业户数大幅滑落，但仍高居第一，为20187户，占比为52.37%；相应地，化学纤维的占比由2010年的3.54%提升到4.80%，纺织专用设备的占比由1.93%下降为1.76%。综上所述，可得三点结论：一是天然纤维的企业户数占据相对优势，化学纤维由于在新中国成立后的50年代后期起步，发展基数比较小，但是其在纺织产业中发挥着越来越重要的作用，因此后期要继续提高化纤的质量，聚焦于功能化纤的研发和生产，这样才有利于促进纺织产业进行实质升级；二是纺织服装行业的规模在经历了大扩张以后开始逐步收缩，这可能是企业兼并、资产重组的结果，是一个利好的现象；三是纺织专用设备由于其重资产性

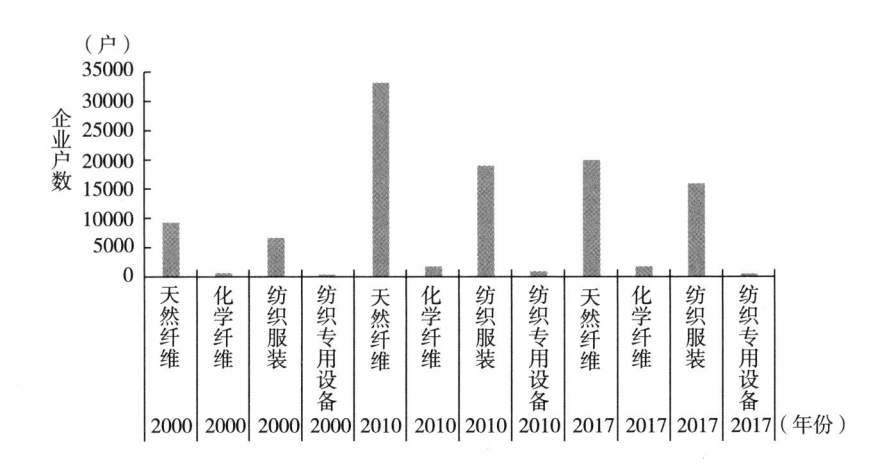

图3-14 2000—2017年四细分行业企业户数

资料来源：《中国纺织工业发展报告》。

质，企业户数较少，但是其设备的更新和升级直接影响纺织产品的质量，因此应加大固定资产投资，同时加强自主创新，尤其是加大发明专利的研发力度，提高专利转化率以达到加强纺织设备的生产能力的目的。

3. 细分行业销售产值

图3-15展示了2000—2017年四细分行业销售产值。横向对比看，四细分行业中天然纤维的销售产值最高，其次是纺织服装，再次是化学纤维，最后是纺织、专用、设备。纵向对比看，各个行业本身的销售产值随着时间的推移在逐步增长，天然纤维的销售产值由2000年的4524.17亿元增长到2017年的37976.69亿元；纺织服装的销售产值由2000年的2159.1亿元增长到2017年的21903.86亿元；化学纤维的销售产值由2000年的1206.47亿元增长到2017年的7905.82亿元；纺织专用设备的销售产值由2000年的200.09亿元增长到2017年的1149.28亿元。就占比来看，天然纤维的占比波动较大，纺织服装的占比持续上升，由2000年的25.26%上升到2017年的31.77%；化学纤维的占比也有起伏，且趋势与棉花的相反。纺织专用设备的占比持续下降，既可能是因为纺织专用设备的技术含量不高，竞争优势薄弱，也可能是因为相对于销售而言，更注重新设备的引进和更新。

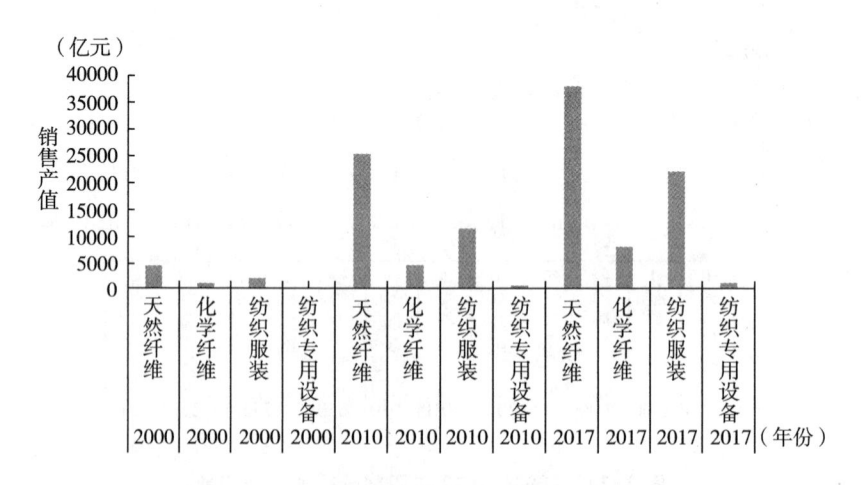

图3-15 2000—2017年四细分行业销售产值

资料来源：《中国纺织工业发展报告》。

第三章 中国纺织产业发展概况与问题

4. 细分行业的内销外销情况

图3-16反映了2000—2017年四个细分行业的内销外销变化情况。横向对比看，天然纤维的内销与外销的产值差额最大，其次是纺织服装，再次是化学纤维，最后是纺织专用设备。纵向对比来看，天然纤维的内销增速最大，其次是纺织服装，再次是化学纤维，最后是纺织专用设备。综上所述，国内市场日益成为中国纺织业的主战场。

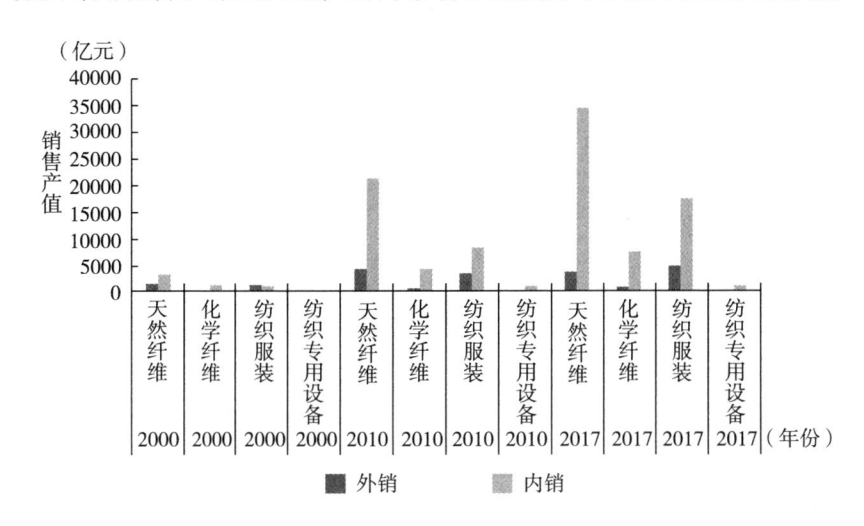

图3-16 2000—2017年四个细分行业的内销外销变化情况

资料来源：《中国纺织工业发展报告》。

综上所述，中国纺织产业中的四个细分行业里，天然纤维尤其是棉花的产量最高，企业户数最多，销售产值最高，内销比例最大。化学纤维起步晚，产量小，企业户数少，销售产值较低，内销比例越来越高。纺织服装行业的企业户数仅次于天然纤维，销售产值持续上升，对纺织产业总产值的贡献持续增大。纺织专用设备的企业户数最少，销售产值持续下跌，内销比例越来越高。由此看来，要想保证中国纺织产业的持续发展壮大，需要通过供应链管理、兼并重组、提高信息化水平等多种方式积极促进产业内部结构升级和产业自身技术升级。这需要从以下几方面做起：第一，就产业内部结构的调整而言，要大力发展具有科技含量的化学纤维行业，同时要大力更新设备，以求以质取胜；第二，保证原材料的稳定供应，为此需要立足国内，借助国际贸易持续扩大棉花产量以及化纤的质量;第三,加大固定资产投资力度,加强纺织专用设备的更新和换代力度,从而生产出更高质的产品,因为产品升级才是产业升级的根本。

(三) 纺织企业发展现状

前文从产业层面以及子行业层面对纺织产业的发展面貌进行了分析,进一步地,从微观视角对纺织产业进行深入解剖。在根据企业性质将企业细分为民营企业、国有企业、外商及港澳台企业的基础上,选取四个体现企业量变和质变的指标展开描述分析。

1. 不同类型企业的数量

图3-17展示了2000—2017年中国纺织产业不同类型企业的数量变化情况。可以看出,2000年民营企业的数量最少,国有企业居中,外商及港澳台企业最多。2010年和2017年民营企业的数量最多,外商及港澳台企业居中,国有企业最少。可见,民营企业是纺织产业的主力军。值得一提的是,2017年民营企业的数量萎缩,可能的解释是在产业内部结构调整和淘汰落后产能的大背景下,企业之间进行兼并重组的结果。

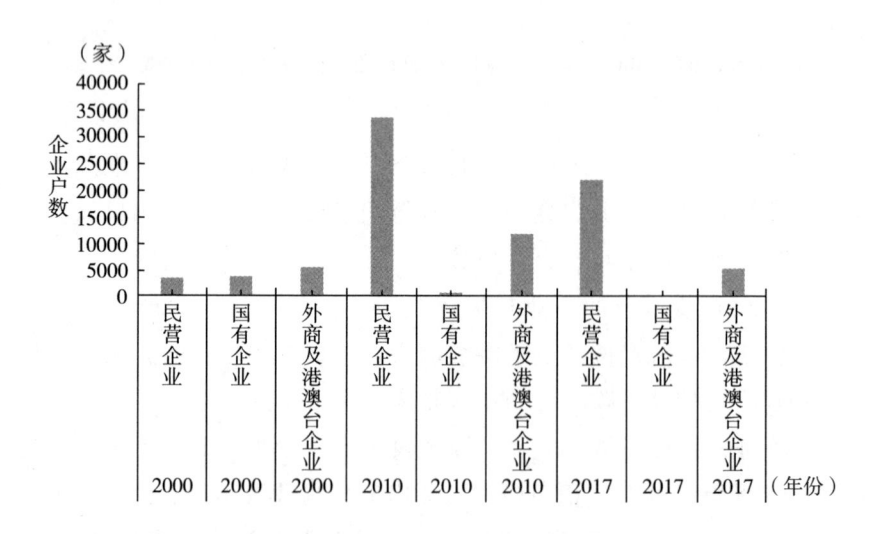

图3-17 2000—2017年不同类型企业的企业数量

资料来源:《中国纺织工业发展报告》。

2. 不同类型企业的利润

图3-18展示了2000—2017年中国纺织产业不同类型企业的利润总额变化情况。可以看出，2000年民营企业的利润总额最少，国有企业居中，外商及港澳台企业最多。2010年和2017年民营企业的利润总额最多，外商及港澳台企业居中，国有企业最低。值得一提的是，2017年民营企业的数量虽然减少，但是利润不降反升。这说明企业经过新一轮的洗礼之后，其资源整合与生产能力得到很大提升，例如，通过收购新业务增加了业绩。

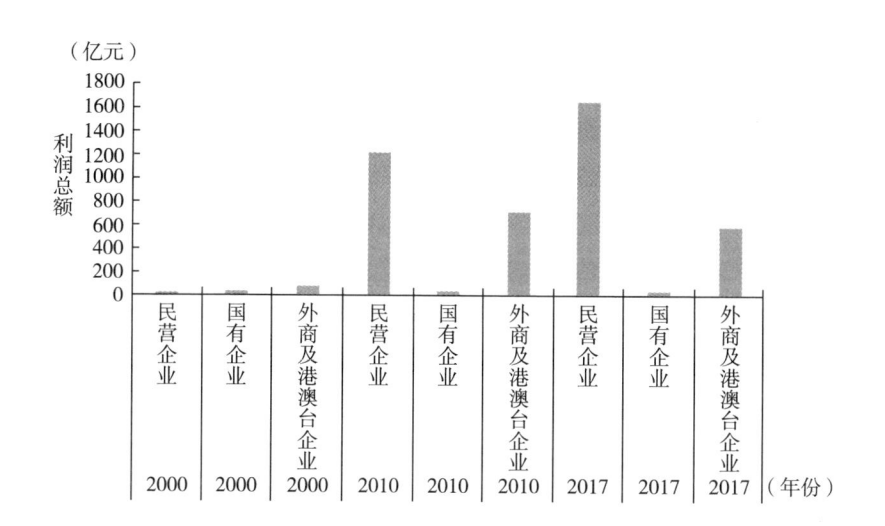

图3-18　2000—2017年不同类型企业的利润总额

资料来源：《中国纺织工业发展报告》。

3. 不同类型企业的销售产值

图3-19反映了2000—2017年不同类型企业的销售产值变化情况。可以看出，2000年民营企业的销售产值最低，国有企业居中，外商及港澳台企业最高。2010年和2017年民营企业的销售产值最高，外商及港澳台企业居中，国有企业最低。尤其是2017年民营企业的销售产值（32118.97亿元）是国有企业（857.92亿元）的37倍。

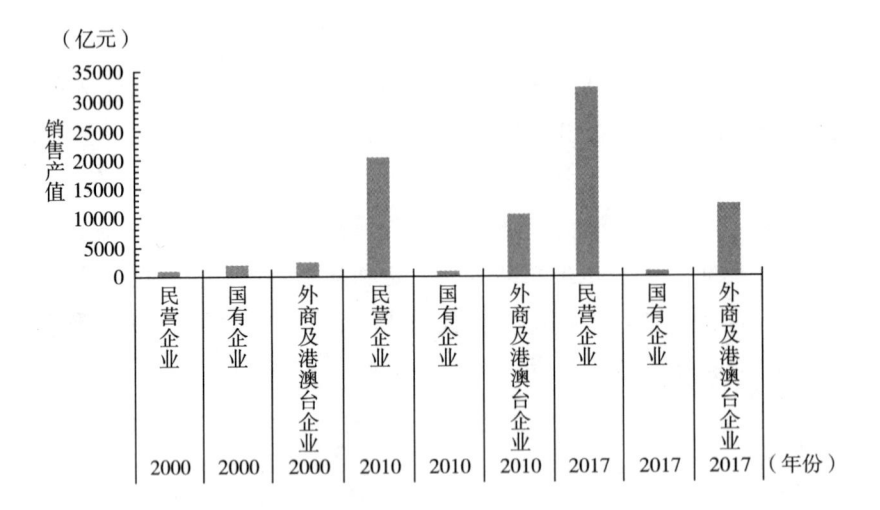

图 3-19　2000—2017 年不同类型企业的销售产值

资料来源：《中国纺织工业发展报告》。

4. 不同类型企业的内销外销情况

图 3-20 展示了 2000—2017 年不同类型企业的内销外销值。可以看出，民营企业的内销和外销总额在持续扩大，且内销增长速度大于外销；国有企业的内销和外销总额均在缩减；外商及港澳台企业的内销和外销总额也在持续扩大，且内销比例逐渐大于外销比例。值得一提的是，2017 年民营企业的内销产值远远大于外销产值，是外销产值（2914.69 亿元）的 10 倍。这说明 2017 年民营企业的销售产值和利润总额的猛增可能受益于国内市场的畅销，未来内销将成为纺织产业销售业绩新一轮增长的重要拉动力。

综上所述，民营企业后来者居上，在纺织产业发展中发挥着越来越重要的作用。民营企业的活力、创造力是其他类型企业无法相提并论的。因此，有效促进纺织产业竞争力的提升，未来需要加大对民营企业创新创造方面的政策支持力度。与此同时，促进国有企业的供给侧结构性改革措施也需要同时进行。

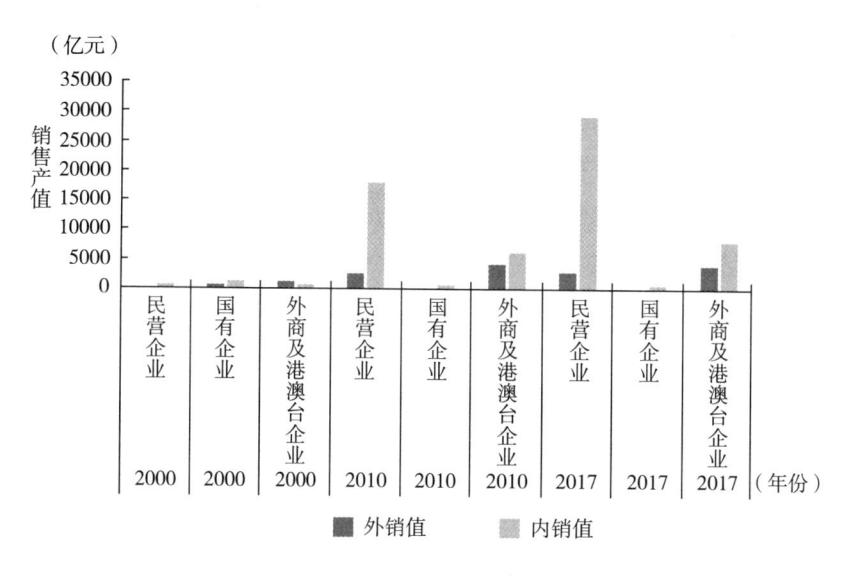

图 3-20　2000—2017 年不同类型企业的内销外销值

资料来源：《中国纺织工业发展报告》。

三　中国纺织产业的国际定位

在图 3-21 中，德国和韩国代表典型发达国家，印度代表典型发展中国家，印度尼西亚代表典型不发达国家。另外，采用出口值这一绝对指标和比较优势这一相对指标对纺织产业进行国际比较，这样有利于更加全面地了解中国纺织产业的发展面貌。比较优势是国际贸易中通用的国际贸易指标，用于衡量一国纺织产业的相对竞争地位。本书遵从大众做法选择比较优势指标（RCA）的平均值进行国际比较，通过与发达国家、发展中国家和下一波新兴经济体国家的纺织产业相比，可以更科学地从国际视野展示中国纺织大国的地位。由于中国纺织产业的出口值在 1985 年之前和之后的差别非常大，因此本书以 1985 年为界限分别画了 1962—1985 年和 1985—2017 年的纺织产业国际对比图，分别见图 3-21（a）和图 3-21（b）。1962—1985 年德国纺织产业出口值远远高于其他国家，其次是韩国，最后是中国、印度、印度尼西亚。值得一提的是，中国纺织产业出口值在 1982 年赶超韩国。1985—2017 年中国的纺织产业出口总值远远高于其他国家。

(百亿美元)

(a) 1962—1985年中国纺织产业出口值的国际比较

(百亿美元)

(b) 1985—2017年中国纺织产业出口值的国际比较

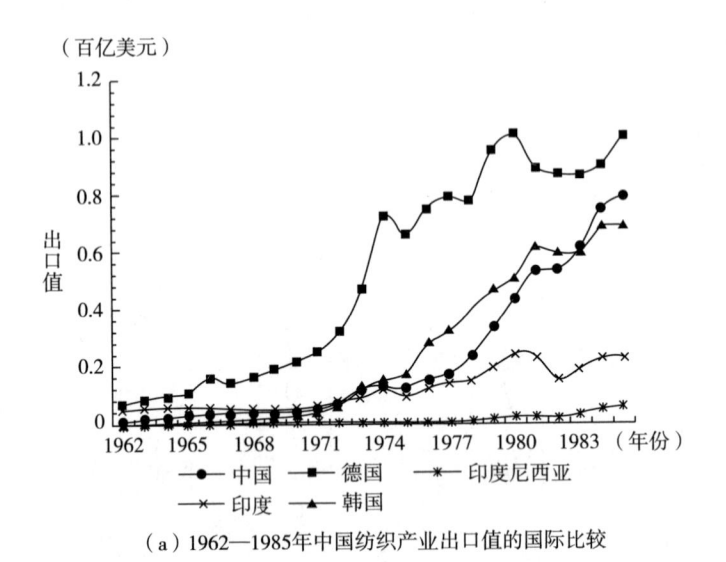

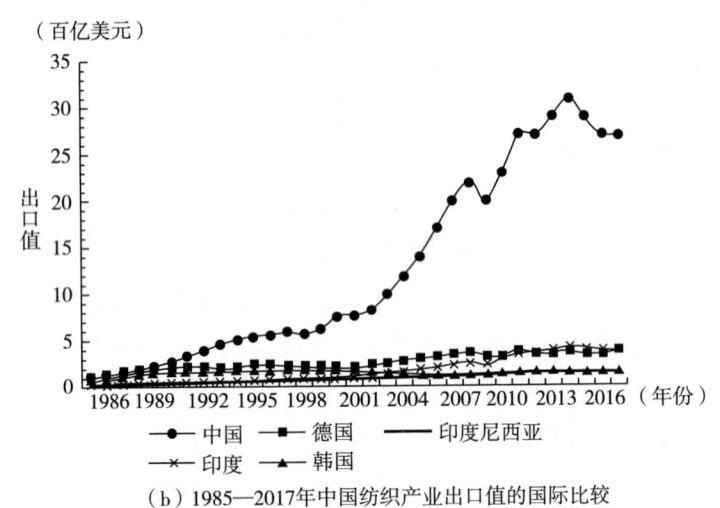

图 3-21　1962—2017 年中国纺织产业出口值的国际比较

资料来源：根据联合国国际贸易数据整理（https://comtrade.un.org/）。

就比较优势而言，从图 3-22 中可以看出，1962—1971 年韩国的纺织产业国际竞争力最高，增长速度最快；1976—1992 年中国的纺织产业国际竞争力水平最高，增长速度最快；1992 年以后印度的纺织产业国际竞争力水平开始超越中国，同时印度尼西亚的纺织产业国际竞争力也在稳步上升。值得一提的是，每一阶段中国纺织产业的出口总值以及所处国际竞争地位均与全球纺织产业发展变化有关，具体如图3-22所示。

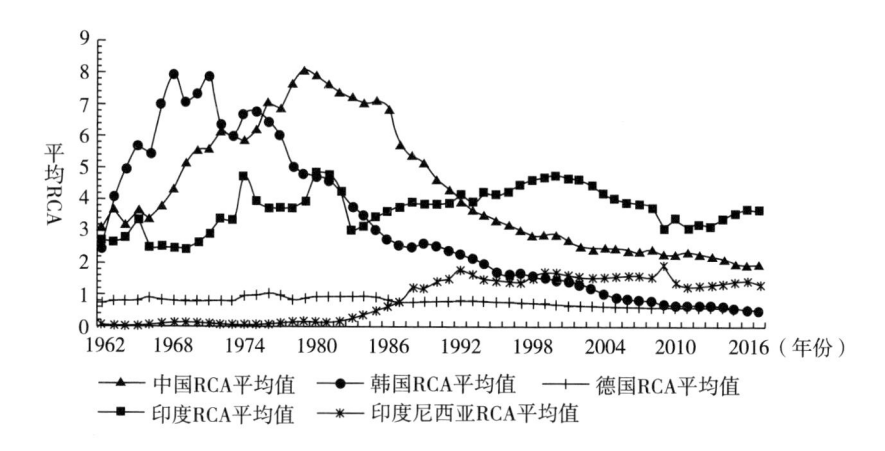

图3-22　1962—2017年不同发展水平国家纺织产业平均比较优势演化趋势

资料来源：根据联合国国际贸易数据整理计算而得（https://comtrade.un.org/）。

纺织业开始于英国，随后转移至美国和欧洲国家，20世纪50年代中期至60年代初期转移至日本，70年代韩国、新加坡等成为纺织生产大国，中国改革开放政策使全球纺织产业重心开始转移至中国。借助廉价的劳动力、供应充足的原材料、广大的消费市场等要素，中国纺织产业开始迅速增长，产业原始资本积累快速增长。尤其是90年代以后，得益于欧美等发达国家由于产业结构调整以及劳动力价格上涨等原因而产生的"全球产业转移"这一机遇，中国迅速发展成为纺织品出口大国，然而出口大国并不代表出口强国，虽然中国纺织产业的出口量很大，但是质量提升幅度有限，导致中国纺织产业的国际竞争力相对较弱。

中国的纺织产业得益于全球产业转移，同时也受害于国际经济危机。2008年国际金融危机的爆发使国际环境发生巨大变化，世界经济变得疲软，全球市场需求大大下降，中国纺织产业的对外出口总值也因此下滑。另外，在中国人口红利逐步消失的同时，东南亚国家的劳动力优势却存在，于是大量纺织订单向越南、印度尼西亚等东南亚国家转移。与此同时，中国纺织产业还面临着技术引进难度加大的难题。随着中国竞争力的提升、国际贸易保护主义的抬头、各国对知识产权的重视，中国从发达国家引进高新科技的难度受到越来越严重的制约，这导致中国纺织产业的国际竞争力逐步减弱。

第二节 中国纺织产业发展中存在的问题

一 长期面临位居全球价值链低端锁定的困境

全球价值链的垂直分工和水平分工使发展中国家嵌入全球分工体系，从事本国具有比较优势的专业化生产，从而获得比不参与全球分工体系时更多的利润。但是，目前的全球价值链生产网络被发达国家主导，发展中国家一方面为应对国际竞争压力，另一方面为提高国际竞争力而参与到全球分工体系的低附加值环节。长此以往，规模经济促使发展中国家在产品全球分工的低端形成更强的比较优势，进而开始向上下游移动以追求质变。但是，这些高附加值环节却被发达国家牢牢掌控，以至于出现"低端锁定"现象。

此外，本书发现中国纺织产业在规模上占有绝对优势，但是在增速上却呈下降趋势，同时在质量上仍处于价值链的低端，在出口产品结构上仍属于低级化阶段。原料价格也处于上涨状态，购进价格指数从2016年的99.70上涨到2017年的104.20，而利润总额却比2016年下降600亿元（见图3-23）。在国际市场上，中国具有比较优势的纺织产品的种类由1962年的56种上升到2017年的72种（见图3-24）。然而，中国纺织产业的平均比较优势却在下降。深究原因发现，技术含量比较低的天然纤维的产量远远大于技术含量高的化学纤维的产量，而且前者的出口值远远大于后者，导致其内部结构不合理、不高级，产业结构效益非常低。

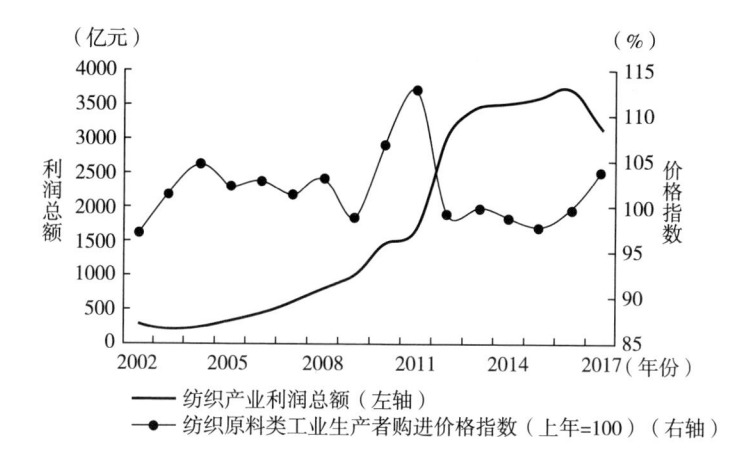

图 3-23 2002—2017 年原料购进价格指数与利润总额

资料来源：国家统计局和联合国贸易统计数据库（https://comtrade.un.org/）。

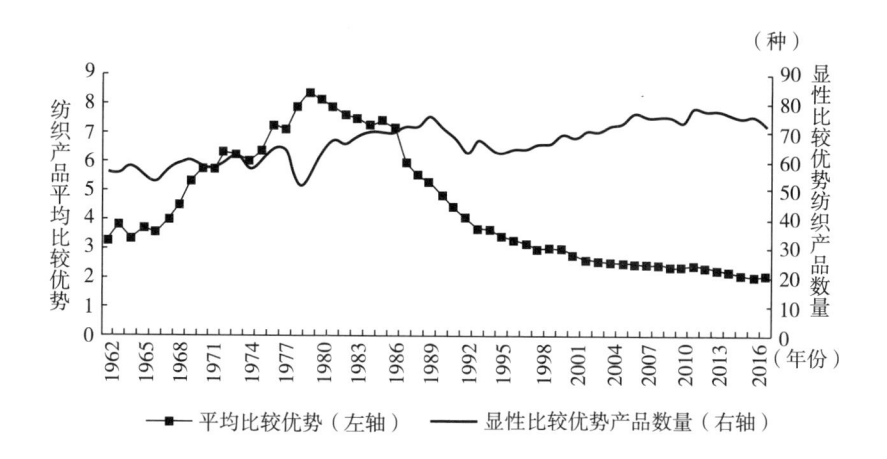

图 3-24 1962—2017 年优势产品数量及其平均比较优势

资料来源：国家统计局和联合国贸易统计数据库（https://comtrade.un.org/）。

二 纺织产业竞争力持续提升面临较大挑战

（一）贸易摩擦加剧

前文提到中国纺织产业的景气度在 2003 年和 2009 年下降，主要是因为国际贸易摩擦和国际金融危机。近年来国际金融危机的影响越来越显现，逆全球化势力逐步抬头，纺织产业出口产值的增长势头回落。与此同时,传统的依靠技术引进进行技术创新的渠道被堵塞,这进一步加剧了纺织产业的产能过剩,制约了纺织产业的技术升级。贸易顺差增速在2011年、2014年和2015年甚至出现了负增长(见图3-25)。进一步地,1962—2017年中国纺织产品进口增速整体上高于出口增速(见图3-26)。这表明内销扩大的主要成分是进口扩大,并非国内生产用于内销部分。可能的原因是随着国内纺织产品消费水平的不断提高,中国纺织产品的传统供给不能完全满足中高端消费偏好,其国内市场的有效供给和需求之间的矛盾越来越突出。有效缓解供需矛盾,需要通过供给侧结构性改革的持续推进,化解过剩产能,提高纺织产品的技术含量,提升有效供给水平。

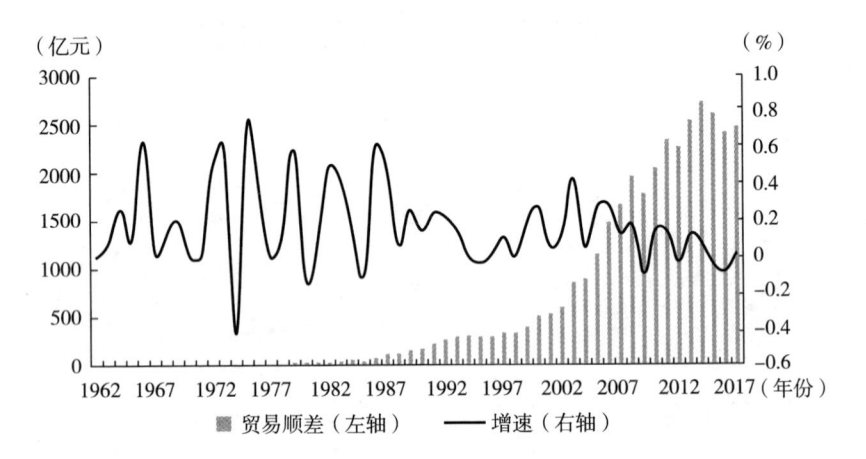

图 3-25 1962—2017 年中国纺织产业进出口与贸易顺差的增速变化

资料来源:国家统计局和联合国贸易统计数据库(https://comtrade.un.org/)。

(二)人口红利消失

"十二五"以来中国的纺织产业已经进入转型期,发展速度开始放缓。换言之,中国纺织产业将从快速增长期迈入沉稳发展期。中国纺织产业属于劳动密集型产业,廉价的劳动力曾是中国纺织产业抢占国际市场的关键竞争力。然而,随着劳动法的完善以及人口老龄化等因素制约,劳动力工资迅速上涨,加大了纺织产业的成本,全球纺织产业的重心偏移至东南亚地区。与此同时,为扭转中国纺织产业的不

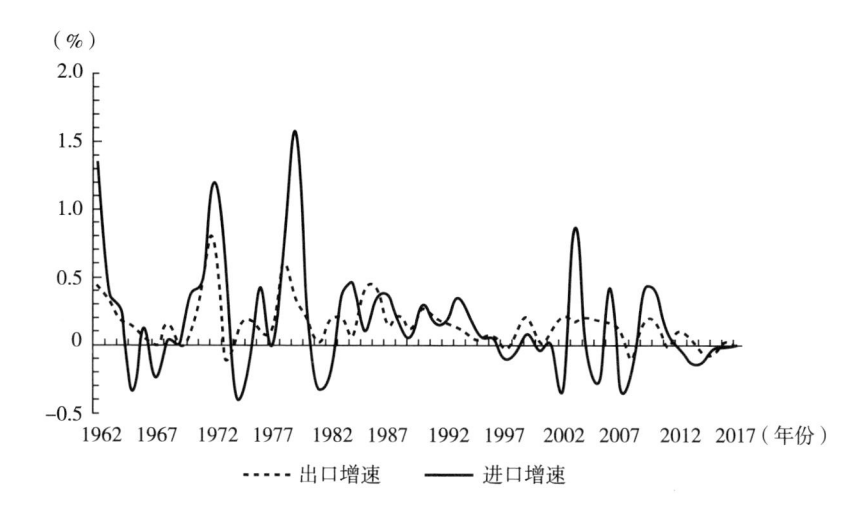

图 3-26　1962—2017 年中国纺织产品进出口增速

资料来源：国家统计局和联合国贸易统计数据库（https://comtrade.un.org/）。

利局势，亟须大力推动中国纺织产业的技术升级，但是技术升级所依赖的高级人力资本非常紧缺，而且短时间内需求不会得到满足。中国纺织产业过去所依赖的"人口红利""全球产业转移"两大因素正在逐渐消失，将来需要依凭高级人力资本和自主创新驱动产业发展，而这是一个漫长的过程。表 3-4 反映出就业岗位贡献量仅在 2015 年就同比下降 4.11%。

表 3-4　2002—2015 年中国纺织产业创造就业岗位的增长速度

年份	同比增长（%）
2002	2.09
2003	5.76
2004	6.89
2005	6.36
2006	3.95
2007	3.94
2008	-1.24
2009	-0.11

续表

年份	同比增长（%）
2010	3.68
2011	5.55
2012	-1.00
2013	-5.92
2014	1.23
2015	-4.11

资料来源：《中国工业统计年鉴》。

（三）原材料价格上涨

棉花、化纤原料是纺织产业的基础，但是中国的棉花原料供应不稳定，并且价格波动上涨，致使纺织产业的成本上升，一定程度上挤压了利润空间。此外，化学纤维的技术含量也有待提高。在国内市场的战略地位越来越重要的背景下，对国内消费者的需求偏好变化必须给予足够的重视，而目前国内消费者对纺织产品的要求越来越个性化、多样化。纺织产业需努力进行产品创新，提质增效，深入推进产业内部结构性改革，大力改善供给，才能迈入高端化的质量发展阶段，才能与日益优化升级的消费结构匹配。

三 自主创新能力薄弱

随着逆全球化浪潮的抬头（马广奇和黄伟丽，2019），中国纺织产业以进口拉动质量升级的渠道受到严重制约，这对中国纺织产业的自主创新能力提出迫切需求。但是，相应的技术装备水平和化学纤维等基础材料的科技含量均比较低。一方面，是因为纺织企业的研发投入比例过低，很多企业的工艺、装备还停留在几十年前的水平，其信息化和智能化水平远远低于发达国家，以至于纺织产业不仅生产效率低下，而且生产的产品多数比较粗糙。加上服装款式的设计水平有限，服装的款式风格不符合欧美等主要出口市场的需要，这在很大程度上限制了纺织产业竞争优势的提升。而研发投入比例过低的原因主要在于纺织产业的主力军民营企业，不仅面临着较为沉重的税费负担，还面临着较为严重的融资约束问题。这制约了民营企业进行科技研发的创新活力，阻碍了纺织产品升级的步伐，滞后了满足消费升级需求的时间。因此，为有效释放民营企业的创新创造能力，需要政府在坚持市场主导的基础上进行研发补贴，有效缓解民营企业的融资压力。另一方面，是因为纺织企业的高级技术人才和高端复合型人才比较匮乏，而人才培养又是一个需要长期投资的工程，民营企业无力承担，使纺织产业长期处于恶性循环。

第三节　本章小结

按照工艺流程进行定义，纺织产业是将天然原材料和化学纤维经过织造以后再进行印染最后制成服装、家纺和其他成品的一个过程。其中，天然原材料包括棉、毛、麻、丝、绢；化学纤维包括涤纶、腈纶、丙纶、氨纶等。通过采用横向对比和纵向对比相结合的方法，本书对纺织产业的了解无论是在广度上还是深度上都得以提高，从而有利于发现纺织产业面临的真正障碍。

与中国其他轻工产业相比，1962—2017年纺织产业无论是在量上还是质上都占有绝对优势，不仅种类多样化水平高，而且比较优势最明显。

就自身的历史发展形势来看，首先，自2002年以来纺织产业的两大主行业纺织业和服装服饰业的平均景气度均是一条水平线，尤其是服装服饰业景气度一直处于下降态势。这说明这两个行业发展非常缓慢，几乎陷入停滞状态，甚至在个别年份（2003年、2006—2008年和2011年）出现显著下降。由于景气度一般是由一些客观指标构建而成的，因此以这些具体的客观指标为切入点对纺织产业的景气度演化趋势及其特征进行诠释。本书选取盈利指标、供给指标、需求指标、生产要素指标对其进行了详细诠释。其次，纺织产业内部的原料、设备及成品三大子行业中，天然纤维的产量不稳定，一定程度上影响了纺织产业的发展。最后，民营企业逐步成为纺织产业的主力军，却面临着严峻的资金约束问题。

通过与发达国家、发展中国家和下一波新兴经济体国家的纺织产业相比，可以发现，1962—1985年德国纺织产业出口值远远高于其他国家，其次是韩国，最后是中国、印度、印度尼西亚。1985—2017年中国的纺织产业出口总值远远高于其他国家，但2008年、2009年出现回落，且2014年以后一直下滑。

目前中国纺织工业面临的障碍主要有如下几个方面：一是长期面临位居全球价值链低端锁定的困境；二是纺织产业竞争力持续提升面临较大挑战；三是自主创新能力薄弱。

第四章　产品空间理论视角下中国纺织产业升级的理论解释

第一节　中国纺织产业在全球产品空间中的演进逻辑

中国纺织产业升级的目的是突破"低端锁定"瓶颈，实现可持续升级。一国纺织产业升级的过程就是其比较优势演进的过程，具体指潜在优势纺织产品转换为显性优势纺织产品的过程。依据产品空间理论，中国纺织产业中具有显性比较优势的出口产品越多或者产品的显性比较优势越明显，则其国际竞争力越强。在全球产品空间网络中，核心区域分布着资本技术密集型产品，边缘区域分布着劳动密集型产品。那些技术复杂度高的纺织产品处于核心区域，而那些技术复杂度低的纺织产品处于边缘区域，中国要想实现纺织产业的升级，就要从边缘区域通过创新扩散到核心区域，这种扩散具有路径依赖性，依赖于纺织产业既有的能力禀赋，即产品密度。当纺织产业的产品密度大，其对附近潜在优势产品的支撑力度就大，产品转换为显性优势产品的概率就大，纺织产品升级的目标就越容易达成。当产品密度比较小时，纺织产品之间的技术距离比较大，企业需要投入很大的成本才有可能实现产品升级，而企业是追求利润最大化的，当利润比较小或者没有利润时，企业会放弃升级产品，而选择从事原有产品的生产，因此择定何种纺织产品进行升级对追求利润最大化的企业来说非常关键。在一般情况下企业会选择技术复杂度比较高、机会前景收益比较大的产品进行开发,而要找出合适的产品需要企业家探索。由于企业家探索和开发新产品的行为存在马歇尔外部性,因此需要政府在市场失灵的前提下有效为之,激励企业家积极进行创新。

一 中国纺织产品空间的小世界特质验证

用小世界网络刻画产品空间可以更好地揭示蕴含在产品上的生产能力和要素禀赋的积累与发展规律以及经济高质量发展的新视野。不仅如此,小世界网络还具有扩散速度快的优势。如果一个国家的产品空间满足小世界网络特征,那么此国向产品空间核心区域转移的速度将比较快。本书分别选取1962年和2017年国际贸易数据库SITC(rev.2)四位码数字的中国纺织产品出口贸易数据,计算中国纺织产品空间网络的属性、平均聚类系数和特征路径长度,通过对比1962年和2017年中国纺织产品空间网络的平均聚类系数和特征路径长度,动态展示中国纺织产品空间网络在全球产品空间中的演化(见图4-1)。1962年纺织产品空间网络的总体节点规模为101,平均聚类系数为0.87,属于高聚集系数的表现。平均最短路径长度为2,意味着任意两产品之间只需要通过一种中间产品便可建立连接。2017年纺织产品空间网络的总体节点规模为234,平均聚类系数为0.81,属于高聚集系数的表现,平均最短路径长度也

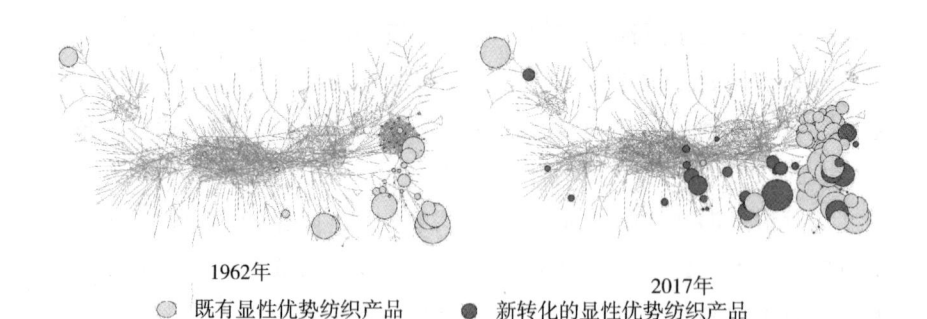

图 4-1 中国纺织产业 50 余年显性比较优势产品在产品空间的演化示意

资料来源:见附录。

为2。由此可见，1962年与2017年中国纺织产品空间网络整体上具有较小的平均最短路径长度和较大的平均聚集系数，符合小世界网络的评判标准（张妍妍，2014）。与1962年相比，2017年的中国纺织产品空间规模更大，聚类群体数量更多，但是聚类群体之间也更加分散化了，一些技术复杂度较高和高潜在机会价值的纺织产品出现在了全球产品空间的核心区域。

二 中国纺织产品空间结构测度

产品密度、产品复杂度和产品机会前景收益是纺织产品空间网络中反映个体网络属性的微观层次指标。本着解决问题的原则，本书选择了以上三个指标。本书集中探讨产品空间理论视角下纺织产业竞争力持续提升的问题，有效解决可持续提升问题需要分析三个子问题：第一，中国纺织产业自身发展规律是什么？第二，纺织产业陷入"低端锁定"的形成机制是什么？第三，纺织产业竞争力可持续提升后劲乏力的原因是什么？产品密度影响着纺织产业发展的方向和幅度，可以解释第一个问题；产品复杂度影响着纺织产业发展的高度，可以解释第二个问题；产品机会前景收益影响着纺织产业发展的潜力，可以解释第三个问题。因此，选择这三个指标作为主要影响因素具有一定的科学性和合理性。

表4-1中CHNmean和Globalmean分别代表中国纺织产品空间和全球所有产品空间各个结构属性的平均值。中国纺织产品的平均密度为0.40，大于全球平均水平；平均技术复杂度为-0.42，远小于全球平均水平，方差为0.78，方差大于平均值，意味着纺织产品技术复杂度非常低，而且各个品种之间的差异非常大；平均机会前景收益为0.18，小于全球平均水平，最大值为1.73，最小值为-0.64，意味着中国纺织产品潜在机会价值还有很大的开发空间。平均复杂性展望指数为1.87，大于全球平均水平，说明中国纺织产业现有的能力禀赋通过产品空间将简单多样化推向相关的复杂生产的可能性还比较大。

表 4-1　　　　　中国纺织产品空间结构属性统计描述

变量	观察值	CHNmean	标准差	最小值	最大值	Globalmean
density	5488	0.40	0.10	0.10	0.69	0.11
PCI	5488	−0.42	0.78	−2.88	1.76	1.06
COG	5488	0.18	0.39	−0.64	1.73	0.43
COI	5488	1.87	0.81	−0.25	2.87	−1.28e−17

三　中国纺织产品空间演化图

一国纺织产品的比较优势是该国纺织产业国际竞争力的重要体现，RCA>1 表示具有国际竞争力。图 4-2 为利用 UCINET 和 NET-DRAW 软件绘制的中国纺织产业 50 余年来显性比较优势产品在全球产品空间的演化趋势。取 RCA 大于 1 的纺织产品作为显性比较优势产品，以 1962 年显性优势纺织产品为基准，标记为圆圈，代表既有的生产能力和要素禀赋；将 1962 年之后新开发的技术复杂度比较高、功能组合比较多的纺织产品标记为正方形。形状的大小代表 RCA 的大小。可以看出，1962—2017 年中国纺织产业逐步移动到了全球产品空间中心区域，但是在移动过程中逐渐偏离了比较优势。因为 2005 年处于核心区域的正方形周围没有圆圈，意味着技术复杂度高的纺织产品（正方形）的开发摆脱了既有的生产能力和要素禀赋的支撑。可能的原因是，中国纺织产业政策实施了"赶超式"战略，追求产业的"跨越式"升级。2010—2017 年中国纺织产品空间网络的演进几乎处于停滞状态，这可能是"赶超式"战略实施的长期后果。整体来讲，正方形的大小和数量均小于圆圈，可能的原因是落后产能占用了大量宝贵的资源和能力禀赋，约束了新开发的技术复杂度比较高的纺织产品的比较优势的提高。中国纺织产品空间网络的演化图刻画了在市场和政府"双轮"驱动下的中国纺织产业比较优势的演化进程。

第四章　产品空间理论视角下中国纺织产业升级的理论解释 | 105

1962年

1985年

1990年

1995年

2000年

2005年

2010年

2017年

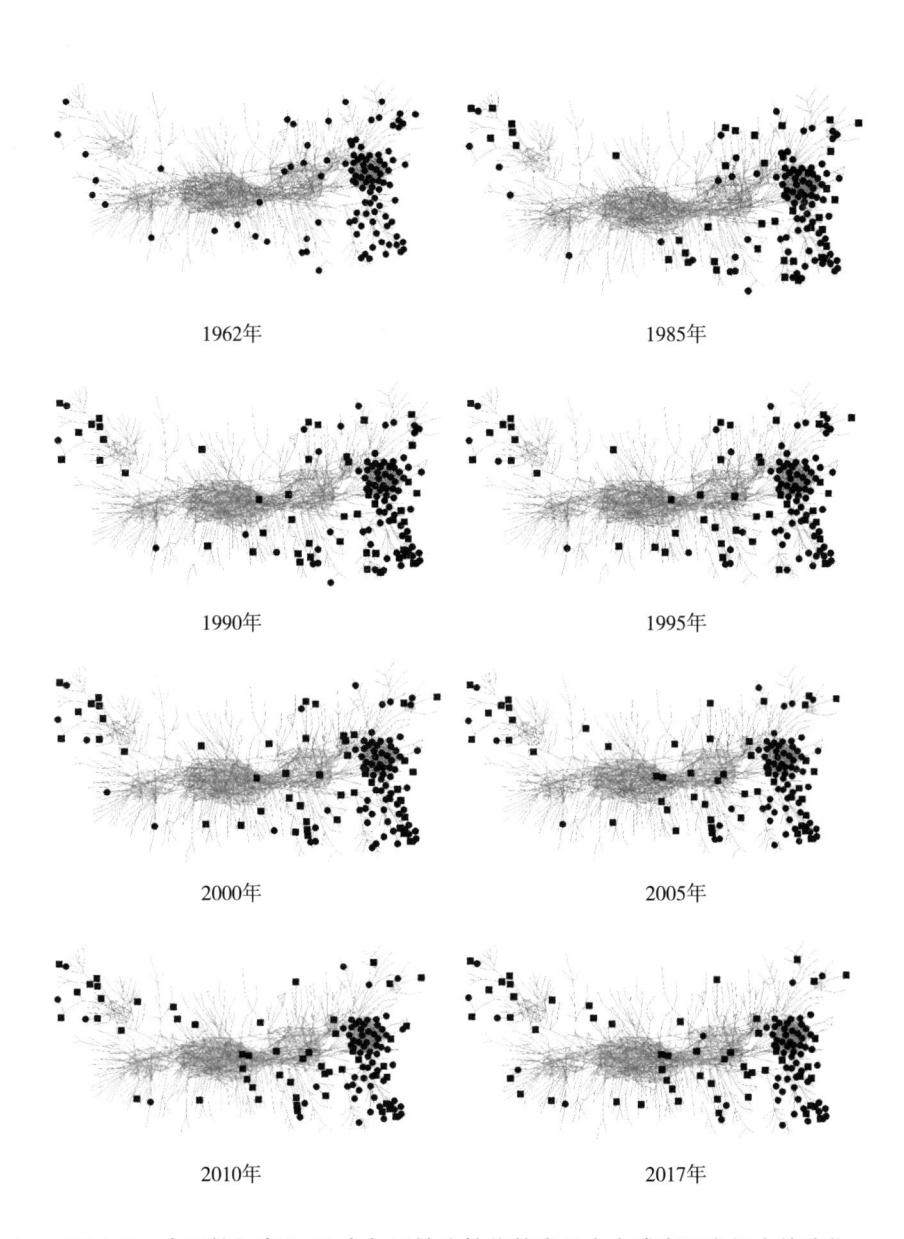

图4-2　中国纺织产业50余年显性比较优势产品在全球产品空间中的演化
资料来源：见附录。

第二节　中国纺织产业升级的理论框架

由于中国纺织产业的发展现状是市场自发机制和政府调节机制下的结果，因此本书以产品空间理论所强调的自我发现、自我增长为基础力量，以政府适当引导为外部调节力量，构建了适合中国的纺织产业升级的理论框架（见图4-3）。选取产品密度、产品复杂度和产品机会前景收益作为影响中国纺织产品结构演化的重要内在因素，纺织产业政策作为重要的外部调节因素展开实证分析。其中，产品密度代表局部纺织产品空间的稠密或稀疏程度，产品密度越大，局部产品空间越稠密，产品身上承载的生产能力和要素禀赋越大，对潜在升级产品的支撑力度越大。这说明产品密度影响着纺织产业升级的方向和幅度，通过检验产品密度的影响效应，可以揭示中国纺织产业近60年来的演化轨迹。产品复杂度影响着中国纺织产业升级的高度，通过检验产品复杂度的影响效应，可以揭示中国纺织产业近60年来在全球

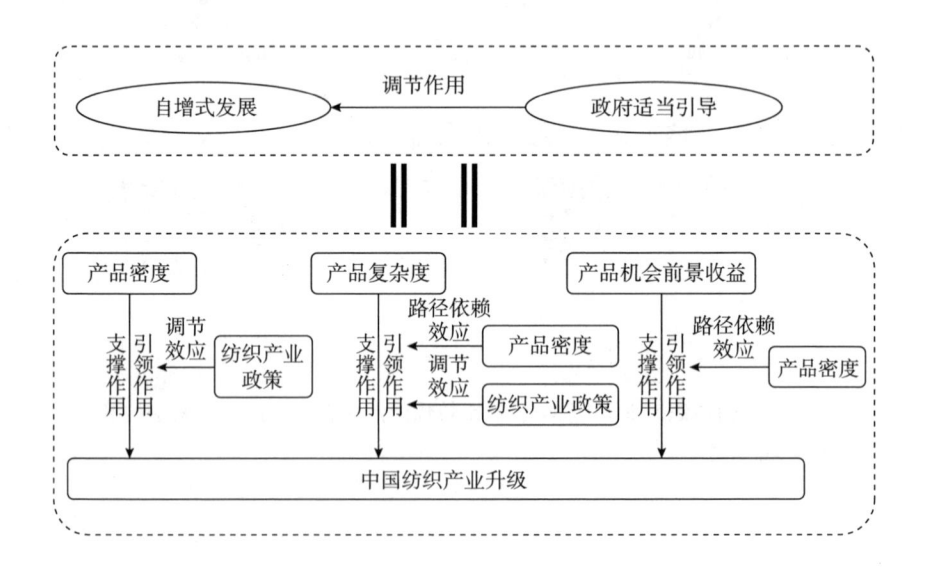

图4-3　理论框架

价值链中陷入"低端锁定"的发生机制。产品机会前景收益指开发产品的潜在机会价值部分带来的收益的大小，影响着纺织产业升级的潜力（也叫厚度）。通过检验产品机会前景收益的影响效应，可以揭示中国纺织产业发展后劲不足的原因。这是本书选取产品空间理论当中的三个核心指标的依据。与此同时，选取纺织产业政策作为政府行为的代理变量，考察它的调节效应。

第三节 市场主导假定下纺织产品空间结构演进的影响因素及作用机理

一 产品密度对纺织产业升级影响的理论分析

产品空间理论下，纺织产品只在既有能力范围之内跃升，产品密度越高，对纺织产业升级的促进作用越大，即中国的纺织产业升级遵循比较优势，演化模式（轨迹）与自身所拥有的相对全要素生产率和相对要素禀赋相吻合。HRKH 团队构建了关于产品密度作用机理的基本模型，即静态产品空间下的最佳跳跃距离模型，本书将其拓展至纺织产业应用领域。

（一）静态纺织产品空间下的最佳跳跃距离与产业升级

依据产品空间理论，产品密度对中国纺织产业升级的影响决定着纺织产业升级的幅度。中国纺织产业产品密度反映了中国纺织产业的既有生产能力和要素禀赋。由于不同纺织产品所包含的生产能力和要素禀赋不同，因此任意两种纺织产品之间存在技术距离。显然，纺织产品之间也存在相似性，相似性越大，距离越小。如果说产品密度反映了中国纺织产业的既有生产能力和要素禀赋，那么产品距离则表示中国纺织产业要跳跃到特定产品 p 所需要的生产能力和要素禀赋与现有的生产能力和要素禀赋之间的差距。由此可见，产品密度对纺织产业升级的影响实质上是纺织产业既有生产能力能够支撑猴子跳跃的最大距离是多少。猴子会根据利润最大化的原则选择"跳"还是"不跳"，以及要跳跃的产品。如果猴子是小幅度且一步一步跳跃到目标产品的,则说明产业升级遵循比较优势,依赖于既有的能力禀赋,具有路径依赖性,其后续升级幅度为渐进式升级。相反,如果到目标产品的距离很大,猴子根本跳不过去,那么产业升级将会陷入停滞状态。

首先HRKH团队发展了一种世代交叠的人力资本模型,其与"干中学"模型有异曲同工之妙。每个时期都有一名未经训练的年轻工人和一名训练有素的老工人。在第一个时期,年轻工人不生产,而是被老工人培训生产特定纺织产品,也就是通过"看中学"进行培训。在第二个时期,这位年轻的工人现在是一名经过培训的老工人,拥有生产特定商品所需的人力资本。他既可以生产同样的纺织产品,也可以转向另类纺织产品,然而由于另类纺织产品所需的人力资本是不可完全替代的,因此他又将培训新的年轻非熟练工人生产该纺织产品。

假设每个熟练工人的产量固定为1,为了简化模型,同时也假设所有纺织商品排列在一条线上,其价格 p 随距离线性增加。从当前的纺织商品 i 转移到另一种纺织商品 j 所获得的额外收入是:

$$p_i \times 1 - p_j \times 1 = \Delta p_{i,j} = fd_{i,j} \tag{4-1}$$

式中,$d_{i,j}$ 表示 i 产品到 j 产品的距离。

如果 i 产品和 j 产品是同一种纺织产品,则 $d_{i,j}=0$;如果 i 和 j 是两种不同的纺织产品,则 $d>0$。f 代表收益系数。

虽然价格随着距离的增加而增加,但生产特定纺织产品所需人力资本的可替代性,随着距离的增加而减少,这意味着生产成本增加。因此,从当前产品 i 转移到另一产品 j 的额外成本是:

$$C(d_{i,j}) = \frac{cd_{i,j}^2}{2} \tag{4-2}$$

式中,c 是成本系数。

因此,受过训练的工人可得到的最大利润是:

$$\max \prod = fd_{i,j} - \frac{cd_{i,j}^2}{2} \tag{4-3}$$

最优跳跃距离是:

$$d_{i,j}^* = \frac{f}{c} \tag{4-4}$$

最优跳跃距离下的利润是：

$$\prod_{d_{i,j}^*} = \frac{f^2}{2c} \tag{4-5}$$

从式（4-5）可以看出，当停留在纺织产品 i 时，利润为 0；当跳跃的距离超过 $d_{i,j}^*$ 时，利润开始下降，直至在 $2f/c$ 处降为 0 为止（见图 4-4）。

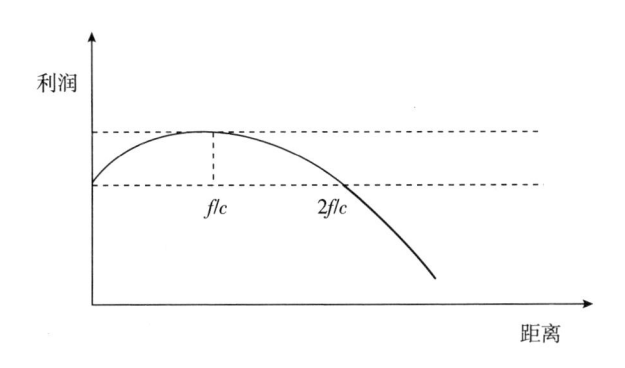

图 4-4　利润的距离分布

如果有可生产的纺织产品在跳跃标的处，训练有素的工人将按照最优跳跃距离进行跳跃。然而，如果对模型进一步深化，将其从连续的产品空间移至不连续的产品空间，那么训练有素的工人将从现有的产品中选择那个能使利润最大化的距离进行跳跃。但是，由于产品空间是不连续的，能使利润最大化的最优跳跃距离范围内可能不存在可生产的纺织产品。此时，只能选择跳跃更远的距离，但是如果 $2f/c$ 处也没有合适的纺织产品来跳跃，工人将会选择继续生产原来的纺织产品，否则所花费的额外成本将会超过额外收益。但是，如果在这个异质性产品空间中，距离 $2f/c$ 最近的纺织产品在 $2f/c+\&$ 处，则会导致纺织产品升级停滞，而这种停滞可能是社会不理想的。即使不允许任何更远的跳跃，对于受过训练的工作人员而言，只要 $\&<2f/c$，则这个时期的跳跃社会最佳。

前面是一维距离下产品密度对纺织产品升级的影响。如果是在 n

维空间下，n 种纺织产品组成的 n 维产品空间则由 n 阶对称矩阵表示。由人力资本在产品中的不完全可替代性可知，纺织产业升级具有路径依赖性，依赖于累积的生产能力和要素禀赋。只要纺织产品升级没有中断，纺织产品空间结构演进就可以获得私人利润，一旦中断距离大于 $2f/c$，则会出现停滞。当非私人利润的跳跃仍然是社会最优时，因产品空间的不连续而中断跳跃意味着协调失败，则意味着企业从创建的人力资本中受益。

（二）动态纺织产品空间下的最佳跳跃距离与产业升级

Hausmann 团队基于产品空间结构的异质性理论为研究纺织产业升级提供了理论框架，但随着相关理论延伸和实证检验的丰富，学者发现关于产品跳跃的幅度方面还有待拓展，即产品跳跃的最佳距离实际上是大于 f/c 的。原因是，跳跃的幅度不仅受当前生产能力和要素禀赋的影响，还受长期积累起来的能力禀赋以及政府行为的影响，从而由渐进式跳跃质化为蛙跳式跳跃（邓向荣和曹红，2016）。受此启发，本书对上述静态模型进行拓展，纺织产品空间是动态的，动态演进的动力源于政府对累积的人力资本的适当引导。中国纺织产业所包含的生产能力和要素禀赋是一个不断累积的过程，因为人力资本在"干中学"中得到的能力是一个不断累积的过程。累积的生产能力和要素禀赋在国家产业政策以及配套的软硬件基础设施（例如，纺织产业政策、研发补贴政策、税收政策等）的引导下，发生诱致性转换，直至量变达到质变，诱发突变式创新，使特定产品的人力资本跳跃的最大距离超过 $2f/c$，推进中国纺织产业的要素禀赋结构和内部行业结构随着时间的推移不断升级，最终使中国纺织产业在资本和技术复杂度更高的产品方面具有更高的国际竞争力。这也为发展中国家，尤其是中国的纺织产业从升级停滞状态实现跨越式升级提供了理论支撑。当然，如果纺织产业政策对纺织产业的生产能力和要素禀赋引导力度过大，急于追求"弯道超车"，也可能导致中国纺织产业在纵身跳跃时，狠狠"摔落倒地"，这一拓展模型将在本书中进行经验检验。基于此，本书提出如下假设：

H1：在其他条件不变的情况下，产品密度抑制中国纺织产业升级。

二　产品复杂度对纺织产业升级影响的理论分析

(一) 产品复杂度对中国纺织产业升级的作用机理

产品复杂度作为纺织产业升级的重要影响因素之一,其与纺织产业升级之间的互动关系值得关注。但是,目前学术界关于两者的关系鲜有研究。而且,与本书比较接近的研究集中在产品复杂度对整个产业的影响。一方面,部分学者研究发现产品复杂度显著促进产业升级。丁一兵和刘威(2018)使用1998—2014年中国工业行业的面板数据,采用Hausmann改进后的方法测度中国进口产品复杂性指数,并利用中国34个工业行业数据,研究进口产品复杂度对产业结构高级化的影响。中低技术行业进口产品复杂度对产业结构高级化的影响相比中高技术行业的促进作用更显著。另一方面,部分学者研究发现产品复杂度显著抑制产业升级(陈恒等,2016)。马海燕和于孟雨(2018)使用1962—2015年国家—产品层面的出口贸易数据,运用OLS与Probit计量模型,实证分析产品复杂度与产业升级之间的关系,发现产品复杂度抑制了产业升级。

产品复杂度与产业升级之间之所以有如此复杂的关系,是因为既有文献一般基于事物间静态的逻辑关系展开研究,而实际上产品复杂度对产业升级的动态影响更契合经济发展规律。同样,对于纺织产业而言,也是如此。

纺织产品的复杂度用来衡量纺织产品所包含的知识和生产技术的多少,是根据中国纺织产品的多样性以及能够生产它们的国家数量计算出来的。其中,纺织产品多样性是指纺织产品种类的多少。纺织产业升级的代理变量为纺织产品的比较优势指数。依据产品空间理论,纺织产品包含的技术含量越高,越有利于推动既有的显性优势产品失势,化解过剩产能;同时有利于推进潜在比较优势产品升级,实现资源重新优化配置。而产品的复杂度越低,意味着纺织产品包含的技术含量就越低,竞争力越低,无法推动显性比较优势大而复杂度低的纺织产品退出市场,也就无法通过市场的力量调动资源,推进目前暂时还不具有比较优势但复杂度高的产品实现升级。基于此,本书提出如下假设：

H2a：在其他条件不变的情况下，产品复杂度抑制中国纺织产业升级。

（二）产品复杂度与产品密度的交互对中国纺织产业升级的作用机理

依据产品空间理论，产品复杂度越高，企业进行产品升级时所需要填补的技术鸿沟就越大，企业跳跃的距离落在安全区域的概率就越小，面临的风险也就越大。产品密度小，意味着企业要跳跃的目标产品附近的局部产品空间比较稀疏，那么企业必须要跳跃足够远的距离才能到达目标产品，一旦企业跳到空白区域，则产品升级失败。产品密度较大，意味着局部产品空间比较稠密，企业在跳跃时落入空白区域的概率会大大降低，面临的风险也会随之降低，企业家就有动力探索更具技术含量的产品，同时淘汰不能与时俱进的产品。与此同时，产品升级达成意味着产品种类增多，产品种类增多有利于提升产品空间的稠密度。由此可见，产品密度和产品复杂度相互补充，协同促进纺织产业升级。因此，产品复杂度与产品密度具有相互促进作用，二者的交互对纺织产品升级与失势具有显著正向影响，有利于促进纺织产业内部结构优化升级。基于此，本书提出如下假设：

H2b：在其他条件不变的情况下，产品复杂度与产品密度的交互项促进中国纺织产业升级。

三 产品机会前景收益对纺织产业升级影响的理论分析

（一）产品机会前景收益对中国纺织产业升级的作用机理

产品复杂度与纺织产业升级之间的非线性关系可类推到产品机会前景收益与纺织产业升级的非线性关系，在此不再赘述。接下来，本书仍然通过产品发展形态诠释产品机会前景收益对纺织产业升级的作用机理。产品机会前景收益衡量开发某一特定产品能带来多大的收益。某种纺织产品的机会前景收益越高，表明其发展潜力越大，即打通的更复杂产品的数量就越多，更能吸引企业家去淘汰不具有发展潜力的显性比较优势产品，以开发机会价值更大的纺织产品，获取最大利润。这一过程是纺织产品附加价值提高的过程，也是过剩产能化解的过程，从而也是纺织产业内部结构优化升级的过程。基于此，本书提出如下假设：

H3a：在其他条件不变的情况下，产品机会前景收益抑制中国纺织产业升级。

（二）产品密度的调节机制

一般而言，如果某种纺织产品的机会前景收益越大，通过开发它继而能开发更多复杂度较高的纺织产品，那么纺织产业生产能力附近的复杂产品的数量就越多，能生产复杂度更高的纺织产品的可能性就越大，从而提高纺织产业产品多样化水平，提升纺织产业产品密度。纺织产品密度越高，产品空间就越稠密，企业能达到的目标产品就越多，企业的可选择机会就越多，企业进行产品升级时的风险就越小，产品升级的目标就越容易达成。当然，如果一种纺织产品的机会前景收益很高，却拥有很低的产品密度，处于稀疏的产品空间，那么它跨越的能力距离就不能保持在安全区域，产品升级将面临更多的不确定性和风险。企业家开发此潜在产品的成本很高，面临的环境不确定性非常大（Huang et al.，2019），没有动力去开发此种产品。由此可见，产品密度与产品机会前景收益相辅相成，协同促进了纺织产业升级。基于此，本书提出如下假设：

H3b：在其他条件不变的情况下，产品机会前景收益与产品密度的交互项促进中国纺织产业升级。

第四节 政府在纺织产品空间演化过程中的角色分析

由于中国纺织产业的发展同时也受到政府行为的影响，因此研究纺织产业的竞争力的提升问题有必要讨论政府行为在其中扮演的角色。借鉴 Hausmann 等（2006）的政府行为理论模型，通过对其进行扩展来分析中国政府行为，尤其是产业政策对纺织产业升级的影响机制和效应。对于政府行为理论模型，一方面，政府行为无论是在短期还是长期的经济增长模型中,均作为影响纺织产业发展的外部因素,而市场经济规律是内在根本因素,两者并列成为影响纺织产业发展的两大重要因素。因此,处理好政府与市场的关系对纺织产业的未来发展至关重要。另一方面,政府行为理论模型能够确定具体哪种商品更有可能产生学习溢出效应。本节对该理论模型进行详细阐述。

一 纺织产品创新活动存在马歇尔外部性

该理论模型认为一个国家的物质和人力资本、劳动力和自然资源的禀赋以及上层建筑的整体质量是该国初始比较优势形成的重要影响因素,但不是全部因素,实际上还存在一个特殊的因素,即政府行为。政府行为是必要的,因为并不是所有的纺织产品在经济绩效方面的贡献都是一样的,专注于某些纺织产品将带来比专注于其他纺织产品更高的增长。因为一国纺织产业的生产结构影响着其未来的发展方向,而政府适当引导在塑造生产结构方面可能发挥重要的积极作用,当然,这是在存在马歇尔外部性的前提下。就马歇尔外部性而言,产品空间理论认为企业从事产品跳跃的过程就是企业家自主发现的过程。这里的自主发现不是创新发明的意思,而是企业家在国际市场上发现一个新的产品并尝试以较低的成本去生产它。首先进行自主发现的企业如果成功实现产品跳跃,那么别的企业就会在不投入尝试成本的情况下模仿生产新产品,这样就会因信息的外部性导致初始"自主发现成本"激励不足而使跳跃无法发生。因此,当企业家发现新产品以后,新的制度也需要同时修补,重新调整适应,以便刺激更多的自主发现,这时一系列活动的生产率预期会提高,从而在国际市场上更有竞争力。

政府行为理论模型是一个通用均衡模型,在该模型中有两个部门,一个是可以生产各种商品的现代部门,另一个是生产单一同质商品的传统部门。劳动力是唯一的生产要素,且经济绩效与现代部门相关。同时,所有货物的单位被标准化,以便均具有外生的国际价格 p。此外,假设现代部门中的每种纺织产品都由一定的生产力水平 ψ 来识别,该生产力水平 ψ 代表由给定规模的投资产生的产出单位。对所有纺织产品进行排列组合,排名较高的纺织产品需要更高的生产率。与此同时，现代部门能够生产的纺织产品范围由 0 到 k 之间的连续间隔给出，通过假设该范围的上限 k 是技术水平或人力资本水平的指数来捕捉比较优势的作用。这样，具有较高 k 的国家可以生产更复杂的产品。在投资规模固定，即投资 b 个单位的劳动力的情况下，当投资者做出投资决策时，他们不知道最终会获得高生产率纺织产品还是低生产率纺织产品。与投资项目相关的 ψ 仅在投资沉没后才被发现，且所有投资者事先知道 ψ 是在 [0, k] 范围内均匀分布的，然而一旦发现与纺织产品相关的 ψ，这就变成常识。其他人可以自由地生产同样的纺织产品，而不会产生额外的发现成本，但是模仿别人的运行速度仅为现有生产率的一小部分（$0<\gamma<1$）。每个投资者只能运行一个项目，因此在发现自己项目的生产力后，投资者可以选择坚持该项目或模仿另一个投资者的项目。考虑这一选择的投资者将他的生产力 ψ_i 与已发现的最具生产力的产品 ψ_{max} 进行比较（之所以选择最具生产力的产品，是因为模仿任何其他项目产生的利润均较少）。当 $\psi_i \geq \gamma\psi_{max}$ 时，投资者将坚持自己的项目；否则投资者会选择模仿 ψ_{max} 项目。此时，企业的生产力水平处于 [$\gamma\psi_{max}$, ψ_{max}]（见图 4-5 粗线部分）。

图 4-5　企业生产力范围

在选择好要投资的项目以后，便进入投资阶段并可计算投资阶段的期望利润。利润取决于投资者自身对生产率的预期，以及对其他人的平均收益的预期，后者起到了特别重要的作用。显然，$E(\varphi_{max})$ 是将要被开发的纺织产品的投资者数量的增函数。

$$E(\varphi_{max}) = \frac{km}{m+1} \tag{4-6}$$

其中，m 表示投资者数量。当 $m=1$ 时，$E(\varphi_{max})=k/2$，是企业生产率范围的中点。当 m 趋近于无穷大时，$E(\varphi_{max})$ 汇合到 k 点。

由于生产力是连续间隔分布的，所以可计算出投资者 j 坚持自己的项目的概率，为：

$$\text{prob}(\varphi_i \geq \gamma\varphi_{\max}) = 1 - \frac{\gamma E(\varphi_{\max})}{k} = 1 - \frac{\gamma m}{m+1}$$

利润期望值为：

$$E(\pi | \varphi_i \geq \gamma\varphi_{\max}) = \frac{p[k+\gamma E(\varphi_{\max})]}{2} = \frac{1}{2}pk\left(1+\frac{\gamma m}{m+1}\right) \quad (4-7)$$

其中，$\frac{1}{2}(k+\gamma\varphi_{\max})$ 是该项目的预期生产率。

同理，可计算出当投资者 j 模仿 $\psi_{\max}$ 项目时的概率和利润期望值。其中，计算出的概率为：

$$\text{prob}(\varphi_i < \gamma\varphi_{\max}) = \frac{\gamma E(\varphi_{\max})}{k} = \frac{\gamma m}{m+1}$$

利润期望值为：

$$E(\pi | \varphi_i < \gamma\varphi_{\max}) = p\gamma E(\varphi_{\max}) = pk\left(\frac{\gamma m}{m+1}\right) \quad (4-8)$$

两种情况下的利润期望值之和为：

$$E(\pi) = pk\left[\frac{1}{2}\left(1+\frac{\gamma m}{m+1}\right)\left(1-\frac{\gamma m}{m+1}\right)+\left(\frac{\gamma m}{m+1}\right)^2\right]$$

$$= \frac{1}{2}pk\left[1+\left(\frac{\gamma m}{m+1}\right)^2\right] \quad (4-9)$$

从式（4-9）可以看出，现代部门的生产力期望值为：

$$E(\varphi) = \overline{\varphi} = \frac{1}{2}k\left[1+\left(\frac{\gamma m}{m+1}\right)^2\right]$$

预期利润是产品价格和预期生产率的函数，且预期利润受生产率 k 和投资者数量 m 的约束。m 越大，现代部门的生产率越高。因此，现代部门的规模报酬递增，不过这是由自主发现的成本信息溢出而非技术外部性引起的。如果 γ 为零，则生产率和利润不依赖于 m。

二　马歇尔外部性均衡下的政府适当引导

（一）长期均衡

在长期均衡中，现代部门的投资者数量 m 成为内生变量，且其具体值由超额利润为零时的要求决定。长期均衡中现代部门的预期利润表示为：

$$\prod(p, k, m^*) = \frac{1}{2}pk\left[1 + \left(\frac{\gamma m}{m+1}\right)^2\right] \quad (4-10)$$

其中，m^* 表示长期均衡中投资者数量。前文提到每个现代部门要求投入 b 单位的劳动力，因此沉没成本为 bw，其中 w 为工资率。长期均衡要求利润的折现值等于投资的沉没成本。其表达式为：

$$\int_0^\infty \prod(p, k, m^*) e^{-pt} dt = \frac{\prod(p, k, m^*)}{\rho} = bw^* \quad (4-11)$$

假设工资由劳动力总需求等于固定劳动力总供给（G）时决定，现代部门的劳动需求为 m^*b。同时，传统部门产生一个同质纺织产品使用的唯一生产要素是劳动。在这样的假设条件下，传统部门对劳动力的边际需求呈递减趋势，用递减函数 $g(w)$ 表示，其倒数小于 0。综上所述，劳动力的长期市场均衡值为：

$$G = bm^* + g(w^*) \quad (4-12)$$

由 BW 和 GG 所描述的方程可以计算出内生变量 m 和 w 的长期均衡值（见图 4-6）。

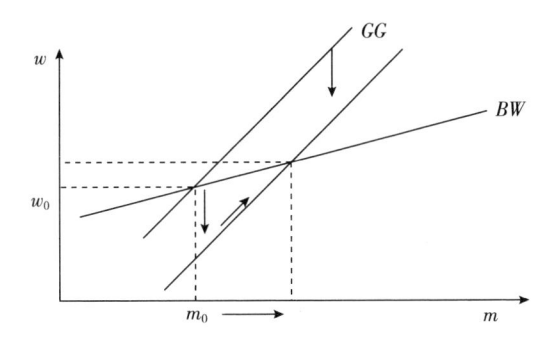

图 4-6 均衡和比较动态

（二）短期均衡

在短期均衡中，投资者数量 m 是固定的，因此工资率 w 由 GG 所描述的方程在给定 m 的情况下计算而得。

（三）动态均衡

如果 m 被允许立即调整，它将立即被调整到由 BW 和 GG 的交叉位置给出的长期均衡点。事实上，现代部门投资者的前瞻性行为为长期均衡立即趋同提供了额外的机制。例如，假设 GG 从 m 的水平开始下降，低于 m^*。那么在向长期均衡过渡的过程中，m 和 w 都会上升。考虑这些动态如何影响进入决策。m 的上升意味着未来的生产率将高于现在，因此在其他条件不变的情况下，现代部门的投资者会延迟投资。w 的上升意味着未来的投资成本会高于现在，是一个会促进投资的因素，即工资增长速度快于生产率效益所带来的速度，因此现代部门的投资者宁愿今天投资而非等待。实际上，由于 m 增加的速率受到外生参数 μ 的限制，因而每单位时间 m 增加的数量有限。用公式表示为：

$$|m(t)| \leq \mu \tag{4-13}$$

前文提到当超额利润趋近于 0 时，m 也就确定了。换言之，每当时间 t 的净收益为非零时，m 将受到最大调整。当收益率大于工资增长率时，$m(t) = \mu$；当收益率小于工资增长率时，$m(t) = -\mu$；当收益率等于工资增长率时，$m(t) = 0$。

（四）比较动态

一方面，控制 BW 线，从最初的均衡点 (m_0, w_0) 开始，增加劳动力供给以后，图 4-6 中 GG 线将下调。在投资者数量 m 不变的情况下，劳动供给增加，工资只有下降才会重新达到市场均衡。但是，更低的工资导致更多的公司进入现代部门从事自主研发。这反过来推动工资的上涨。从图 4-6 中可以看出，当工资高于初始平衡状态下的工资时才会实现新的均衡。之所以说劳动力供给的增加最终会提高工资水平，是因为现代部门存在信息溢出效应。一旦现代部门扩张，生产力就会提高，只有工资上涨才能重新实现市场均衡。另一方面，控制 GG 线，通过提高 p 和 k 改变 BW 线，最终也会导致 m 和 w 的提高，不过当增加进入现代部门的投资规模，即改变劳动力成本时，图中两条线均下降，并且在上述产生的稳定性假设下产生更低的 m 和 w。这意味着通过进口限制或出口补贴来提高商品价格的政府行为将促进冒险和经济增长。

由于企业家在挖掘并开发新产品时的投资成本并不能在市场上得到补偿，因此需要政府完善知识产权保护机制，尽可能保护企业家的探险行为所带来的超额利润，激励更多的企业家进行新产品开发，促进产品创新升级。这与 Berkowitz 和 Pistor（2006）的研究结论一致，即拥有良好制度的国家倾向于出口更复杂的产品并且进口更简单的产品。

第五节 本章小结

产品空间理论框架下纺织产业升级是内部结构升级与附加价值提升协同推进的过程。从能力角度讲，是一国企业发现其擅长生产的纺织产品并在"干中学"中掌握这种能力的过程，其升级发展具有路径依赖性，在呈"核心—边缘"结构的全球产品空间中则表现为从边缘向核心区域渐进式跳跃的过程。本书将渐进式升级拓展至跨越式升级，即纺织产业的升级需要外部条件（产业政策）和内部条件（遵循比较优势进行自我发现、自我创新）的共同作用。当生产能力和要素禀赋累积到一定程度时将引发"质"的跨越式升级。产品空间理论借助复杂网络实现可视化，在这个可视化的产品空间网络中，有三个重要的网络属性，分别是产品密度、产品复杂度和产品机会前景收益。产品密度表征产品既有的能力禀赋，产品复杂度表征该产品的技术复杂性水平，产品机会前景收益表征开发该产品带来的收益量。就纺织产品空间网络而言，当产品密度促进纺织产品比较优势演进时，意味着纺织产业遵循渐进式升级路线；当产品密度抑制纺织产品比较优势演进时，意味着纺织产业遵循跨越式升级路线。当产品复杂度促进纺织产品比较优势演化时，意味着提高产品的附加价值有利于提高其在全球价值链中的竞争地位；当产品复杂度抑制纺织产品比较优势演化时，意味着提高产品的复杂度并没有提高其在全球价值链中的地位，说明纺织产业处于"低端锁定"的困境。当产品机会前景收益促进纺织产品比较优势演进时，意味着开发一种纺织产品带来的收益越大，越有利于促进纺织产业升级，说明纺织产品的潜在机会价值越大，越有利于促进纺织产业升级；当产品机会前景收益抑制纺织产品比较优势演化时，意味着开发一种纺织产品带来的收益越大，越不利于其比较优势的提升。这说明纺织产品的潜在机会价值越大，越不利于纺织产业比较优势的提高。在实践中，由于产品密度、产品复杂度、产品机会前景收益与纺织产品比较优势演进之间的关系是动态变化的，因此三变量与纺织产品比较优势之间存在非线性关系。此外，在市场失灵时政府的适当引导扮演着重要角色。因此，政府行为，尤其是产业政策也是影响纺织产品空间网络演化的重要因素。当产业政策正向调节产品密度与纺织产业比较优势演化之间的关系时，意味着纺织产业政策遵循了比较优势；当纺织产业政策逆向调节产品密度与纺织产业比较优势之间的关系时，意味着纺织产业政策违背了比较优势。以上只是从总体上阐述产品空间结构属性对纺织产业升级的影响，借助产品发展形态深度诠释产品空间结构属性对纺织产业升级的作用机理，即纺织产业升级是产品失势和产品升级的组合净效应。当产品密度促进纺织产业升级时，意味着累积的既有能力禀赋不仅引领了产品升级，又支撑了产品失势；当产品复杂度抑制了纺织产业升级时，意味着提高产品复杂度抑制了纺织产品失势与升级。同理，当产品机会前景收益抑制纺织产业升级时，意味着纺织产品的潜在机会价值抑制了产品失势和升级。以上是在依据产品空间理论或对其进行拓展的基础上得出的理论假设。

第五章 产品密度对中国纺织产业升级影响的实证分析

第一节 研究设计

一 模型设定

根据产品空间理论，对中国纺织产品空间演化轨迹的探索主要是研究产品密度与产业升级状态之间的关系。如果两者之间是显著的正向关系，则中国纺织产品空间演化轨迹是渐进式的，否则是跳跃式的。

产品密度对纺织产业升级支持水平的不同将引致异质性的升级速度。若运用基于线性假设前提的传统模型来研究产品密度与纺织产业升级之间的关系，将会忽略产品密度演变所导致的非线性关系。因此，本章采用非线性的面板门槛方法（Luan et al.，2019），来识别不同水平下产品密度与纺织产业升级之间的关系。门槛模型的主要优势体现在，只需将门槛变量（产品密度）作为未知变量纳入回归模型，无须设定非线性方程的形式，通过建立分段函数，由样本内生决定门槛值及数量，从而避免了人为划分产品密度水平的主观性。本章通过对门槛效应的存在性进行检验并估计确定具体的门槛值，继而对样本进行内生分组以考察不同水平下的产品密度对纺织产业升级的不同影响（戴魁早和刘友金，2015）。

遵循由单一门槛扩展到多门槛的原则对门槛模型展开描述。单一门槛模型是在模型内的某一区域内存在一个门槛的情况下（胡兵和李柯，2012），对于 $Density_{c,p,t} \leq \gamma$ 与 $Density_{c,p,t} > \gamma$ 两种情况而言，产品密度对纺织产业升级的影响存在明显的差异。单一门槛模型如式（5-1）所示：

$$RCA_{c,p,t} = \beta_1 Density_{c,p,t} I(Density_{c,p,t} \leq \gamma) + \beta_2 Density_{c,p,t} I(Density_{c,p,t} > \gamma) + \alpha \sum CV_{c,p,t} + \mu_p + \varepsilon_{c,p,t} \quad (5-1)$$

式中，$Density_{c,p,t}$ 是门槛变量（在本书中同时为核心解释变量）；γ 是门槛值；β_1 是门槛变量（$Density_{c,p,t}$）在 $Density_{c,p,t} \leq \gamma$ 区间时自变量（$Density_{c,p,t}$）的系数；β_2 是门槛变量（$Density_{c,p,t}$）在 $Density_{c,p,t} > \gamma$ 区间时自变量（$Density_{c,p,t}$）的系数；$I(\cdot)$ 是一个指示函数，即对于 $Density_{c,p,t} \leq \gamma$，$I(\cdot) = 0$，否则 $I(\cdot) = 1$；$\sum CV_{c,p,t}$ 是一系列控制变量；μ_p 是不随时间而变的个体效应；ε 是随机干扰项。

式（5-1）的另外一种松散表达形式为：

$$\begin{cases} RCA_{c,p,t} = \beta_1 Density_{c,p,t} + \alpha \sum CV_{c,p,t} + \mu_p + \varepsilon_{c,p,t}, Density_{c,p,t} \leq \gamma \\ RCA_{c,p,t} = \beta_2 Density_{c,p,t} + \alpha \sum CV_{c,p,t} + \mu_p + \varepsilon_{c,p,t}, Density_{c,p,t} > \gamma \end{cases}$$

式（5-1）的另外一种紧凑表达形式为：

$$RCA_{c,p,t} = \beta Density_{c,p,t}(\gamma) + \alpha \sum CV_{c,p,t} + \mu_p + \varepsilon_{c,p,t} \quad (5-2)$$

其中，

$$\beta = \begin{cases} \beta_1 \\ \beta_2 \end{cases}$$

$$Density_{c,p,t}(\gamma) = \begin{cases} Density_{c,p,t} I(Density_{c,p,t} \leq \gamma) \\ Density_{c,p,t} I(Density_{c,p,t} > \gamma) \end{cases}$$

式（5-2）中 γ 的估计值 $\hat{\gamma}$ 可通过最小化其残差平方和获得（罗军和陈建国，2014），继而可估计出其他参数。首先，对式（5-2）在时间指数 t 上取平均值，得到式（5-3）：

$$\overline{RCA_{c,p}} = \beta \overline{Density_{c,p}}(\gamma) + \alpha \sum \overline{CV_{c,p}} + \mu_{c,p} + \overline{\varepsilon_{c,p}} \quad (5-3)$$

其次，对式（5-2）和式（5-3）进行减法运算，得到消除 μ_i 的式（5-4）：

$$RCA^*_{c,p,t} = \beta Density^*_{c,p,t}(\gamma) + \alpha_{c,p,t} + \varepsilon^*_{c,p,t} \quad (5-4)$$

其中，$RCA^*_{c,p,t} = RCA_{c,p,t} - \overline{RCA_{c,p}}$，$Density^*_{c,p,t}(\gamma) = Density_{c,p,t}(\gamma) -$

$\overline{Density}_{c,p}(\gamma)$,依次类推。

最后,求式(5-4)中的门槛值 γ。可将任意的 γ_0 作为初始值赋给 γ,采用 OLS 方法估计各斜率系数 β,同时求得相应的残差平方和 $S(\gamma)$。如果依次在 γ 取值范围内从小到大选定 γ_0(董利红和严太华,2015),就可以得到多个不同的 $S(\gamma)$。其中,使残差平方和 $S(\gamma)$ 的值最小的 γ_0 就是门槛值(李树,2013),暂且标记为 γ^*,即 $\gamma^* = \arg\min S_1(\gamma)$,门槛值一旦确定,对应的 β 估计值便可求出,同时,可得残差方差 $\hat{\sigma}_1^2 = S_1(\gamma^*)/[n(t-1)]$。

以上只是假设产品密度存在一个门槛时的估计过程,为了进一步确定是否存在两个及以上门槛,可以假设已经估计出第一个门槛值,接下来开始估计第二个门槛值。在此,设双重门槛模型为:

$$RCA_{c,p,t} = \beta_1 Density_{c,p,t} I(Density_{c,p,t} \leq \gamma_1) +$$
$$\beta_2 Density_{c,p,t} I(\gamma_1 < Density_{c,p,t} \leq \gamma_2) +$$
$$\beta_3 Density_{c,p,t} I(\gamma_2 < Density_{c,p,t}) +$$
$$\alpha \sum CV_{c,p,t} + \mu_p + \varepsilon_{c,p,t} \tag{5-5}$$

利用联合估计法,将临时值 $\hat{\sigma}_1^2$ 代入式(5-5),运用逐步搜索法可得 γ_2,进而有 $\gamma_2 = \arg\min S_2(\gamma^*, \gamma_2)$,$\hat{\sigma}_2^2 = S_1(\gamma^*, \hat{\gamma}_2)/[n(t-1)]$。产品密度对纺织产业升级的多重门槛模型可在单一和双重门槛模型的基础上进行类推,在此不再赘述(张志新,2017)。

在估计出 γ 和 β 的基础上进行以下两方面的检验。一是检验式(5-1)是否表现出显著的门槛特征($\beta_1 \neq \beta_2$),如果 F 统计量的 P<0.1,则门槛特征显著。P 值可通过采用 Hansen(2000)的 Bootstrap 法获得 F 统计量渐进分布来构造。二是检验门槛值的真实性($\hat{\gamma} = \gamma_0$)(郭将和许泽庆,2019)。Hansen 认为当似然比统计量(Likelihood Ratio Statistic)$LR(\gamma_0) \leq c(\tau) = -2\ln(1-\tau)$ 时(τ 表示显著性水平),门槛值等于真实值。其中,当 τ 在 95% 的置信水平下时,$c(\tau) = 7.35$(陈恒等,2016)。

二 内生性讨论

本章考察的产品密度对纺织产业升级的影响可能存在内生性,从而导致不一致的估计,其原因主要有:第一,反向因果关系的存在导致联立内生性(于研和魏文臻杰,2015)。在将产品密度作为解释变量时,由于比较优势指数高的产品更容易缩短与其他产品之间的距离,使产品密度得以提高,从而导致被解释变量反过来影响解释变量,以至于解释变量出现非外生给定现象。第二,遗漏变量内生性。虽然产品密度高的产品更容易实现产品升级,但同时可能存在其他不可观测的因素在起作用,如果遗漏掉的变量与产品密度相关,则会造成估计偏差。第三,如果有同时影响产品密度与产业升级的变量在起作用,可能会造成虚假回归。第四,即使尽可能全面地考虑相关的控制变量,但由于存在很多无法定量衡量的影响因素,比如开发新产品所依赖的企业家精神等,而这些遗漏变量在随机误差项里的影响因素可能与产品密度相关,所以会导致本书的核心解释变量成为内生变量(尤济红和王鹏,2016)。但是,要全面找到这些遗漏因素的代理变量或内生变量的工具变量十分困难。本章在实证策略上采取三种方式克服上述难题。一是将因变量滞后1期加入解释变量。二是将自变量滞后1期再进行回归。三是引入一系列产业层面的特征变量加以控制。通过上述分析,可以将式(5-5)改写为动态面板数据模型:

$$\begin{aligned} RCA_{c,p,t} = & \beta_0 RCA_{c,p,t-1} + \beta_1 Density_{c,p,t-1} I(Density_{c,p,t-1} \leq \gamma_1) + \\ & \beta_2 Density_{c,p,t-1} I(\gamma_1 < Density_{c,p,t-1} \leq \gamma_2) + \\ & \beta_3 Density_{c,p,t-1} I(\gamma_2 < Density_{c,p,t-1}) + \alpha \sum CV_{c,p,t-1} + \mu_p + \varepsilon \end{aligned}$$

(5-6)

三 变量选取与数据描述

(一) 变量说明

1. 因变量

因变量是产业升级。尽管对于产业升级问题的研究由来已久,但是由于产业升级内涵的模糊性和宽泛性,相关的实证性研究并没有建立一种被学术界公认的权威测度方法。目前,学术界测度产业升级的方法主要有以下几种:基于第二产业占比,用工业产值/GDP来表征产业升级(李文宇和刘洪铎,2016);基于资源配置视角的全要素生产率(柯丽菲,2018)。就本书的研究主题而言,基于产品空间视角判定产业是否升级以产品的比较优势（RCA）的变化状态来体现（Hausmann et al.，2007）。当 RCA<0.1 时，中国纺织产品不具有竞争优势；当 RCA≥1 时，中国纺织产品在全球贸易中具有显性比较优势；当 1<RCA<2.50 时，中国纺织产品具有较强的竞争力；当 RCA≥2.50 时，中国纺织产品具有极强的竞争力。

2. 自变量

自变量是产品密度，使用中国纺织产品 p 与中国所有显性比较优势产品 q 的邻近性之和除以中国纺织产品 p 与所有产品的比值来测度。它用以衡量产品 p 周围累积的要素禀赋、知识禀赋和能力禀赋对其升级的支撑力度大小，值越大，对产品 p 的支撑力越大（刘林青和邓艺林，2019）。

3. 控制变量

模型中也加入了一系列的控制变量。首先，某一产业在国家中的地位在一定程度上决定了其对资源的占有情况和政策偏向程度，进而影响其在世界中的比较优势。因此，在控制变量中加入了反映产业在国家中地位的变量，即人均产业优势。之所以用人均产业优势是因为人口规模在一定程度上反映劳动力数量，那么人均产业优势便可在一定程度上衡量该产业的劳动生产率，而这无疑影响着该产业的比较优势。其次，一个产业目前的生产能力附近有多少潜在的复杂的产品，在一定程度上决定着该产业未来的发展潜力和比较优势，进而影响着其升级的速度和幅度，因此本书在控制变量中加入了反映产业潜能的变量，用复杂性展望指数来衡量。复杂性展望指数捕捉某一产业目前的生产能力通过产品空间将简单多样化推向相关的复杂生产的可能性程度。最后，本书还控制了时间因素。相关变量的详细定义如表 5-1 所示。

表 5-1　　　　　　　　　变量定义与说明

变量	变量名称	变量符号	变量取值方法及主要说明
因变量	产业升级	$RCA_{c,p,t}$	产品 p 在 c 国的市场份额/产品 p 在全球的市场份额
		$x_{c,p,t}$	$RCA_{c,p,t}$ 大于等于 1 时，$x_{c,p,t}$ 为 1，否则为 0
自变量	产品密度	$Density_{c,p,t}$	产品 p 与 c 国显性优势产品的邻近度之和/产品 p 与 c 国所有产品的邻近度之和

续表

变量	变量名称	变量符号	变量取值方法及主要说明
控制变量	人均产业优势	Rpop	c 国某一行业的出口总值与 c 国总人口的比值除以全球该行业的出口总值与全球所有产品的出口值的比值
	复杂性展望指数	COI	$COI_c = \sum_p Density_{c,p,t}(1-x_{c,p,t}) PCI_p$
	年份虚拟变量	Year	t 年当年，Year 等于 1；其他年份等于 0。$t \in$ [1962, 2018]

（二）资料来源与说明

依据产品空间理论，实证检验中国纺织产品空间演化的影响因素的前提是构建全球产品空间，而全球产品空间构建的基础是计算任意两种产品之间的邻近度。邻近度指标获取的数据基础是全球各国产品的生产数据。但现实中各个国家的产品生产数据的统计口径具有异质性，因而不能准确度量产品之间的邻近性。为弥补这一缺陷，HRKH 团队（Hidalgo et al.，2007）采用国家产品的出口值替代生产值测度产品之间的邻近性。与生产值相比，各个国家的产品出口总额不仅具有一致的统计口径，而且需要更严格的市场检验，因而操作起来既具有可比性又能反映产品特质（马海燕和刘林青，2018）。国家层面的产品出口额主要指世界各国的产品出口贸易额，在收集国家产品出口值时，按照 SITC（rev.2）标准划分的四位码数字的产品出口贸易额，从相对权威和全面的联合国商品贸易统计数据库（UN Comtrade）中收集各个国家 2001—2017 年产品出口数据。采用时间序列模型（ARMA），通过拟合样本预测所有国家 2018 年的产品出口贸易额。由于联合国商品贸易统计数据库中缺少很多国家 2000 年之前的数据，所以本书又采用了 Feenstra 等（2005）编制的全球贸易流量表。该表涵盖了世界各个国家 1962—2000 年按照 UNCOMTRADE 中 SITC（rev.2）标准划分的四位码数字的产品进出口贸易额。之所以采用全球贸易流量表，一方面是因为其与联合国商品贸易统计数据库的统计口径完全一致，另一方面是因为此表较全面且准确地反映了世界各国自 1962 年以来的产品出口贸易情况。

合并后的数据库包含 1962—2018 年全球 249 个国家（地区）786

种按 SITC（rev.2）标准划分的四位码数字的产品出口贸易值。为了将其应用于实证分析，参照 Feenstra 等（2005）的做法对其进行进一步的清理。一是过滤掉人口规模不足 2 亿的国家（地区）；二是剔除掉商品出口值全球占比不足 0.01% 的国家（地区）；三是过滤掉时间序列不足 50 年的商品；四是过滤掉商品编码尾数为"X""0""A"的商品。这样，最终形成了 148 个国家（地区）774 种商品的数据集。此外，为了保证研究结果不受极端值的影响，对所有连续变量进行 1% 水平上下的缩尾处理（Winsorize）（毛怡欣，2019）。最后，为考察产品空间的结构特征对产业升级的动态影响和因果关系，将因变量的数据时期（1963—2018 年）滞后于自变量、控制变量数据一年（1962—2017 年）。其中，因变量 2018 年的数据通过计算 2011—2017 年的平均增长率而得。利用相关软件计算出产品空间的个体网络结构属性指标值，从中提取出影响中国纺织产业发展方向、高度和厚度的相关指标数据进行实证分析。

第二节 实证结果与稳健性测试

一 统计描述

通过计算 1962—2017 年中国纺织产品的平均 RCA 和平均 PCI，分别绘制了 1962—2017 年中国纺织产品 RCA 和密度的动态演化图（见图 5-1），并进一步分析了中国纺织产品在 1962—2017 年 RCA 与密度之间的相关关系。

图 5-1（a）为中国纺织产品 RCA 的动态演化图。RCA 表征中国纺织产品的比较优势大小。RCA 越大，纺织产品的显性比较优势越明显，出口量占比越大。可以看出，1962—1985 年中国纺织产品的平均 RCA 处于上升趋势，1985 年以后为下降趋势。图 5-1（b）为中国纺织产品密度的动态演化图。密度表征纺织产品 p 周围累积的能力禀赋对其支撑力，直接影响着产品 p 的"跳跃"距离。密度越大，产品跳跃时落在安全区域的可能性就越大。可以看出，中国纺织产品的密

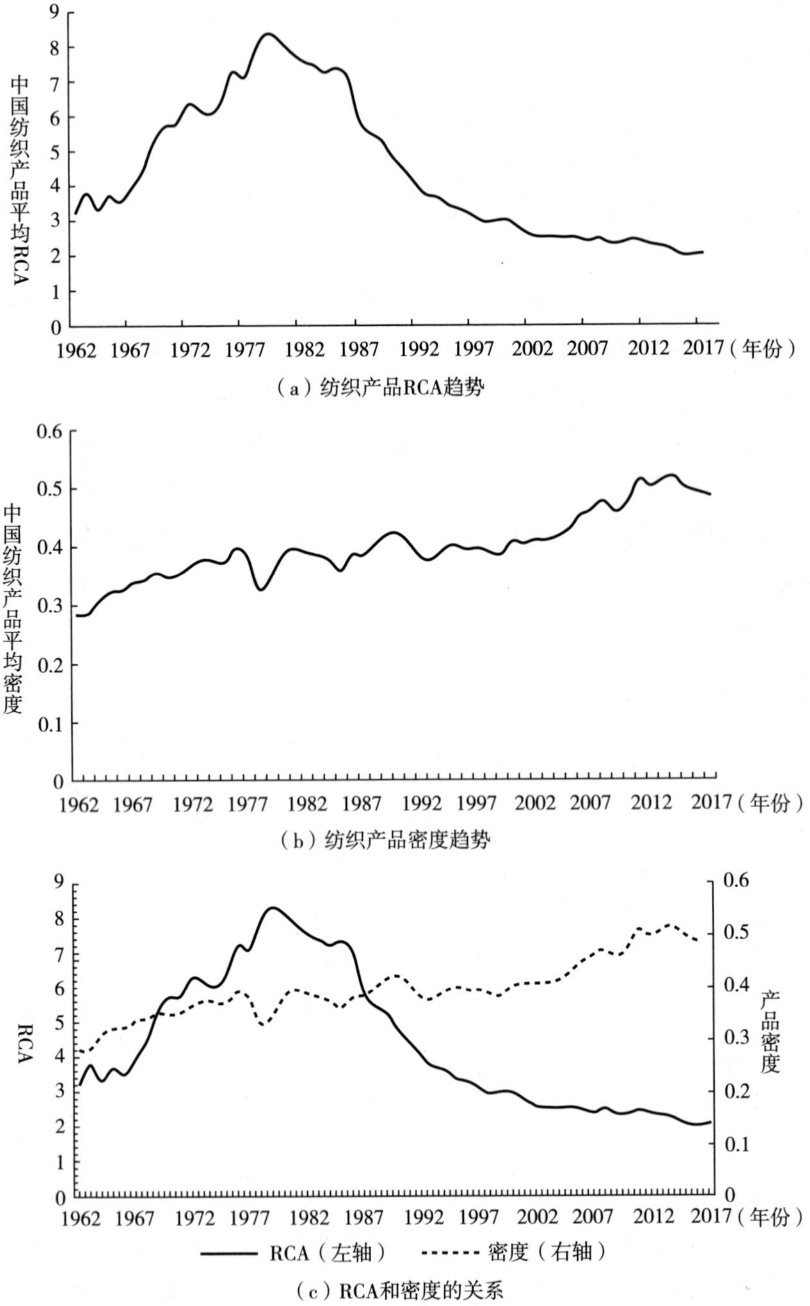

图 5-1　1962—2017 年中国纺织产品 RCA 和密度动态演化

度呈现波动上升的趋势，说明中国纺织产品空间越来越稠密，种类越来越多样化，累积的生产能力和要素禀赋对潜在优势产品的支撑力越来越大。图5-1（c）为中国纺织产品RCA与密度之间的相关关系图。可以看出，中国纺织产品的RCA与密度的趋势相反，即随着中国产业累积的既有能力禀赋越来越大，其显性比较优势却越来越低，这说明中国的纺织产业的发展偏离了既有比较优势。

二 估计结果与分析

（一）变量的平稳性检验

在进行门槛回归之前，首先采用适用于长面板数据的LLC检验方法对数据进行平稳性检验以规避"伪回归"问题并提高估计结果有效性。检验结果见表5-2，除自变量（*COI*）在1%的显著性水平下拒绝原假设以外，其他变量均不显著（孙维伟和段白鸽，2017）。这说明变量*RCA*与*Density*、*Rpop*均存在单位根。但经过一阶差分的*RCA*与*Density*、*Rpop*也在1%的显著性水平下拒绝了原假设。也就是说，除了COI，所检验的因变量和自变量都是一阶单整序列［I（1）过程］。LLC具有一定的局限性，例如，它要求每个个体的自回归系数都相等，此设定过于严格，在真正的实践中可能无法满足此假设。就本书的研究主题而言，产品空间中的产品各异。产品的内在技术升级特征之间具有显著的异质性。为了弥补LLC检验方法的缺陷，本书又采用Im等（2003）提出的面板单位根检验方法，即IPS检验。检验结果显示，*Density*在5%的水平下拒绝原假设，*COI*在1%的水平下拒绝原假设。*RCA*和*Rpop*均未通过单位根检验，但它们的一阶差分序列均是平稳的。费雪式检验与IPS检验的基本逻辑相似，即对每个个体分别进行单位根检验，然后再将这些信息综合起来（黎映宸，2016）。费雪检验在计算P值时，有两种方法，一是根据ADF检验计算P值，二是根据PP检验获取P值。本书选用前者计算P值。费雪检验结果见表5-2最后一栏ADF-Fisherx^2。可知，*RCA*、*Density*与*Rpop*在1%的水平下通过单位根检验，COI序列是不平稳的，存在单位根，但是其一阶差分序列平稳。

表 5-2 面板数据单位根检验

变量	LLC	IPS	ADF-Fisherx^2
RCA	0.01	-0.37	15.89***
	(0.50)	(0.36)	(0.00)
ΔRCA	-41.21***	-47.38***	
	(0.00)	(0.00)	
$Density_{c,p,t-1}$	-0.41	-1.68**	16.17***
	(0.34)	(0.05)	(0.00)
$\Delta Density_{c,p,t-1}$	-58.61***		
	(0.00)		
$COI_{c,p,t-1}$	-5.01***	-6.44***	-0.29***
	(0.00)	(0.00)	(0.62)
$\Delta COI_{c,p,t-1}$			99.04***
			(0.00)
$Rpop_{c,p,t-1}$	8.01	13.79	8.19***
	(1.00)	(1.00)	(0.00)
$\Delta Rpop_{c,p,t-1}$	-39.45***	-35.91***	
	(0.00)	(0.00)	

注：***表示 p<0.01，**表示 p<0.05；括号内为 P 值。

上述检验结果表明，所有变量序列均不是完全平稳的，但是它们的一阶差分均是平稳的，因此这些变量可能拥有共同的随机趋势（Common Stochastic Trend）。如果对这些变量进行线性组合，那么就可以消去此随机趋势。上述单位根检验结果表明运用协整检验来验证"伪回归"问题的前提条件得到满足。

（二）协整检验

这里综合采用 Westerlund（2007）和 Persyn（2008）的面板协整之误差修正技术来检验变量的协整性。由表 5-3 给出的检验结果可知，Gt、Ga、Pt 和 Pa 均在 1%的显著性水平下拒绝原假设。其中，Gt 和 Ga 是针对截面进行检验，Gt 不考虑序列相关，Ga 考虑序列相关；Pt 和 Pa 是针对整个面板进行检验，Pt 不考虑序列相关，Pa 考虑序列相关。四种方法均用于检验是否存在协整关系。检验结果显示因变量和自变量之间存在协整关系，即 RCA 与 Density、COI、Rpop 之间存在长期稳定的均衡关系，不存在虚假回归问题，可以进行回归。

表 5-3　　因变量 RCA 与 Density 等变量之间的协整关系检验

统计参数	值	Z 值	P 值
Gt	-4.25	-18.69	0.00
Ga	-15.98	-3.90	0.00
Pt	-30.06	-8.12	0.00
Pa	-12.75	-4.50	0.00

（三）门槛效应检验

门槛效应检验包括两部分，依次为门槛存在自抽样检验和门槛真实性检验。第一，检验门槛效应的显著性。本书参照 Hansen（2000）、Munir 和 Li（2018）的做法，依次针对不存在门槛值、一个门槛值或多个门槛值的原假设进行检验，得到统计量 F_1、F_2 和 F_3，并采用"自抽举法"（Bootstrap）获得对应的 P_1、P_2 和 P_3 值以确定门槛个数。

检验结果如表 5-4 所示，式（5-6）只对不存在单一门槛、双重门槛的检验效果显著，相应的自抽样 P 值依次为 0.00、0.00，表明在 10% 的显著性水平下接受只存在两个门槛的原假设，两门槛值分别是 0.36、0.48。对应的低、中、高三门槛区间依次是 [0, 0.36)、[0.36, 0.48) 和 [0.48, +∞)。上述分析说明双重门槛模型为最优选择。

表 5-4　　　　　　　　　门槛存在的自抽样检验

	F 值	P 值	临界值			门槛值	置信区间
			1%	5%	10%		
单一门槛	14.12	0.00	5.46	3.81	2.86	0.36	[0.36, 0.37]
双重门槛	20.43	0.00	7.22	3.80	3.17	0.48	[0.48, 0.48]
三重门槛	2.13	0.13	7.06	4.04	2.55		

注：F 值和 P 值采用反复抽样 1000 次得到（Iyidogan and Turan, 2017）。

第二，检验门槛估计值的真实性。图5-2（a）和图5-2（b）分别为两个门槛参数及其置信区间的似然比函数图（Enders et al.，2006）。两个门槛估计值依次为0.36、0.48，分别对应图5-2（a）、图5-2（b）中虚线以下最底端的门槛参数。三门槛值对应的95%置信区间依次为图5-2（a）、图5-2（b）中虚线以下的区间（张鹏和于伟，2018）。由于三个门槛值均包含在置信区间内，因此可证门槛估计值等于真实值。

（a）第1个门槛估计值和置信区间

（b）第2个门槛估计值和置信区间

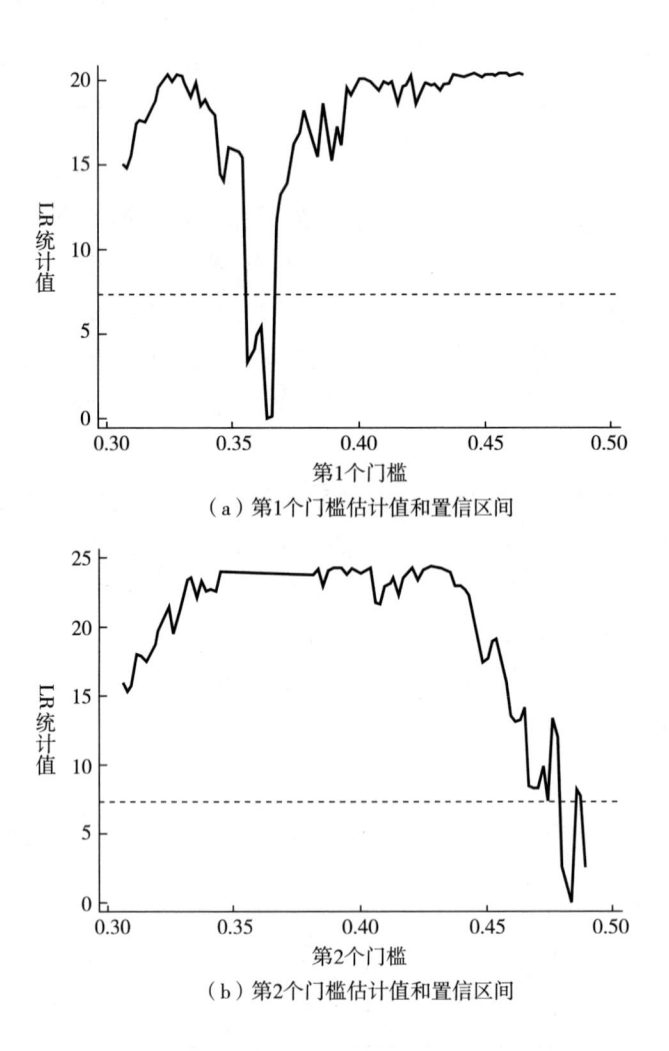

图5-2 门槛估计值和置信区间

(四) 结果分析

门槛效应检验结果说明，本书宜采用固定效应的面板门槛分析方法，回归结果见表5-5中的回归3。为了比较非线性模型（5-6）的优势，本书先构造两个线性模型，即FE和sys-GMM模型，两线性模型的回归结果见表5-5中的回归1和回归2，其产品密度（$Density_{c,p,t-1}$）的系数均显著为正。这说明，随着产品密度的提高，其对纺织产业升级的促进作用越来越强，这与Felipe等（2013）的结论相似，即产品密度与劳动密集型产业（包含纺织产业）显性比较优势能力之间存在显著的积极关系。

表5-5　　　　　　　　　　总体回归结果

变量	回归1 FE	回归2 sys-GMM	回归3 门槛回归模型
$Density_{c,p,t-1}\_1$	2.534*** (0.52)	1.31*** (0.55)	2.50*** (0.37)
$Density_{c,p,t-1}\_2$			1.97*** (0.27)
$Density_{c,p,t-1}\_3$			1.64** (0.27)
$RCA_{c,p,t-1}$	0.94*** (0.01)	0.91*** (0.03)	0.90*** (0.01)
$COI_{c,p,t-1}$	-0.32*** (0.06)	0.01 (0.06)	0.02 (0.02)
$Rpop_{c,p,t-1}$	-0.77*** (0.06)	-0.281*** (0.09)	-0.15*** (0.03)
Const	0.32 (0.23)	-0.10*** (0.26)	
Ar (1) .p值	5488	0.000	
Ar (2) .p值	0.882	0.065	
Sargan.p值		(1.000)	
观察值		5390	

注：***表示$p<0.01$，**表示$p<0.05$；括号内为稳健标准误。

相较于线性回归模型，在区分了不同水平下的产品密度之后的门槛回归结果相对更为丰富。从回归3可以看出，产品密度与纺织产业升级之间呈现出非单调的双门槛特征。虽然在三个不同层次的门槛区间内，产品密度的系数符号均为正，但是系数的大小逐渐递减，表明既有能力和要素禀赋积极促进纺织产业升级，但是对纺织产业升级的促进作用在逐渐减弱。这说明中国的纺织产业升级具有路径依赖性，依赖既有能力和要素禀赋，但是依赖的程度在逐渐降低，整体上呈现出逐渐偏离比较优势的趋势。

（1）当产品密度处于较低水平（$Density_{c,p,t-1}<0.36$）时，估计系数为2.50且在1%的水平下显著。这表明此时中国纺织产业高度依赖既有能力和要素禀赋，例如丝绸和棉纺原材料与廉价劳动力等。（2）当产品密度处于中等水平时（$0.36 \leqslant Density_{c,p,t-1}<0.48$）时，估计系数为1.97且在1%的水平下显著。此时，中国纺织产业积累的能力和要素禀赋高于第一门槛区间，但是纺织产业的发展升级对既有能力和要素禀赋的依赖程度却降低了（1.97<2.50）。（3）当产品密度处于高等水平（$Density_{c,p,t-1} \geqslant 0.48$）时，其估计系数为1.64且在5%的水平下显著。此时，中国纺织产业积累的既有能力和要素禀赋是最高的，但是对既有能力和要素禀赋的依赖程度最低。综上所述，整体上中国纺织产业的演化升级遵循逐渐偏离既有比较优势的非线性路线。

观察回归结果中的控制变量，比较有意义的发现是，纺织产业的人均产业优势（Rpop）在线性模型和非线性模型中的系数均显著为负，这可能是因为人口规模的不断扩大，在一定程度上阻碍了中国纺织产业的升级。中国在很长一段时间内实施计划生育政策就是很好的例证。

三　稳健性检验

综合既有文献的研究经验，本章在获得上述门槛回归结果的基础上，进一步对这一发现进行更多的稳健性检验。一是为了验证纺织产业对既有能力禀赋的依赖性随着产品密度的提高而逐渐降低这一结论的可靠性，本章以产品密度（Density）的中位数为基本划分标准将连续型变量转变为0—1二值变量进行分样本实证分析。二是通过验证

第五章　产品密度对中国纺织产业升级影响的实证分析 ∣ 135

中国的纺织产业发展路线是否与那些同样经历了低收入—中高收入国家的纺织产业升级路线相似，来验证中国的纺织产业升级路线是符合事物发展规律的。

为了验证纺织产业对既有能力禀赋的依赖性随着产品密度的提高而逐渐降低这一结论的可靠性，本章以产品密度（Density）的中位数为基本划分标准将连续型变量转变为 0—1 二值变量进行分样本实证分析。当 $Density_{c,p,t}$ 大于等于 0.418 时，$Dumdensity_{c,p,t}$ 取值为 1，否则取值为 0。构建基本的计量模型：

$$RCA_{c,p,t} = \beta_1 Dumdensity_{c,p,t-1} + \alpha \sum CV_{c,p,t-1} + \mu_p + \varepsilon \quad (5-7)$$

考虑到纺织产业产品密度（Density）对其产业升级的影响可能存在遗漏变量内生性，从而导致不一致的估计，本章采用动态面板数据两步系统 GMM 对模型进行估计。理由为：要全面找到这些遗漏因素的代理变量或内生变量的工具变量十分困难，解决这个问题的思路是将被解释变量滞后 1 期后加入解释变量，因为如果这些遗漏因素在短期内不会改变，那么其进入滞后 1 期的被解释变量后，可以避免遗漏内生性的问题。此外，其他控制变量也可能存在类似的内生性问题，但在本书模型中不做考虑，将它们均视为外生变量。基于此，将模型（5-7）改写为动态的面板数据模型：

$$RCA_{c,p,t} = \beta_0 RCA_{c,p,t-1} + \beta_1 Dumdensity_{c,p,t-1} + \alpha \sum CV_{c,p,t-1} + \mu_p + \varepsilon \quad (5-8)$$

适合于动态面板数据的两步系统 GMM 方法的优点是：（1）对于存在非时变的遗漏变量问题，由于取差分后予以消除，该估计将不再有偏。（2）在估计模型的右边存在内生变量时，使用工具变量会使相关系数的估计保持一致。（3）存在测量误差的情况下，使用工具变量也会得到一致性的估计结果。因此，该方法能够有效地解决测量误差、非时变的遗漏变量和解释变量的内生性问题（Bond et al., 2001）。

回归结果见表 5-6，可以明显看出，回归 4 和回归 5 中 $Dumdensity_{c,p,t}$ 的系数均显著为正，且回归 5 中 $Dumdensity_{c,p,t}$ 的系数小于回归 4

中 $Dumdensity_{c,p,t}$ 的系数,该结论再次证实中国纺织产业的发展渐进偏离既有比较优势。

表5-6 产品密度对纺织产业升级发展影响效应的稳健性检验

变量	回归4 $Dumdensity_{c,p,t}=0$	回归5 $Dumdensity_{c,p,t}=1$
$Density_{c,p,t-1}-3$	0.97***	0.93***
	(0.00)	(0.02)
$RCA_{c,p,t-1}$	3.12***	2.41***
	(0.04)	(0.54)
$COI_{c,p,t-1}$	-0.04***	0.16***
	(0.00)	(0.05)
$Rpop_{c,p,t-1}$	-2.97***	-0.07
	(0.00)	(0.06)
Const	-0.15***	-1.04***
	(0.02)	(0.25)
Ar(1).p值	0.04	0.01
Ar(2).p值	0.48	0.19
Sargan.p值	1.00	1.00
观察值	265	2743

注：***表示 $p<0.01$；括号内为稳健标准误。

第三节 产品密度影响纺织产业升级的机理检验

前文主要从总体上探究产品密度对纺织产业升级的影响,研究结果表明纺织产业的发展路线逐渐偏离比较优势。从产品发展形态（见表5-7）视角进行揭示能够从根本上开启这一黑匣子,即纺织产业渐进偏离比较优势的内在机制。产品发展形态有四种：当纺织产品的

RCA 逻辑值在上期为 0，当期为 1 时，形态为产品升级；当纺织产品的 RCA 逻辑值在上期为 1，当期为 0 时，形态为产品失势；当纺织产品的 RCA 逻辑值在上期为 0，当期为 0 时，形态为产品未升级；当纺织产品的 RCA 逻辑值在上期为 1，当期为 1 时，形态为产品持续保持竞争优势。

表 5-7　中国纺织产品 p 在产品空间中的四种发展形态

发展形态	$t-1$ 时期	t 时期	含义
形态 1	$x_{c,p,t-1}=0$	$x_{c,p,t}=0$	未升级
形态 2	$x_{c,p,t-1}=0$	$x_{c,p,t}=1$	产品升级
形态 3	$x_{c,p,t-1}=1$	$x_{c,p,t}=0$	产品失势
形态 4	$x_{c,p,t-1}=1$	$x_{c,p,t}=1$	优势保持

由于中国纺织产业升级的过程也是资源重新配置的过程，所以一方面要做好潜在产品的开发，另一方面要做好"没落"产品的淘汰，及时化解过剩产能（马海燕和于孟雨，2018）。具有动态变化的形态 2 和形态 3 将成为本书的研究焦点，即分析产品密度对纺织产业升级的影响是其"化解过剩产能"和"开发潜在产品"的组合净效应。如果形态 2 发生，则说明产品密度发挥了"开发潜在产品"的功能。如果形态 3 发生，则表示产品密度发挥了"化解过剩产能"的功能。为实证检验组合净效应对纺织产业升级的影响，本书参考 Hausmann 和 Klinger（2006）、邓向红和曹荣（2016）的做法，构建产品形态变动模型以探索产品密度与产品升级状态之间的关系。

$$x_{c,p,t} = \alpha_0 x_{c,p,t-1} + \beta_1(x_{c,p,t-1}) Density_{c,p,t-1} + \\ \beta_2(1-x_{c,p,t-1}) Density_{c,p,t-1} + \alpha_1 \sum CV_{c,p,t-1} + \mu_p + \varepsilon \tag{5-9}$$

式中，c 表示国家，就本书的研究主题而言，c 代指中国；$x_{c,p,t}$ 表示 c 国在 t 年的显性比较优势的逻辑值，$x_{c,p,t-1}$ 是 $x_{c,p,t}$ 的滞后 1 期，二者的对比用来刻画产品形态的发展变化，p 是个体固定效应；$Densi$-

$ty_{c,p,t-1}$ 表示中国纺织产品 p 在 $t-1$ 时期的密度指数；$\sum CV_{c,p,t-1}$ 表示各种控制变量，包括 Oppval、Rpop、Year 年份固定效应变量；ε 表示模型的扰动项。

如果说基础模型主要是从总体上关注产品密度对纺织产业升级的影响，那么产品形态变动模型则是对总体的细化：当产品 p 在 $t-1$ 时期具有优势时，$x_{c,p,t-1}=1$；当产品 p 在 t 时期不具有优势时，$x_{c,p,t}=0$，这一形态被称为产品失势或市场退出。β_2 与 $1-x_{c,p,t-1}$ 的乘积为零，旨在考察表5-7中的形态3，β_1 表示 Density 在产品失势或市场退出中的作用。如果 $\beta_1>0$，则说明中国纺织产业中产品所包含的既有能力和要素禀赋推进了产品失势与市场退出；如果 $\beta_1<0$，则说明其抑制了产品失势与市场退出。β_1 体现了中国纺织产业既有的能力和要素禀赋对其升级的支撑作用。

当产品 p 在 $t-1$ 时期不具有优势时，$x_{c,p,t-1}=0$；当产品 p 在 t 时期具有优势时，$x_{c,p,t}=1$，这一形态被称为产品升级成功。β_1 与 $x_{c,p,t-1}$ 的乘积为零，旨在考察表5-7中的状态2，β_2 表示 Density 在产品升级中的作用。一方面，如果 $\beta_2>0$，说明中国纺织产品既有的能力与要素禀赋在产品的升级发展过程中起推动作用，意味着中国纺织产业的升级具有路径依赖，且系数越大，路径依赖程度越高。就纺织产品空间演化而言，纺织产品是通过小幅度的跳跃得以发展的。另一方面，如果 $\beta_2<0$，表明纺织产品既有的能力与要素禀赋并没有在其升级过程中发挥显著作用，意味着中国纺织产业的升级摆脱了路径依赖，且系数越大，越不依赖于既有路径。就纺织产品空间演化而言，纺织产品是通过大幅度的跳跃实现升级的。β_2 体现了中国纺织产业既有的能力和要素禀赋对其升级的引领作用。

对模型（5-9）进行稳健 Probit 回归分析，得到的回归结果见表5-8。其中，回归1是在不考虑其他控制变量的条件下，单纯考虑产品密度对产品发展形态的影响；回归2则加入了相关控制变量，考察的是在控制一系列产业特征和年份特征的情况下核心变量的估计系数差异。从回归2中可以看出：第一，$x_{c,p,t-1}$ 的系数为3.70，在1%的检验水平下显著，说明上期的产品形态对当期的产品形态有显著影响,产品形态具有持续性。举例来讲,如果中国的纺织产品 p 在上期不具有显性比较优势,那么当期它升级成功的概率很低。如果产品 p 在上期具有显性比较优势,那么当期它维持其优势的形态的概率就很高。就产品发展的四种形态而言,上述两种情况对应表5-7中的形态1和形态4。虽然说纺织产品形态具有持续性,但并不是说形态2和形态3就不会发生。只是相对形态1和形态4而言,形态2和形态3的情况没那么普遍而已,但恰恰是发生概率较低的形态2和形态3推动了纺织产品空间结构的优化升级。综上所述,形态1和形态4约束着纺织产业升级的速度,形态2和形态3推动着纺织产业升级的步伐。四种形态始终存在于中国纺织产品空间演化的过程,共同促成了中国纺织产业渐进偏离比较优势升级轨迹的形成。

表5-8　　　　　　　　　　发展形态模型回归结果

变量	回归1	回归2
	Probit	Probit
$x_{c,p,t-1}$	2.44***	3.70***
	(0.3234)	(0.41)
$x_{c,p,t-1}Density_{c,p,t-1}$	4.2834***	1.57*
	(0.63)	(0.94)
$(1-x_{c,p,t-1})Density_{c,p,t-1}$	2.87***	6.58***
	(0.55)	(0.7248)
$COI_{c,p,t-1}$		13.77***
		(1.7228)
$Rpop_{c,p,t-1}$		6.5028***
		(0.67)
Const	-2.38***	-18.06***
	(0.19)	(1.85)
Year	控制	控制
观察值	5488	5488

注:***表示 p<0.01,*表示 p<0.10;括号内为稳健标准误。

针对核心解释变量,在总体回归中产品密度（$Density_{c,p,t-1}$）的回归系数显著为正,与马海燕（2018）的实证结果保持一致,表明中国纺织产品既有的能力和要素禀赋对产业发展发挥积极的促进作用。该结果的内在机理在发展形态模型中得以诠释。从回归2中可以看出：第一,$x_{c,p,t-1}Density_{c,p,t-1}$系数$\beta_1$显著为正,说明产品密度促使一些纺织产品退出市场。可能的原因是纺织产品空间越密集,跨越的能力距离越大,产品升级成功的概率越大,企业家发现新的纺织产品的成本就越低,就越有意愿淘汰不具有市场竞争力的纺织产品。上述解释意味着纺织产品既有的能力和要素禀赋对中国纺织产业升级具有显著的支撑作用。第二,$(1-x_{c,p,t-1})Density_{c,p,t-1}$的系数$\beta_2$也显著为正,表明产品密度推动了部分纺织产品升级。可能的解释是企业家将之前用于落后产品的能力和要素禀赋转向更具市场竞争力的潜在纺织产品的开发上,引领了纺织产品的升级发展。上述解释意味着纺织产品既有的能力和要素禀赋对中国纺织产业升级具有显著的引领作用。第三,$\beta_2>\beta_1$,表明产品密度对中国纺织产品升级的引领力量大于对产品失势的支撑作用。

综上所述,第一,纺织产品密度通过推动产品失势或推进潜在优势纺织产品升级来促进纺织产业升级。换言之,纺织产业升级是产品结构优化和产品价值升级的组合净效应。第二,中国纺织产品密度对产品升级的引领力量大于对产品失势的支撑力量。

下文按照国民收入水平增幅将不同国家归类,通过比较中国与相同类型以及不同类型国家的纺织产业发展轨迹的异同,找出中国纺织产业发展存在的差距,从而为中国纺织产业结构调整和产业升级提供有价值的借鉴方向。

第四节 国别异质性

依据世界银行WDI对高、中、低收入国家的定义,以2018年国民收入水平为基准,将1962年以来历年人均收入低于1025美元的国家认定为当年的低收入国家，人均收入在 1025—3995 美元的国家认定为当年的中低等收入国家，人均收入在 3996—12375 美元的国家认定为当年的中高等收入国家，将高于 12375 美元的国家认定为当年的高等收入国家。按照这一划分标准，本书选取具有代表性的 141 个国家，按照 1962—2018 年各年人均收入水平变化，将其分为五组，分别是低收入—低收入、低收入—中低收入、低收入—中高收入、中低收入—高收入、低收入—高收入、中高收入—高收入。具体情况详见表 5-9。

表 5-9　　　　　　　GNI 水平下的国别分组

类型	国家代码	国家名称
低收入—低收入	UGA、YEM、SYR、MDG、GIN、MOZ、MLI、ETH、MWI、TZA、TJK、SSD、ERI、RWA	卢旺达、马达加斯加、埃塞俄比亚、也门、几内亚、南苏丹、乌干达、阿拉伯叙利亚共和国、马拉维、塔吉克斯坦、莫桑比克、厄立特里亚、坦桑尼亚、马里
低收入—中低收入	SLV、MAR、PNG、MRT、PAK、CMR、PHL、VNMIDN、IND、LAO、BOL、KHM、GHA、KEN、CIV、AGO、MNG、NIC、EGY、NGA、ZMB、ZWE、BGD、UKR、UZB、KGZ、MDA、KIR、SLB、FSM、LSO、SWZ、PSE、BTN	喀麦隆、柬埔寨、巴布亚新几内亚、巴勒斯坦、密克罗尼西亚、尼日利亚、乌克兰、尼加拉瓜、所罗门群岛、莱索托、加纳、印度尼西亚、基里巴斯、玻利维亚、吉尔吉斯斯坦、安哥拉、埃及、摩洛哥、津巴布韦、乌兹别克斯坦、越南、科特迪瓦、萨尔瓦多、肯尼亚、菲律宾、斯威士兰、摩尔多瓦、蒙古国、老挝、毛里塔尼亚、巴基斯坦、不丹、赞比亚、印度、孟加拉国
低收入—中高收入	IRN、BRA、TUR、JOR、DZA、GTM、PRY、MEX、LBY、ROU、THA、LKA、ALB、CHN、ECU、LBN、ARG、COL、JAM、MUS、PER、BGR、MYS、BIH、RUS、TKM、BLR、GEO、KAZ、AZE、MKD、BWA、NAM、SRB、LCA、ARM、MNE、NRU、MHL、TUV、GRD、TON、ASM	格林纳达、秘鲁、美属萨摩亚、土耳其、罗马尼亚、阿尔巴尼亚、土库曼斯坦、斯里兰卡、中国、黑山共和国、泰国、波斯尼亚和黑塞哥维那、马来西亚、马绍尔群岛、圣卢西亚、毛里求斯、保加利亚、黎巴嫩、阿根廷、约旦、墨西哥、图瓦卢、白俄罗斯、伊朗、危地马拉、利比亚、阿及利亚、厄瓜多尔、阿塞拜疆、哈萨克斯坦、瑙鲁、哥伦比亚、牙买加、汤加、塞尔维亚、马其顿、纳米比亚、俄罗斯联邦、博茨瓦纳、格鲁吉亚、巴拉圭、巴西、亚美尼亚

续表

类型	国家代码	国家名称
中低收入—高收入	FIN、PAN、ISR、ESP、URY、USA、GBR、DNK、CAN、ITA、AUT、FRA	以色列、加拿大、巴拿马、英国、乌拉圭、芬兰、法国、奥地利、美国、意大利、西班牙、丹麦、挪威
低收入—高收入	DEU、QAT、SAU、ARE、NZL、HUN、KWT、JPN、IRL、GRC、PRT、OMN、TTO、KOR、POL、EST、HRV、SVN、LTU、LVA、CZE、SVK、SMR、CUW、KNA、PLW、GUM、SYC、CYM、MNP	阿拉伯联合酋长国、韩国、塞舌尔、立陶宛、特立尼达和多巴哥、沙特阿拉伯、斯洛文尼亚、新西兰、开曼群岛、基茨和尼维斯、波兰、爱沙尼亚、捷克共和国、阿曼、帕劳、日本、匈牙利、库拉索、阿鲁巴岛、爱尔兰、卡塔尔、德国、科威特、北马里亚纳群岛、希腊、葡萄牙、关岛、克罗地亚、拉脱维亚、圣马力诺、斯洛伐克
中高收入—高收入	NOR、BEL、CHL、CHE、SWE、AUS、SGP	挪威、比利时、智利、瑞典、瑞士、澳大利亚、新加坡

资料来源：世界银行数据库。

分别对每组进行双重效应 OLS 回归，结果见表 5-10。其中，回归 6 为中国纺织产业发展轨迹；回归 7 为"低收入—低收入"类型国家的纺织产业发展特征；回归 8 为"低收入—中低收入"类型国家的纺织产业发展特征；回归 9 为"低收入—中高收入"类型国家的纺织产业发展特征；回归 10 为"中低收入—高收入"类型国家的纺织产业发展特征；回归 11 为"低收入—高收入"类型国家的纺织产业发展特征；回归 12 为"中高收入—高收入"类型国家的纺织产业发展特征。本书重点研究"低收入—中高收入"类型的国家，以检验中国的纺织产业发展与同样是从低收入到中高收入的国家的纺织产业的发展路线有多大程度上的差异。在回归 6 中，中国纺织产业产品密度（$Density_{c,p,t-1}$）的系数为 0.86，显著为正。在回归 9 中，同类型国家纺织产业产品密度（$Density_{c,p,t-1}$）的系数在 1% 的检验水平下显著，系数为 1.01。由此可知，中国与同类型国家纺织产业的发展轨迹类似，均遵循既有比较优势。但是，通过比较回归 6 和回归 9 中的系数（0.86<1.01），发现中国纺织产业偏离既有比较优势的程度大于同类型国家。

表 5-10　　　　　　　　　分国别回归的估计结果

变量	回归6 中国	回归7 低收入— 低收入	回归8 低收入— 中低收入	回归9 低收入— 中高收入	回归10 中低收入— 高收入	回归11 低收入— 高收入	回归12 中高收入— 高收入
$RCA_{c,p,t-1}$	0.96*** (0.00)	0.72*** (0.00)	0.93*** (0.00)	0.89*** (0.00)	0.86*** (0.00)	0.96*** (0.00)	0.99*** (0.00)
$Density_{c,p,t-1}$	0.86** (0.40)	32.33*** (3.79)	1.51*** (0.38)	1.01*** (0.16)	0.22*** (0.07)	0.05* (0.03)	-0.05** (0.03)
$Gdpzzl$	-0.07** (0.03)	-0.02 (0.04)	0.01 (0.01)	-0.00 (0.00)	-0.00 (0.00)	0.00* (0.00)	0.00* (0.00)
$Const$	0.07 (0.21)	-1.35*** (0.40)	0.04 (0.06)	0.05 (0.03)	0.10*** (0.03)	0.02** (0.01)	0.01 (0.01)
观察值	5488	41986	128590	135036	72176	83562	32403
R^2	0.94	0.44	0.88	0.79	0.74	0.92	0.97

注：***表示 $p<0.01$，**表示 $p<0.05$，*表示 $p<0.1$；括号内为稳健标准误。

回归7中自变量 $Density_{c,p,t-1}$ 的系数为32.33，统计上显著。这说明国家的国民收入水平越低，纺织产业的发展路径依赖性越强。回归8中 $Density_{c,p,t-1}$ 的系数通过了1%水平下的显著性检验，值为1.51，比回归7中的系数值小很多。回归10中 $Density_{c,p,t-1}$ 的系数显著为正，值为0.22，比回归9中的系数值小。回归11中 $Density_{c,p,t-1}$ 的系数显著为正，值为0.05，比前面四组回归的系数值都小。通过以上描述可以发现回归7至回归11中，$Density_{c,p,t-1}$ 系数估计值逐渐降低，说明国民收入水平增幅越大的国家，其纺织产业发展对既有能力和要素禀赋的依赖性越弱。回归12中 $Density_{c,p,t-1}$ 的系数显著为负，与前五组形成鲜明的对比，其纺织产业发展偏离既有比较优势。由于这种类型的国家起点高、综合实力强、资本密集型产业发达，纺织产业的发展容易摆脱对既有能力和要素禀赋的锁定，借力来自跨产业的先进技术，通过破坏式创新实现跨越式升级。

综上所述，可得以下结论：第一，与同类型国家相比，中国的纺织产业偏离比较优势的程度更大。第二，与国民收入水平增幅大的国家相比，中国的纺织产业还存在很大的差距。这主要表现在中国纺织产业的创新步伐更小，是通过增加"跳跃"的频次逐步实现升级的，而国民收入水平增幅大的国家是以一种"路径突破"的方式，通过增加"跳跃"的台阶实现升级的。

第五节 产业政策的影响效应检验

为验证产业政策对产品密度与中国纺织产业升级之间关系的影响效应，考虑到产业政策具有典型的时间阶段性，本节以纺织产业历次五年规划为基本标准进行了分时期回归检验。以每个五年计划为基本划分标准将样本期间划分为10个时期（见表5-11）。

表 5-11　　　　　　　　　　时期划分

序号	时期（年）	序号	时期（年）
1	1962—1970	6	1991—1995
2	1971—1975	7	1996—2000
3	1976—1980	8	2001—2005
4	1981—1985	9	2006—2010
5	1986—1990	10	2011—2018

表5-12列示了产业政策影响产品密度与纺织产业升级之间关系的总体回归结果。其中，回归1至回归10分别是对"三五"时期至"十二五"时期产品密度与纺织产业之间关系的总体回归结果。可以发现，自变量 $Density_{c,p,t-1}$ 的系数均显著为正，进一步印证累积的生产能力和要素禀赋对纺织产业升级具有积极作用，但这种作用受纺织产业政策的影响。尤其是从"五五"时期以后，中国纺织产业不再表现出明显的路径依赖性，借助改革开放的东风，通过选择性地直接引进先进技术、高级智力劳动力的方式，重点培养高端装备、高性能纤维、智能纺织品服装行业，逐渐偏离既有比较优势，跃迁式升级越来越明显。据资料记载，在这一时期中国纺织机械每年进口总值达四五十亿美元（陈义方，2015）。这与邓向荣和曹红的结论一致。

第五章　产品密度对中国纺织产业升级影响的实证分析

表5-12　产业政策影响产品密度与纺织产业升级之间关系的总体回归结果

变量	回归1	回归2	回归3	回归4	回归5	回归6	回归7	回归8	回归9	回归10
$RCA_{c,p,t-1}$	0.248***	0.119*	1.244***	1.03***	0.60***	0.14***	0.86***	0.80***	0.80***	0.93***
	(0.04)	(0.07)	(0.09)	(0.09)	(0.04)	(0.04)	(0.06)	(0.06)	(0.06)	(0.02)
$Density_{c,p,t-1}$	13.11***	11.61***	6.01**	4.29***	3.27***	5.15***	1.07***	0.71**	2.06***	0.64*
	(0.89)	(0.99)	(2.36)	(1.63)	(0.85)	(1.03)	(0.40)	(0.31)	(0.76)	(0.35)
$COI_{c,p,t-1}$	−0.84***	0.31	4.72	−1.56	12.65*	−0.26*	0.80	0.18	0.02	0.01
	(0.32)	(0.70)	(3.47)	(1.49)	(7.12)	(0.15)	(0.63)	(0.81)	(0.04)	(0.03)
$Rpop_{c,p,t-1}$	−2.22*	0.36	−11.15***	−2.54	2.40***	1.59***	0.18	0.26*	−0.03	0.02
	(1.31)	(2.29)	(2.97)	(1.61)	(0.46)	(0.21)	(0.25)	(0.14)	(0.15)	(0.04)
Year	控制	控制	控制	控制	控制	控制	控制	控制	控制	控制
Cons	−1.49***	−2.71*	−11.51	2.24	−28.79*	1.54***	−2.00	−0.51	−0.44	−0.25
	(0.52)	(1.54)	(7.37)	(3.10)	(15.68)	(0.47)	(1.33)	(1.60)	(0.33)	(0.15)
观察值	882	490	490	490	490	490	490	490	490	686
R^2	0.63	0.60	0.92	0.94	0.95	0.96	0.98	0.97	0.96	0.94

注：*** 表示 $p<0.01$，** 表示 $p<0.05$，* 表示 $p<0.10$；括号内为标准误。

但值得注意的是，回归6中该系数有所上升，这可能是因为国民经济和社会发展第八个五年规划纲要（1991—1995年）制定了发展重工业的倾斜政策，使轻工业尤其是纺织业所需的劳动力、固定资产投资、原材料等生产要素的投入大大减少。好在1993年调整了"八五"规划，例如，强调发展国际贸易、扩大利用外资，通过吸引外资扩大市场，同时通过外商直接投资引进技术，使一度受挫的纺织产业发展状况有所改善，但整体来说纺织产业的升级幅度在这一时期有所放缓。另外，回归9中自变量 $Density_{c,p,t-1}$ 的系数也有所上升，可能的原因是"十一五"时期（2006—2010年）中国进入经济增长转变期、结构调整期，产业升级幅度放缓。

关于控制变量，有趣的发现是人均产业优势（$Rpop_{c,p,t-1}$）在1971—1980年阻碍了中国纺织产业的升级，可能的原因是受到了前期人口膨胀的滞后效应。中国在1971—1980年严格落实计划生育政策就是力证。

综上所述，得出以下结论：第一，中国纺织产业的发展受比较优势和纺织产业政策的双重影响。其中，比较优势规律，即中国纺织产业依赖累积的既有能力和要素禀赋优势实现小幅度跳跃式升级，而纺织产业政策通过适当引导资源从附加值低的产品重新配置到附加值高的产品中去，追求纺织产业的大幅度跨越式升级。第二，依据产品空间理论，中国纺织产业的发展是一个自我发现、自我创新的过程，具有路径依赖性。但是，事实是中国纺织产业越来越偏离比较优势，这说明纺织产业政策逐渐偏离了比较优势规律。

前面的研究表明纺织产业政策对中国纺织产业的发展影响较大。此外，使用产品发展形态模型进行机理检验。当产品 p 在 $t-1$ 时期具有显性比较优势时，$x_{c,p,t-1}=1$；当产品 p 在 t 时期不具有优势时，$x_{c,p,t}=0$，这一形态被称为产品失势或市场退出。β_2 与 $1-x_{c,p,t-1}$ 的乘积为零，旨在考察表5-7中的状态3，β_1 表示 $Density_{c,p,t-1}$ 在产品失势或市场退出中的作用。如果 $\beta_1>0$，则说明中国纺织产业中产品所包含的既有能力和要素禀赋推动了产品失势与市场退出；如果 $\beta_1<0$，则说明其支撑了产品维持既有比较优势。β_1 体现了中国纺织产业既有的能力

和要素禀赋对其升级的支撑作用。

当产品 p 在 $t-1$ 时期不具有优势时，$x_{c,p,t-1}=0$；当产品 p 在 t 时期具有优势时，$x_{c,p,t}=1$，这一形态被称为产品升级成功。β_1 与 $x_{c,p,t-1}$ 的乘积为零，旨在考察表 5-7 中的状态 2，β_2 表示 $Density_{c,p,t-1}$ 在产品升级中的作用。一方面，如果 $\beta_2>0$，说明中国纺织产品既有的能力与要素禀赋在产品升级过程中起到了推进作用，意味着中国纺织产业的升级具有路径依赖性，且系数越大，路径依赖程度越高，表现为小幅度的跳跃式发展。另一方面，如果 $\beta_2<0$，表明中国纺织产业的升级摆脱了路径依赖，且系数越大，越不依赖于既有比较优势，表现为大幅度的跨越式升级。β_2 体现了中国纺织产业既有的能力和要素禀赋对其升级的引领作用。

同样，使用 Probit 模型进行机理检验，得到回归结果如表 5-13 所示。其中，回归 11 至回归 20 分别是对"三五"时期至"十二五"时期产品密度与纺织产业之间关系的检验结果。可以看出，第一，自变量 $1-x_{c,p,t-1}$ 的系数 β_2 在各时期都显著大于零，说明上一期的产品形态对当期的产品形态有显著影响，产品形态具有稳定性。第二，针对核心解释变量，$(x_{c,p,t-1})Density_{c,p,t-1}$ 的系数 β_1 和 $(1-x_{c,p,t-1})Density_{c,p,t-1}$ 的系数 β_2 两者中总有一方显著为正，说明中国纺织产业通过依赖既有的能力和要素禀赋实现升级发展，意味着在每个五年规划时期，中国纺织产业在产业政策的引导下整体上遵循比较优势发展。但是，β_1 和 β_2 的系数递减，说明中国纺织产业在产业政策的影响下逐渐偏离比较优势。

综上所述：第一，纺织产业政策通过促进既有能力禀赋对纺织产品失势的支撑作用和产品升级的引领作用来推进纺织产业升级。第二，纺织产业政策通过将资源从附加值低的产品重新配置到附加值高的产品中去，以求实现纺织产业的大幅度跨越式升级。

表 5-13　产业政策影响产品密度与纺织产业升级之间关系的机理检验

变量	回归 11	回归 12	回归 13	回归 14	回归 15	回归 16	回归 17	回归 18	回归 19	回归 20
$x_{c,p,t-1}$	0.35***	0.35***	1.02***	1.20***	0.78***	0.94***	1.09***	1.16***	0.31***	0.28***
	(0.08)	(0.09)	(0.16)	(0.15)	(0.16)	(0.12)	(0.19)	(0.14)	(0.11)	(0.04)
$Density_{c,p,t-1}$	1.51***	1.14***	0.15	0.36**	0.73***	0.22	0.51	0.05	0.73**	0.72***
	(0.23)	(0.19)	(0.31)	(0.17)	(0.26)	(0.24)	(0.43)	(0.23)	(0.36)	(0.20)
$Density_{c,p,t-1}$	0.05	−0.28	1.14***	1.68***	0.76*	0.55**	1.21**	0.85***	−0.49	−0.58***
	(0.20)	(0.30)	(0.37)	(0.49)	(0.40)	(0.26)	(0.56)	(0.30)	(0.43)	(0.22)
$COI_{c,p,t-1}$	−0.18***	0.00	0.07	−0.12	−0.43***	−0.27*	−0.45	−0.02	−0.02	0.06
	(0.07)	(0.06)	(0.05)	(0.09)	(0.19)	(0.16)	(1.06)	(0.04)	(0.02)	(0.04)
$Rpop_{c,p,t-1}$	0.01	0.01	0.07***	0.02**	0.02	0.05***	0.01	0.02	0.03*	0.02*
	(0.02)	(0.02)	(0.02)	(0.01)	(0.01)	(0.02)	(0.02)	(0.01)	(0.02)	(0.01)
$Const$	0.33***	0.14	−0.35**	−0.07	1.02**	0.53	0.74	−0.18	0.28*	0.26**
	(0.09)	(0.14)	(0.15)	(0.25)	(0.52)	(0.35)	(2.45)	(0.13)	(0.16)	(0.10)
观察值	784	490	490	490	490	490	490	490	490	686
R^2	0.83	0.83	0.63	0.81	0.79	0.83	0.89	0.89	0.80	0.85

注：*** 表示 $p<0.01$，** 表示 $p<0.05$，* 表示 $p<0.10$；括号内为标准误。

第六节 本章小结

首先，产品空间理论将产品视为能力的组合，就本书的研究主题而言，产品密度是中国纺织产业累积的能力禀赋的大小，这为从纺织产品空间网络的结构性质探讨纺织产业升级提供了有力工具。中国纺织产业在全球产品空间中的演化依赖于纺织产品密度表征的既有能力禀赋。本章利用 1962—2018 年国际商品贸易 SITC（rev2）中四位码数字的产品出口和 98 种中国纺织产品的出口值可视化中国纺织产业在全球产品空间网络中的动态演化，发现在呈现"核心—边缘"结构的全球产品空间中，中国纺织产品空间网络经历了从全球产品空间的边缘向核心缓慢移动的过程。中国纺织产品空间具有"核心—边缘"结构。核心区域稠密地分布着技术复杂度高的纺织产品，边缘区域稀疏地分布着技术复杂度较低的纺织产品。

其次，纺织产品密度对产业升级影响的实证分析结果表明：纺织产品密度越高，产业实现升级的概率就越大，但是纺织产业升级对产品密度的依赖程度在逐步降低。作用机理为纺织产业升级是产品失势和产品升级的组合净效应。产品密度对中国纺织产品升级的引领力量大于对纺织产品失势的支撑作用，从而有利于促进纺织产业升级。

再次，国别异质性拓展分析表明，与同类型国家（低收入—中高等收入水平）相比，中国纺织产业更加偏离比较优势，但是与发达国家相比，还存在很大差距，说明中国纺织产业政策模仿发达国家，追求赶超式发展战略。

最后，就纺织产业政策的影响效应而言，第一，中国纺织产业的发展受比较优势规律和纺织产业政策的双重影响。其中，比较优势规律，即中国纺织产业依赖累积的既有能力和要素禀赋优势实现小幅度跳跃式升级，而纺织产业政策通过适当引导资源从附加值低的产品重新配置到附加值高的产品中去，追求纺织产业的大幅度跨越式升级。第二，依据产品空间理论，中国纺织产业的发展是一个自我发现、自我创新的过程，具有路径依赖性。但是，事实是中国纺织产业越来越偏离比较优势，这说明纺织产业政策模仿发达国家，实施了赶超式发展战略。第三，中国纺织产业政策也在"八五"时期放松了对纺织产业的引导，且自"十一五"时期开始进入调整纺织产业内部结构的实质发展阶段，意味着纺织产业政策向比较优势规律靠拢。作用机理为纺织产业政策通过促进既有能力禀赋对纺织产品失势的支撑作用和产品升级的引领作用来推进纺织产业升级。通过将资源从附加值低的产品重新配置到附加值高的产品中，以求实现纺织产业的大幅度跨越式升级。

第六章 产品复杂度对中国纺织产业升级影响的实证分析

产品空间理论框架下,影响中国纺织产品空间演化方向的第二大因素是产品复杂度(PCI)。产品复杂度影响着中国纺织产业升级的高度,可以解释纺织产业位居全球价值链低端锁定的发生机制。

第一节 研究设计

一 模型设定

本章采用非线性的门槛模型研究产品复杂度对纺织产业升级的影响以及产品密度的调节机制。在研究产品复杂度对纺织产业升级的影响时,构建的门槛模型中的门槛变量为产品复杂度;在研究产品密度对产品复杂度与纺织产业升级之间关系的影响机理时,构建的门槛模型中的门槛变量为产品密度。这里仅详细介绍以产品复杂度作为门槛变量的门槛模型的构建过程。由于以产品密度作为门槛变量的门槛模型的构建过程与之类似,不再赘述。

产品复杂度对纺织产业升级支持水平的不同将引致异质性的升级速度。若运用基于线性假设前提的传统模型来研究产品复杂度与纺织产业升级之间的关系,将会忽略由于产品复杂度变化所导致的非线性关系,因此需要采用非线性的面板门槛方法(Ding et al., 2019),来识别不同水平下产品复杂度与纺织产业升级之间的关系。门槛模型的主要优势在于,只需将门槛变量(产品复杂度)作为未知变量纳入回归模型,而无须设定非线性方程的形式。通过建立分段函数,由样本内生决定门槛值及数量，从而避免了人为划分产品复杂度水平的主观性。通过对门槛效应的存在性进行检验和估计确定具体的门槛值，继而对样本进行内生分组以考察不同水平下的产品复杂度对中国纺织产业升级的不同影响（戴魁早和刘友金，2015）。

遵循由单一门槛扩展到多门槛的原则对门槛模型展开描述。单一门槛的基本思想是在模型内的某一区域内存在一个门槛的情况下，对于 $PCI_{c,p,t} \leq \gamma$ 与 $PCI_{c,p,t} > \gamma$ 两种情况而言，产品复杂度对纺织产业升级的影响存在明显的差异。单一门槛模型如式（6-1）所示：

$$RCA_{c,p,t} = \beta_1 PCI_{c,p,t} I(PCI_{c,p,t} \leq \gamma) + \beta_2 PCI_{c,p,t} I(PCI_{c,p,t} > \gamma) + \alpha \sum CV_{c,p,t} + \mu_p + \varepsilon_{c,p,t} \quad (6-1)$$

式中，$PCI_{c,p,t}$ 是门槛变量（在本书中同时为核心解释变量）；γ 是门槛值；β_1 是门槛变量（$PCI_{c,p,t}$）在 $PCI_{c,p,t} \leq \gamma$ 区间时自变量（$PCI_{c,p,t}$）的系数；β_2 是门槛变量（$PCI_{c,p,t}$）在 $PCI_{c,p,t} > \gamma$ 区间时自变量（$PCI_{c,p,t}$）的系数；$I(\cdot)$ 是一个指示函数，即对于 $PCI_{c,p,t} \leq \gamma$，$I(\cdot) = 0$，否则 $I(\cdot) = 1$；$\sum CV_{c,p,t}$ 是一系列控制变量；μ_p 是不随时间而变的个体效应；ε 是随机干扰项。

式（6-1）的另外一种松散表达形式为：

$$\begin{cases} RCA_{c,p,t} = \beta_1 PCI_{c,p,t} + \alpha \sum CV_{c,p,t} + \mu_p + \varepsilon_{c,p,t}, & PCI_{c,p,t} \leq \gamma \\ RCA_{c,p,t} = \beta_2 PCI_{c,p,t} + \alpha \sum CV_{c,p,t} + \mu_p + \varepsilon_{c,p,t}, & PCI_{c,p,t} > \gamma \end{cases}$$

式（6-1）的另外一种紧凑表达形式为：

$$RCA_{c,p,t} = \beta PCI_{c,p,t}(\gamma) + \alpha \sum CV_{c,p,t} + \mu_p + \varepsilon_{c,p,t} \quad (6-2)$$

式中：

$$\beta = \begin{cases} \beta_1 \\ \beta_2 \end{cases}$$

$$PCI_{c,p,t}(\gamma) = \begin{cases} PCI_{c,p,t} I(PCI_{c,p,t} \leq \gamma) \\ PCI_{c,p,t} I(PCI_{c,p,t} > \gamma) \end{cases}$$

式（6-2）中，γ 估计值 $\hat{\gamma}$ 可通过最小化其残差平方和获得（罗

第六章 产品复杂度对中国纺织产业升级影响的实证分析

军和陈建国,2014),继而可估计出其他参数。首先,对式(6-2)在时间指数 t 上取平均值,得到式(6-3):

$$\overline{RCA}_{c,p} = \beta\overline{PCI}_{c,p}(\gamma) + \alpha\sum CV_{c,p} + \mu_p + \overline{\varepsilon}_{c,p} \tag{6-3}$$

其次,对式(6-2)和式(6-3)进行减法运算,得到消除 μ_p 的式(6-4):

$$RCA^*_{c,p,t} = \beta PCI^*_{c,p,t}(\gamma) + \alpha^*_{c,p,t} + \varepsilon^*_{c,p,t} \tag{6-4}$$

其中,$RCA^*_{c,p,t} = RCA_{c,p,t} - RCA^*_{c,p}$,$PCI^*_{c,p,t}(\gamma) = PCI_{c,p,t}(\gamma) - \overline{PCI}_{c,p}(\gamma)$,依次类推。

最后,求式(6-4)中的门槛值 γ,可将任意的 γ_0 作为初始值赋给 γ,采用 OLS 方法估计各斜率系数 β,同时求得相应的残差平方和 $S(\gamma)$。如果依次在 γ 取值范围内从小到大选定 γ_0(董利红和严太华,2015),就可以得到多个不同的 $S(\gamma)$。其中,使残差平方和 $S(\gamma)$ 的值最小的 γ_0 就是门槛值,记为 γ^*,即 $\gamma^* = \arg\min S_1(\gamma)$,门槛值一旦确定,对应的 β 估计值便可求出,同时,可得残差方差 $\hat{\sigma}_1^2 = S_1(\gamma^*)/[n(t-1)]$。

以上只是假设产品复杂度(PCI)存在一个门槛时的估计过程,为了进一步确定是否存在两个及以上门槛,可以假设已经估计出第一个门槛值,然后开始估计第二个门槛值。故设定双重门槛模型为:

$$\begin{aligned}RCA_{c,p,t} = &\beta_1 PCI_{c,p,t} I(PCI_{c,p,t} \leq \gamma_1) + \\ &\beta_2 PCI_{c,p,t} I(\gamma_1 < PCI_{c,p,t} \leq \gamma_2) + \\ &\beta_3 PCI_{c,p,t} I(\gamma_2 < PCI_{c,p,t}) + \alpha\sum CV_{c,p,t} + \mu_p + \varepsilon_{c,p,t}\end{aligned} \tag{6-5}$$

利用联合估计法,将残差方差的临时值 $\hat{\sigma}_1^2$ 代入式(6-5),运用逐步搜索法可得 γ_2 的值,进而有 $\gamma_2 = \arg\min S_2(\gamma^*, \gamma_2)$,$\hat{\sigma}_2^2 = S_2(\gamma^*, \hat{\gamma_2})/n(t-1)$。产品复杂度对纺织产业升级的多重门槛模型可在单一和双重门槛模型的基础上进行类推,在此不再赘述(张志新等,2017)。

在估计出 γ 和 β 的基础上进行以下两方面的检验。一是检验式(6-5)是否表现出显著的门槛特征($\beta_1 \neq \beta_2$),如果 F 统计量的 $p<$

0.1，则门槛特征显著。P 值可通过采用 Hansen（2000）的 Bootstrap 法获得 F 统计量渐进分布来构造。二是检验门槛值的真实性（$\hat{\gamma}=\gamma_0$）（伦蕊，2016）。Hansen 认为，当似然比统计量（Likelihood Ratio Statistic）$LR(\gamma_0) \leqslant c(\tau) = -2\ln(1-\tau)$ 时（τ 表示显著性水平），门槛值等于真实值。其中，当 τ 在 95% 的置信水平下时，$c(\tau) = 7.35$（肖叶和刘小兵，2018）。

二 内生性讨论

本章考察的产品复杂度对纺织产业升级的影响可能存在内生性，从而导致不一致的估计。由于产生内生性的原因已经在上一节进行了详细阐述，在此不再赘述。本章在实证策略上采取三种方式克服上述难题。一是将因变量的滞后 1 期加入解释变量。二是将自变量滞后 1 期再进行回归。三是引入一系列产业层面的特征变量加以控制。通过上述分析，可以将模型（6-5）改写为动态面板数据模型：

$$\begin{aligned} RCA_{c,p,t} = & \beta_0 RCA_{c,p,t-1} + \beta_1 PCI_{c,p,t-1} I(PCI_{c,p,t-1} \leqslant \gamma_1) + \\ & \beta_2 PCI_{c,p,t-1} I(\gamma_1 < PCI_{c,p,t-1} \leqslant \gamma_2) + \\ & \beta_3 PCI_{c,p,t-1} I(\gamma_2 < PCI_{c,p,t-1}) + \alpha \sum CV_{c,p,t-1} + \mu_p + \varepsilon \end{aligned}$$

(6-6)

三 变量选取与数据描述

（一）变量说明

本章的被解释变量为产业升级，核心解释变量为产品复杂度。控制变量包括人均产业优势和一系列时间虚拟变量。

1. 因变量

因变量为产业升级。由于在第五章已经对其进行详细解释，在此不再赘述。

2. 自变量

自变量为产品复杂度。产品复杂度也称产品复杂性指数（Product Complexity Index），用来评估生产产品所需的高效技术的多样性和复杂性，其实质是捕捉生产产品所需的专有技术的数量和复杂程度。

3. 调节变量

调节变量为产品密度。由于在第五章已经对其进行详细解释，在此不再赘述。

4. 控制变量

控制变量为人均产业优势。人均产业优势用中国的纺织产业出口值与人口规模的比率除以整个样本中纺织行业的重要性来衡量。如果人均产业优势大于1，则认为纺织产业在中国具有显性比较优势。最后，本书还控制了时间因素。

相关变量的详细定义见表6-1。

表6-1 变量定义与说明

变量	变量名称	变量符号	变量取值方法及主要说明
因变量	产业升级	$RCA_{c,p,t}$	产品 p 在 c 国的市场份额/产品 p 在全球的市场份额
		$x_{c,p,t}$	$RCA_{c,p,t}$ 大于等于1时，$x_{c,p,t}$ 为1，否则为0
自变量	产品复杂度	PCI	生产特定产品的国家的平均多样性以及这些国家生产的其他产品的平均普遍性
调节变量	产品密度	$Density_{c,p,t}$	产品 p 与 c 国显性优势产品的邻近度之和/产品 p 与 c 国所有产品的邻近度之和
控制变量	人均产业优势	$Rpop$	中国纺织产业的出口总值与中国总人口的比值除以全球纺织产业的出口总值与全球所有产品的出口值的比值
	年份虚拟变量	$Year$	t 年当年，$Year$ 等于1；其他年份等于0。$t \in [1962, 2018]$

（二）资料来源与说明

本章所用数据的来源与第五章相同。产业升级、产品复杂度和产品密度三指标的计算资料来源于联合国商品贸易统计数据库（UN Comtrade）与 Feenstra 等（2005）编制的全球贸易流量表。人均产业优势指标的测度数据不仅来源于前两个数据库，还采用了世界银行 WDI 数据库。为了保证研究结果不受极端值的影响，本书对所有连续型变量进行了1%水平上的缩尾处理（Winsorize）（毛怡欣，2019）。

第二节 实证结果

一 统计描述

（一）中国纺织产品空间结构属性指标的动态演化趋势（RCA 和 PCI）

图 6-1 描绘了中国纺织产品比较优势与产品复杂度的演化趋势及两者之间的关系。其中，图 6-1（a）为中国纺织产品 RCA 的动态演化图。RCA 表征中国纺织产品的比较优势大小。RCA 越大，纺织产品的显性比较优势越明显，出口量占比越大。从图 6-1（a）中可以看出，1962—1980 年中国纺织产品的平均 RCA 呈上升趋势，1980 年以后为下降趋势。图 6-1（b）为中国纺织产品 PCI 的动态演化图。PCI 表征中国纺织产品的技术复杂度大小，PCI 越大，纺织产品所承载的专业知识和技术含量越多，越容易向产品空间的核心区域移动，越具有竞争优势。相较于 RCA 主要衡量纺织产品的"量"而言，PCI 主要衡量产品的"质"。从图 6-1（b）中可以看出，中国纺织产品的平均 PCI 呈现波动下降趋势，说明中国纺织产品的平均技术复杂度在下降。图 6-1（c）为中国纺织产品的平均 RCA 与平均 PCI 之间的相关关系图。可以看出，中国纺织产品的平均 RCA 与平均 PCI 的趋势在 1962—1980 年相反；在 1980 年之后转变为相近。1980 年之前，劳动密集型的低技术含量的纺织产品大量出口是中国纺织产业比较优势提高的主要原因。随着人口红利的逐渐消失、生产成本的大幅提高，中国纺织产业的比较优势被东南亚国家所取代。与此同时，随着世界上能生产同类纺织产品的国家越来越多，中国纺织产品的复杂度逐渐下降。正因为低技术纺织产品的大量出口，拉低了中国纺织产业的整体竞争力，是中国变为出口大国而不是出口强国的重要原因之一。

(a) 纺织产品RCA趋势

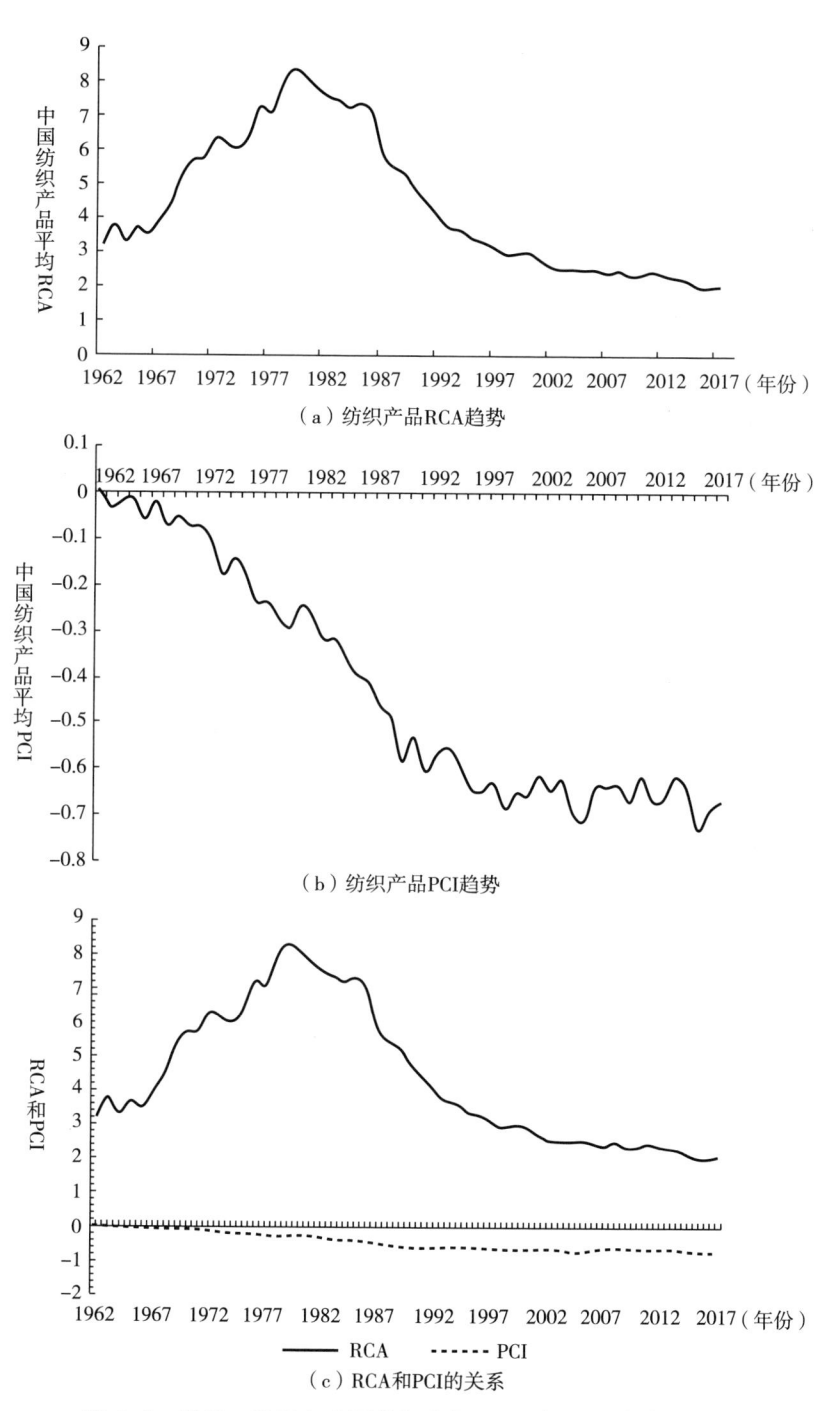

(b) 纺织产品PCI趋势

(c) RCA和PCI的关系

图 6-1 1962—2017 年中国纺织产品 RCA 和 PCI 的动态演化

(二) 中国纺织产品空间的动态演进

图 6-2 为中国纺织产业 50 余年显性比较优势产品在产品空间的演化趋势图。根据中国纺织产品的出口贸易数据，测算出其 RCA，取 RCA 大于 1 的纺织产品作为显性比较优势产品，以 1962 年显性比较优势纺织产品为基准，标记为圆圈，将后来升级成功的潜在优势纺织产品标记为正方形，形状的大小代表 RCA 的大小。

1962年　　　　　　　　2017年

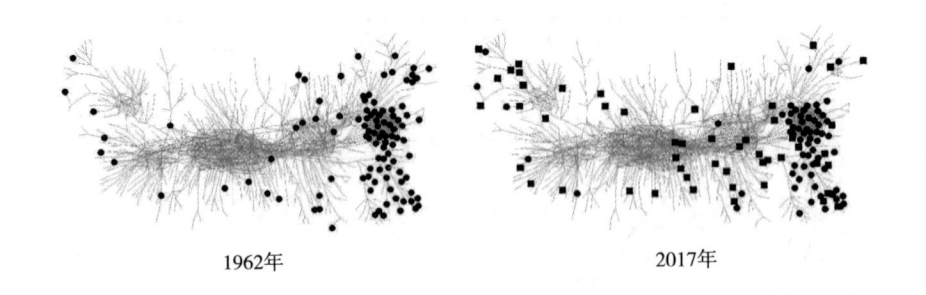

图 6-2　中国纺织产业 50 余年显性比较优势产品在产品空间的演化

资料来源：见附录。

从图 6-2 中可以看出，1962 年中国纺织产品空间比较稀疏，优势产品数量比较少，且主要位于全球产品空间的边缘位置。2017 年中国纺织产品在"量"和"质"上都有所提高，产品空间与 1962 年相比更加稠密，产品种类明显增多，且逐步向全球产品空间的核心区域移动。值得注意的是，处于核心区域的纺织产品，即技术复杂度相对高的纺织产品，其 RCA 值很小；而处于边缘位置，技术复杂度相对低的纺织产品，其 RCA 值却很大。结合当下东南亚国家纺织产业的比较优势逐步超过中国这一现实，可知中国纺织产业正面临着旧的比较优势逐渐消失、新的比较优势还未形成的尴尬局面。

二　估计结果与分析

(一) 变量的平稳性检验

在进行门槛回归之前，首先采用适用于长面板的 LLC 检验方法对数据进行平稳性检验，以规避伪回归问题并提高估计结果的有效性。检验结果见表 6-2，除自变量 PCI 在 1% 的显著性水平下拒绝原假设以外，其他变量均不显著（孙维伟和段白鸽，2017）。这说明变量 *Rpop*、*Density*、*RCA* 均存在单位根。但经过一阶差分的 *Rpop*、*Density*、*RCA* 也在1%的显著性水平下拒绝了原假设。也就是说，除了 PCI，所检验的因变量和控制变量都是一阶单整序列 [I（1）过程]。

表 6-2　　　　　　　　　面板数据单位根检验

变量	LLC	IPS	ADF-Fisherx^2
RCA	0.01	-0.37	15.89***
	(0.50)	(0.36)	(0.00)
Δ*RCA*	-41.21***	-47.38***	
	(0.00)	(0.00)	
$PCI_{c,p,t}$	-11.08***	-11.88***	29.93***
	(0.00)	(0.00)	(0.00)
$Density_{c,p,t-1}$	-0.41	-1.68**	16.17***
	(0.34)	(0.05)	(0.00)
$\Delta Density_{c,p,t-1}$	-58.60***		
	(0.00)		
$Rpop_{c,p,t-1}$	8.01	13.79	8.19***
	(1.00)	(1.00)	(0.00)
$\Delta Rpop_{c,p,t-1}$	-39.45***	-35.91***	
	(0.00)	(0.00)	

注：***表示 p<0.01，**表示 p<0.05；括号内为 P 值。

LLC 具有一定的局限性。例如，它要求每个个体的自回归系数都相等，此设定过于严格，在真正的实践中可能无法满足。就本书的研究主题而言，产品空间中的产品各异，产品的内在技术升级特征之间具有显著的异质性。为了弥补 LLC 检验方法的缺陷，本书又采用 Im 等（2003）提出的面板单位根检验方法，即 IPS 检验。检验结果显示，Density 在5%的水平下拒绝原假设，PCI 在1%的水平下拒绝原假设，而 RCA 和 Rpop 均未通过单位根检验，但它们的一阶差分序列均平稳。费雪式检验与 IPS 检验的基本逻辑相似,即对每个个体分别进行单位根检验,然后再将这些信息综合起来。费雪检验在计算 P 值时,有两种方法,一是根据 ADF 算法计算 P 值,二是根据 PP 算法获取 P 值,本书选用前者计算 P 值。费雪检验结果见表 6-2 最后一列 ADF-Fisherx[2],可知 RCA、PCI、Density 与 Rpop 在 1% 的水平下通过单位根检验。

上述检验结果表明,所有变量序列均不完全平稳,但是它们的一阶差分平稳,因此这些变量可能拥有共同的随机趋势(Common Stochastic Trend),如果对这些变量进行线性组合,那么就可以消去此随机趋势。上述单位根检验结果表明运用协整检验来验证"伪回归"问题的前提条件得到满足。

(二)协整检验

综合运用 Westerlund(2007)和 Persyn(2008)的面板协整之误差修正技术来检验变量的协整性。由表 6-3 结果可知,Gt、Ga、Pt 和 Pa 均在 1% 的显著性水平下拒绝原假设。其中,Gt 和 Ga 是针对截面进行检验,Gt 不考虑序列相关,Ga 考虑序列相关;Pt 和 Pa 是针对整个面板进行检验,Pt 不考虑序列相关,Pa 考虑序列相关。四种方法均用于检验是否存在协整关系。检验结果显示因变量、自变量及控制变量之间存在协整关系,即 RCA 与 PCI、Density、Rpop 之间存在长期稳定的均衡关系,不存在虚假回归问题,可以进行回归。

表 6-3　　因变量 RCA 与 PCI 等变量之间的协整关系检验

统计参数	值	Z 值	P 值
Gt	-4.64	-22.79	0.00
Ga	-19.64	-8.63	0.00
Pt	-45.27	-22.16	0.00
Pa	-20.69	-14.87	0.00

(三)门槛效应检验

门槛效应检验包括两部分,依次为门槛存在自抽样检验和门槛真实性检验。第一,检验门槛效应的显著性。本书参照 Hansen(2000)、Munir 和 Li(2018)的做法,依次针对不存在门槛值、一个门槛值或多个门槛值的原假设进行检验,得到统计量 F_1、F_2 和 F_3,并采用"自抽举法"(Bootstrap)获得对应的 P_1、P_2 和 P_3 值以确定门槛个数。

检验结果如表 6-4 所示,模型(6-6)只对不存在单一门槛、双重门槛的检验效果显著,相应的自抽样 P 值依次为 0.00、0.00。这表明在 10% 的显著性水平下接受只存在三个门槛的原假设,三门槛值分别是-1.19、-0.64、0.17。对应的低、中、高三门槛区间依次是(-∞,-1.19]、(-1.19,-0.64]、(-0.64,0.17]、(0.17,+∞)。上述分析说明三重门槛模型为最优选择。

表 6-4　　　　　　　　　门槛存在的自抽样检验

	F 值	P 值	临界值 1%	临界值 5%	临界值 10%	门槛值	置信区间
单一门槛	43.74	0.00	6.59	4.03	3.02	-1.19	[-1.19,-1.16]
双重门槛	19.62	0.00	1.53	-2.15	-3.83	-0.64	[-0.65,-0.59]
三重门槛	11.50	0.00	7.20	3568	2.54	0.17	[-0.24,0.31]

注:F 值和 P 值采用反复抽样 1000 次得到(Iyidogan and Turan,2017)。

第二,检验门槛估计值的真实性(Yi et al.,2018)。图 6-3 刻画了三个门槛参数及其置信区间的似然比函数(Likelihood Ratio)(吴友群等,2015)。三个门槛估计值依次为-1.19、-0.64、0.17,分别对应图 6-3(a)、图 6-3(b)、图 6-3(c)中虚线以下最底端对应的门槛参数。三门槛值对应的 95% 置信区间依次为图 6-3(a)、图 6-3(b)、图 6-3(c)中虚线以下的区间。由三个门槛值均包含在置信区间内可证估计值等于真实值。

(a)第1个门槛估计值和置信区间

(b)第2个门槛估计值和置信区间

(c)第3个门槛估计值和置信区间

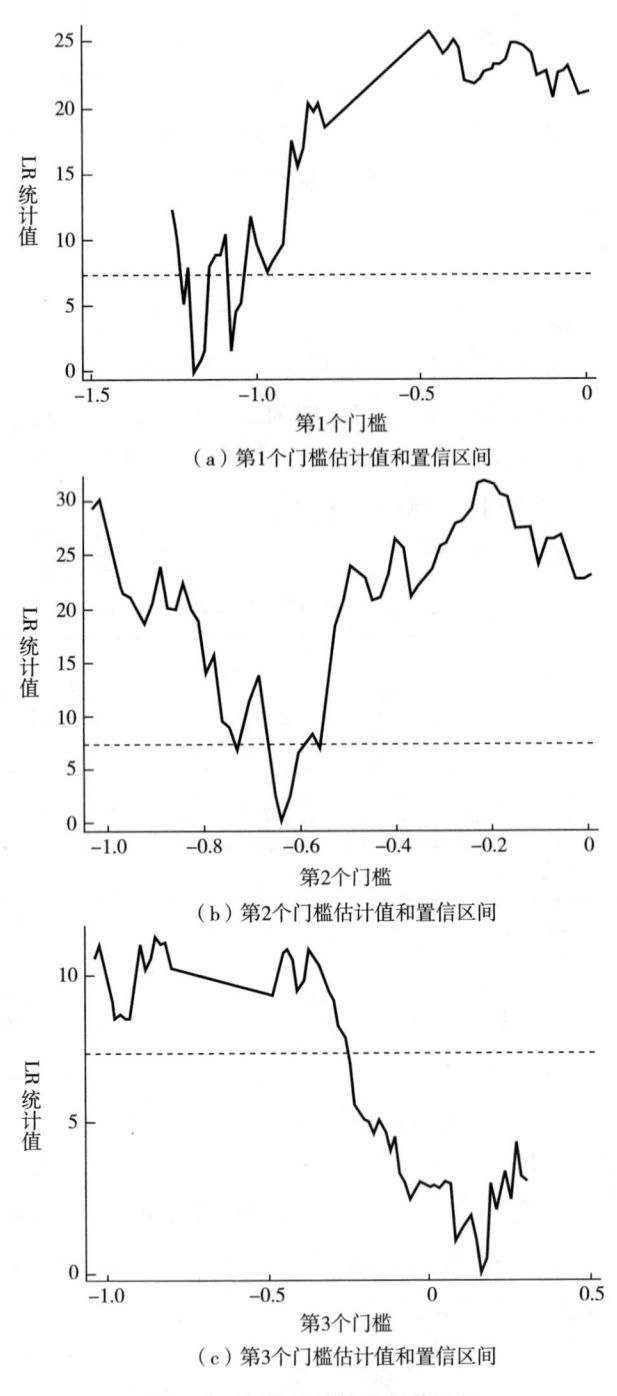

图 6-3　门槛估计值和置信区间

(四) 主效应总体回归结果

主效应总体回归结果如表6-5所示，为了衬托出面板门槛模型的优势，本章首先构造了两个线性模型，分别是FE模型，即面板固定效应模型（见回归1）和sys-GMM模型（见回归2）。两线性模型中产品复杂度（$PCI_{c,p,t-1}$）的系数均显著为负，说明随着产品复杂度的提高，其对纺织产业升级的抑制作用越来越强，这与张亭等（2017）的结论相似，即产品复杂度与产业升级之间存在显著的负向关系。中国的纺织产品复杂度与其产业升级之间之所以存在显著的负向关系，可能的原因是在中国的纺织产品空间中PCI偏低而RCA却较大的纺织产品占比较大，而那些PCI较高的纺织产品RCA偏小，因此才会导致PCI越高，产业升级越受到抑制。

表6-5　　　产品复杂度对纺织产业升级的总体回归结果

变量	回归1 线性模型（FE）	回归2 线性模型（sys-GMM）	回归3 面板门槛模型
$PCI_{c,p,t-1}\_1$	-0.54*** (0.06)	-0.36*** (0.06)	-0.54*** (0.08)
$PCI_{c,p,t-1}\_2$			-0.87*** (0.09)
$PCI_{c,p,t-1}\_3$			-1.62*** (0.15)
$PCI_{c,p,t-1}\_4$			-0.78*** (0.12)
$RCA_{c,p,t-1}$	0.13*** (0.00)	0.90*** (0.02)	0.13*** (0.01)
$Rpop_{c,p,t-1}$	0.05 (0.04)	-0.38*** (0.04)	0.03 (0.03)
Const	2.08*** (0.04)	0.40*** (0.07)	
Ar（1）.p值		0.00	
Ar（2）.p值		0.11	

续表

变量	回归 1	回归 2	回归 3
	线性模型（FE）	线性模型（sys-GMM）	面板门槛模型
Sargan. p 值		1.00	
观察值	5488	5390	
R^2	0.25		

注：***表示 p<0.01；括号内为稳健标准误。

相较于线性回归模型，区分不同水平下的产品复杂度之后的门槛回归结果相对更为丰富。从表 6-5 回归 3 可以看出，产品复杂度与纺织产业升级之间呈现出非单调的三门槛特征。虽然在四个不同层次的门槛区间内，产品复杂度的系数符号均为负，但是，系数的绝对值大小是先递增再递减的。这意味着当产品复杂度达到拐点（$PCI_{c,p,t-1}$ = 0.168）时，其对纺织产业升级的抑制作用开始减弱。

一是当产品复杂度处于低水平区间（$PCI_{c,p,t-1} < -1.19$）时，估计系数为-0.54 且在 1% 的水平下显著。二是当产品复杂度处于中下等水平（$-1.19 \leqslant PCI_{c,p,t-1} < -0.64$）时，估计系数为-0.87 且在 1% 的水平下显著。此时，中国纺织产品的技术复杂度高于第一门槛区间，但是对纺织产业发展升级的抑制作用却加剧了。三是当产品复杂度处于中高等水平（$-0.64 \leqslant PCI_{c,p,t-1} < 0.17$）时，其估计系数为-1.62 且在 1% 的水平下显著。此时，中国纺织产品技术复杂度高于第二门槛区间，但是对纺织产业发展升级的抑制作用却进一步加剧。四是当产品复杂度跨越中高等水平进入高等水平时，其对纺织产业升级的抑制作用开始减弱。这说明第三门槛是个拐点，跨越此拐点便可降低产品复杂度对纺织产业升级的抑制作用。

通过总体回归中的主效应检验，可以得出结论：第一，整体上看，产品复杂度抑制了纺织产业升级。第二，相较于线性模型，面板模型更能展示产品复杂度对纺织产业升级的非线性特征，即产品复杂度对纺织产业升级的抑制程度呈先加剧后减弱的非线性趋势。可能的原因是，缺乏足够的基础设施和互补的生产要素来支持高技术复杂度的产品实现升级。不过,随着纺织产业生产要素禀赋的增加,这种抑制力量最终会减弱。

(五)产品密度的调节效应总体回归结果

在第五章节中了解到产品密度通过推动纺织产品失势,同时推进纺织产品升级来促进纺织产业发展。如果产品密度仅仅推动"旧"纺织产品退出市场,而没有推动"新"的纺织产品升级,那么纺织产业升级的目标就难以达成。可见,产品失势的确很重要。与此同时,产品升级更重要。而产品密度之所以能推动产品升级,是因为这些升级成功的产品附近的局部产品空间比较稠密,对其促进作用比较大。下文试图深究产品密度对产品复杂度与纺织产业升级关系的调节效应。如果产品复杂度和产品密度的交互项的系数显著为正,那便可以证明上述推理正确。

在检验产品复杂度对纺织产业升级的主效应基础上进一步分析产品密度的调节效应。将产品复杂度(PCI)依然作为解释变量,将产品密度($Density_{c,p,t}$)作为门槛变量,构建关于产品密度调节机制的门槛模型:

$$RCA_{c,p,t} = \beta_0 RCA_{c,p,t-1} + \beta_1 PCI_{c,p,t-1} I(Density_{c,p,t-1} \leq \gamma_1) + \\ \beta_2 PCI_{c,p,t-1} I(\gamma_1 < Density_{c,p,t-1} \leq \gamma_2) + \\ \beta_3 PCI_{c,p,t-1} I(\gamma_2 < Density_{c,p,t-1}) + \alpha \sum CV_{c,p,t-1} + \mu_p + \varepsilon$$

(6-7)

1. 门槛效应检验

门槛效应检验包括两部分,依次为门槛存在自抽样检验和门槛真实性检验。第一,检验门槛效应的显著性。本书参照 Hansen (2000)、Munir 和 Li (2018) 的做法,依次针对不存在门槛值、一个门槛值或多个门槛值的原假设进行检验,得到统计量 F_1、F_2 和 F_3,并采用"自抽举法"获得对应的 P_1、P_2 和 P_3 值以确定门槛个数。检验结果如表6-6所示,产品密度的调节机制检验模型只对不存在单一门槛、双重门槛的检验效果显著,相应的自抽样 P 值依次为 0.00、0.07。这表明在10%的显著性水平下接受只存在两个门槛的原假设,两门槛值分别是 0.36、0.42。对应的低、中、高门槛区间依次是（-∞，0.36]、(0.36，0.42]、(0.42，+∞）。

表6-6　　　　　　　　　　门槛存在的自抽样检验

	F值	P值	临界值 1%	临界值 5%	临界值 10%	门槛值	置信区间
单一门槛	19.98	0.00	5.95	3.38	2.38	0.36	[0.32, 0.49]
双重门槛	3.44	0.07	7.18	4.15	2.97	0.42	[0.40, 0.47]
三重门槛	0.48	0.50	7.36	3.73	2.65		

注：F值和P值采用反复抽样1000次得到（Iyidogan and Turan，2017）。

第二，检验门槛估计值的真实性。图6-4刻画了两个门槛参数及其置信区间的似然比函数（Likelihood Ratio）。两个门槛估计值依次为0.36、0.42，分别对应图6-4（a）、图6-4（b）中虚线以下最底端对应的门槛参数［其中，因图6-4（a）的LR函数大于4，故虚线没有显示出来］。两门槛值对应的95%置信区间依次为图6-4（a）、图6-4（b）中虚线以下的区间。由于两门槛值均包含在置信区间内，因此可证门槛估计值等于真实值。

2. 门槛估计结果

表6-7为产品密度（$Density_{c,p,t-1}$）的调节机制检验结果。为了比较出非线性模型（6-7）的优势，本书先构造了两个线性模型，分别为FE和sys-GMM模型，两线性模型的回归结果见回归4和回归5，其产品复杂度（$PCI_{c,p,t-1}$）的系数均显著为负，但与产品密度的交互项（$PCI_{c,p,t-1} \times Density_{c,p,t-1}$）的系数却显著为正。这说明产品复杂度对纺织产业升级的促进作用具有路径依赖性。

相比于线性回归模型，区分不同水平下的产品密度之后的门槛回归结果相对更为丰富。从回归6可以看出，产品复杂度（$PCI_{c,p,t-1}$）与纺织产业升级之间呈现出非单调的双门槛特征。虽然在三个不同层次的门槛区间内，产品复杂度（$PCI_{c,p,t-1}$）的系数符号均为负，但是与产品密度的交互项（$PCI_{c,p,t-1} \times Density_{c,p,t-1}$）的系数却显著为正，而且系数值递增。

第六章 产品复杂度对中国纺织产业升级影响的实证分析

(a) 第1个门槛估计值和置信区间

(b) 第2个门槛估计值和置信区间

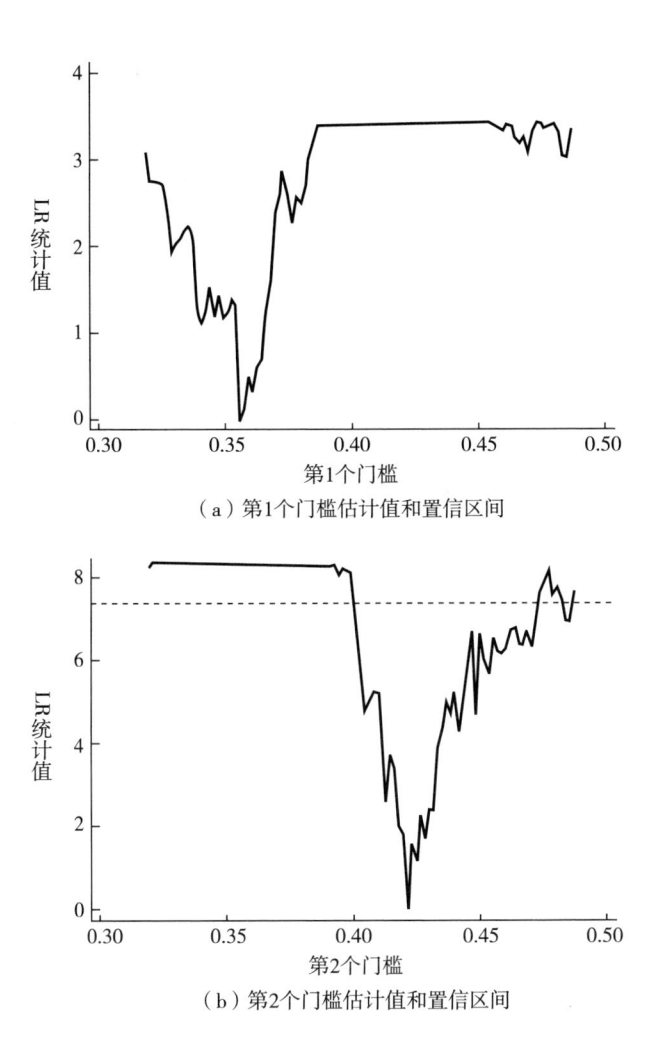

图 6-4 门槛估计值和置信区间

表 6-7 产品密度对产品复杂度与纺织产业升级关系的调节效应

变量	回归 4	回归 5	回归 6
	线性模型（FE）	线性模型（sys-GMM）	面板门槛模型
$PCI_{c,p,t-1}\_1$	-0.57*** (0.07)	-0.11*** (0.04)	0.48** (0.21)
$PCI_{c,p,t-1}\_2$			1.07*** (0.30)

续表

变量	回归 4 线性模型（FE）	回归 5 线性模型（sys-GMM）	回归 6 面板门槛模型
$PCI_{c,p,t-1}-3$			1.88*** (0.30)
$RCA_{c,p,t-1}$	0.13*** (0.00)	0.91*** (0.01)	1.79*** (0.05)
$Density_{c,p,t-1}$	2.34*** (0.44)	0.72** (0.33)	
$PCI_{c,p,t-1} \times Density_{c,p,t-1}$	0.85** (0.35)	0.95*** (0.33)	
$Rpop_{c,p,t-1}$	-0.11*** (0.04)	-0.28*** (0.05)	-0.61*** (0.13)
$Const$	2.23*** (0.04)	0.15 (0.12)	
Ar（1）.p 值		0.00	
Ar（2）.p 值		0.08	
Sargan.p 值		1.00	
观察值	5488	5390	
R^2	0.26		

注：***表示 p<0.01，**表示 p<0.05；括号内为稳健标准误。

（1）当产品密度处于较低水平（$Density_{c,p,t-1}$<0.36）时，产品复杂度（$PCI_{c,p,t-1}$）的估计系数为 0.48，且在 5% 的水平下显著。（2）当产品密度处于中等水平（0.36≤$Density_{c,p,t-1}$<0.42）时，产品复杂度（$PCI_{c,p,t-1}$）的估计系数为 1.07，且在 1% 的水平下显著。（3）当产品密度处于高等水平（$Density_{c,p,t-1}$≥0.42）时，产品复杂度（$PCI_{c,p,t-1}$）的估计系数为 1.88，且在 1% 的水平下显著。此时，产品密度水平最高，而且产品复杂度对中国纺织产业升级发展的促进作用最大。由以上分析可知，产品密度不仅有利于抑制产品复杂度对中国纺织产业升级的负向影响，而且随着产品密度水平的提高，产品复杂度对中国纺织产业升级的促进作用越来越大。这表明产品复杂度对纺织产业升级的促进作

用具有路径依赖性，依赖于累积的生产能力和要素禀赋。

观察回归结果中的控制变量，有意义的发现是，纺织产业的人均产业优势（Rpop）在三个回归中（回归4—回归6）的系数均显著为负，这可能是因为人口规模的不断扩大，在一定程度上阻碍了中国纺织产业的升级。

通过总体回归中产品密度的调节效应检验，可以得到结论：第一，相比于线性模型，面板模型更能展示产品密度调节效应的演变特征。第二，中国纺织产业位居全球价值链"低端锁定"并非缘于路径依赖效应。

三 稳健性检验

（一）主效应实证结果的稳健性检验

为了提高纺织产品技术复杂度对产业升级的影响表现出随着产品复杂度的提高而呈现出先逐渐加剧再逐渐降低的趋势这一结论的说服力，按照产品复杂度（PCI）五分位数设置分样本进行稳健性检验。构建基本的计量模型：

$$RCA_{c,p,t} = \beta_1 PCI_{c,p,t-1} + \alpha \sum CV_{c,p,t-1} + \mu_p + \varepsilon \quad (6-8)$$

考虑到纺织产品的技术复杂度（PCI）对纺织产业升级的影响可能存在遗漏变量内生性，从而导致不一致的估计，本章采用动态面板两步系统GMM对模型进行估计。理由为，要全面找到这些遗漏因素的代理变量或内生变量的工具变量十分困难。解决这个问题的思路是将被解释变量的滞后1期加入解释变量，因为如果这些遗漏因素在短期内不会改变，那么其进入滞后1期的被解释变量后，可以避免遗漏内生性的问题。此外，其他控制变量也可能存在类似的内生性问题，但在本书的模型中不做考虑，将它们均视为外生变量。基于此，将模型（6-8）改写为动态的面板数据模型：

$$RCA_{c,p,t} = \beta_0 RCA_{c,p,t-1} + \beta_1 DumPCI_{c,p,t-1} + \alpha \sum CV_{c,p,t-1} + \mu_p + \varepsilon$$

$$(6-9)$$

回归结果见表6-8，除了回归7和回归8中 $PCI_{c,p,t-1}$ 的系数不显著，回归9至回归11中 $DumPCI_{c,p,t-1}$ 的系数均显著为负。其中，回归

10 中 $DumPCI_{c,p,t-1}$ 的系数绝对值大于回归 9 中 $DumPCI_{c,p,t-1}$ 的系数绝对值，但是回归 11 中 $DumPCI_{c,p,t-1}$ 的系数绝对值小于回归 10 中 $DumPCI_{c,p,t-1}$ 的系数绝对值，该结论再次证实中国纺织产品技术复杂度抑制纺织产业升级，且抑制的程度呈现先加剧后减弱的非线性趋势，但始终不能由抑制作用演变为促进作用。这意味着中国纺织产品的复杂度的提升违背了比较优势。

表 6-8　　　　　　　基于哑变量 PCI 的稳健性检验

变量	回归 7	回归 8	回归 9	回归 10	回归 11
$RCA_{c,p,t-1}$	0.82*** (0.05)	0.88*** (0.03)	0.88*** (0.00)	0.87*** (0.03)	0.81*** (0.01)
$PCI_{c,p,t-1}$	0.03 (0.25)	0.18 (0.31)	-0.06*** (0.01)	-0.28*** (0.07)	-0.05*** (0.01)
$Rpop_{c,p,t-1}$	-0.22*** (0.07)	-0.26*** (0.07)	-0.24*** (0.01)	-0.05 (0.04)	0.09*** (0.03)
Const	0.85* (0.44)	0.89*** (0.34)	0.61*** (0.01)	0.35*** (0.08)	0.23*** (0.01)
Ar（1）.p 值	0.06	0.00	0.00	0.00	0.04
Ar（2）.p 值	0.24	0.24	0.14	0.50	0.24
Sargan.p 值	1.00	1.00	1.00	1.00	1.00
观察值	1087	1091	1090	1065	1057

注：*** 表示 p<0.01，* 表示 p<0.10；括号内为稳健标准误。

（二）产品密度调节机制的稳健性检验

总体回归中产品密度（$Density_{c,p,t-1}$）的调节效应检验结果显示，产品密度不仅有利于抑制产品复杂度对纺织产业升级的负向影响，而且随着产品密度水平的提高，产品复杂度对纺织产业升级的促进作用越来越大。为保证产品密度调节机制检验结果的可信性，本章以产品密度中位数设置分样本进行稳健性检验。

结果见表 6-9，回归 12 与回归 13 分别为 $Density_{c,p,t-1}<0.42$ 和 $Density_{c,p,t-1} \geqslant 0.42$ 时的回归结果。结果显示：第一，产品复杂度的系

数不再显著为负。第二,交互项的系数均在5%的水平下显著为正。第三,回归13中交互项$PCI_{c,p,t-1}\times Density_{c,p,t-1}$的系数相对较大。该结论再次表明产品复杂度对纺织产业升级的促进作用具有路径依赖性,依赖于既有积累的生产能力和要素禀赋。

表6-9　　　　　　　　产品密度调节效应的稳健性检验

变量	回归12 $Density_{c,p,t-1}<0.42$	回归13 $Density_{c,p,t-1}\geqslant 0.42$
$RCA_{c,p,t-1}$	0.90*** (0.03)	1.97*** (0.07)
$PCI_{c,p,t-1}$	-0.00 (0.08)	0.28 (0.56)
$Density_{c,p,t-1}$	-2.13 (1.37)	11.02** (4.84)
$PCI_{c,p,t-1}\times Density_{c,p,t-1}$	2.44** (1.16)	14.97** (5.83)
$Rpop_{c,p,t-1}$	-0.32*** (0.10)	-1.06*** (0.23)
Const	1.13** (0.51)	-5.59** (2.33)
观察值	2644	2747

注:*** 表示 $p<0.01$,** 表示 $p<0.05$;括号内为稳健标准误。

第三节　产品复杂度影响纺织产业升级的机理检验

总体回归结果表明纺织产品技术复杂度影响了纺织产业升级。本节试图通过细分产品发展形态从实证上对这一问题进行探究。四种产品发展形态见第五章表5-7。其中,形态1为产品未升级;形态2为产品升级成功；形态 3 为产品失势；形态 4 为产品继续保持优势。

一　主效应机理检验结果与分析

本部分聚焦于具有动态变化的形态 2 和形态 3，即分析纺织产品复杂度对纺织产业升级的影响是其"化解过剩产能"和"开发潜在优势产品"的组合净效应。为实证检验产品复杂度的组合净效应，本书参考 Hausmann 和 Klinger（2006）、邓向红和曹荣（2016）的做法构建产品发展形态模型以探索纺织产品复杂度与产品形态之间的关系。

$$x_{c,p,t} = \alpha_0 x_{c,p,t-1} + \beta_1 (x_{c,p,t-1}) PCI_{c,p,t-1} + \beta_2 (1 - x_{c,p,t-1}) PCI_{c,p,t-1} + \alpha_1 \sum CV_{c,p,t-1} + \mu_p + \varepsilon \quad (6-10)$$

式中，c 表示国家，就本书的研究主题而言，c 代指中国；$x_{c,p,t}$ 表示 c 国在 t 年的显性比较优势的逻辑值；$x_{c,p,t-1}$ 是 $x_{c,p,t}$ 的滞后 1 期，二者的对比用来刻画产品形态的发展变化；$PCI_{c,p,t-1}$ 表示中国纺织产品 p 在 $t-1$ 时期的技术复杂度指数，受产品普遍性和国家多样性的影响；$\sum CV_{c,p,t-1}$ 表示控制变量，包括 $Rpop$、$Year$ 年份固定效应变量；μ_p 表示个体固定效应；ε 表示模型的扰动项。

如果说总体回归模型主要是从总体上关注纺织产品复杂度对纺织产业升级的影响，那么产品发展形态模型则是对总体的细化：当产品 p 在 $t-1$ 时期具有优势时，$x_{c,p,t-1}=1$；当产品 p 在 t 时期不具有优势时，$x_{c,p,t}=0$，这一形态被称为产品失势或市场退出，即形态 3。此时 β_2 与 $(1-x_{c,p,t-1})$ 的乘积为 0，β_1 旨在考察纺织产品复杂度在产品失势或市场退出中的作用。如果 $\beta_1>0$，则说明中国纺织产业中产品所包含的技术含量和专业知识推动了产品失势与市场退出；否则，则说明其维持了纺织产品的比较优势（张亭和刘林青，2018）。综上所述，β_1 主要考察中国纺织产业所包含的技术含量和专业知识对其产业升级的支撑作用。

当产品 p 在 $t-1$ 时期不具有优势时，$x_{c,p,t-1}=0$；当产品 p 在 t 时期具有优势时，$x_{c,p,t}=1$，这一形态被称为产品升级成功，即形态 2。此时 β_1 与 $x_{c,p,t-1}$ 的乘积为零，β_2 旨在考察纺织产品复杂度在产品升级中的作用。一方面，如果 $\beta_2>0$，说明中国纺织产品所承载的技术含量和专业知识在产品的升级发展过程中起到了引领作用。另一方面，如

果 $\beta_2<0$，表明纺织产品所承载的技术含量和专业知识在产品升级过程中发挥了抑制作用。综上所述，β_2 主要考察中国纺织产品所承载的技术含量和专业知识对其产业升级的引领作用。

在控制时间效应和个体效应的基础上，对模型（6-10）进行稳健 Probit 回归检验，同时为提升回归结果的稳健性，又进行了 Logit 回归分析，得到的回归结果见表 6-10。回归 1 和回归 2 分别是 Probit 和 Logit 回归结果。结果分析时主要以 Probit 回归结果为主，可以看出：$x_{c,p,t-1}$ 的系数为 2.97，在 1% 的检验水平下显著，说明上期的产品形态对当期的产品形态有显著影响，产品形态具有持续性。举例来讲，如果中国的纺织产品 p 在上期不具有显性比较优势，那么当期它升级成功的概率很低。但是，如果在上期具有显性比较优势，那么当期它维持其优势的概率就很高。就产品发展的四种形态而言，上述两种情况对应表 5-7 中的形态 1 和形态 4。虽然说纺织产品形态具有持续性，但并不是说形态 2 和形态 3 就不会发生，只是相对形态 1 和形态 4 而言，形态 2 和形态 3 的情况并不普遍，但恰恰是发生概率较低的形态 2 和形态 3 推动了纺织产品空间结构的优化升级。

针对核心解释变量，在总体回归中产品复杂性（$PCI_{c,p,t-1}$）的回归系数显著为负，与张亭（2017）的实证结果保持一致，该结论的内在机理在产品发展形态模型中得以诠释。从回归 2 中可以看出：$(1-x_{c,p,t-1})Density_{c,p,t-1}$ 的系数 β_2 也显著为负，逻辑方向保持一致。这表明无论在总体上还是细分产品发展形态上，纺织产品复杂度越高，产品实现升级的目标越难以达成；反之，纺织产品复杂度越低，产品升级越容易实现。可能的原因是当纺织产品复杂度较低时产品跳跃一"台阶"所需的技术和专业知识相对简单，更容易填补"技术鸿沟"，产品升级的目标容易达成，而随着纺织产品复杂度的提升，产品升级的难度和风险也随之增加。在分析了产品升级形态之后，进一步分析产品失势形态。从回归 2 中可以看出，$x_{c,p,t-1}Density_{c,p,t-1}$ 系数 β_1 显著为负，说明产品复杂度抑制了产品失势。可能的原因是技术复杂度越高的纺织产品越容易得到政策倾斜，不容易退出市场，在产业升级中发挥支撑作用。

综上所述，产品复杂度支撑了既有比较优势纺织产品保持竞争优势，但抑制了潜在比较优势纺织产品升级，结果抑制了纺织产业升级。

表 6-10　　　　　　　　产品发展形态模型回归结果

变量	回归 1 Probit	回归 2 Logit
$x_{c,p,t-1}$	2.97*** (0.08)	5.22*** (0.15)
$x_{c,p,t-1}PCI_{c,p,t-1}$	-0.27*** (0.09)	0.21 (0.19)
$(1-x_{c,p,t-1})PCI_{c,p,t-1}$	-0.08* (0.05)	-0.17* (0.09)
$Rpop_{c,p,t-1}$	0.63*** (0.15)	2.46*** (0.28)
Year	控制	控制
Constant	-1.42*** (0.06)	-2.84*** (0.10)
Observations	5488	5488

注：***表示 p<0.01，*表示 p<0.10；括号内为稳健标准误。

二　产品密度的调节效应机理检验结果与分析

产品密度调节机制的总体回归结果表明，产品密度不仅有利于抑制产品复杂度对产业升级的负向影响，而且与产品复杂度共同促进了纺织产业升级。构建包含产品密度和产品复杂度交互项的产品发展形态模型以揭示产品密度发挥调节作用的内在机理：

$$\begin{aligned} x_{c,p,t} = {} & \alpha_0 x_{c,p,t-1} + \beta_1(x_{c,p,t-1})PCI_{c,p,t-1} + \\ & \gamma_1(x_{c,p,t-1})Density_{c,p,t-1} + \omega_3(x_{c,p,t-1})PCI_{c,p,t-1} \times \\ & Density_{c,p,t-1} + \beta_2(1-x_{c,p,t-1})PCI_{c,p,t-1} + \\ & \gamma_2 Density_{c,p,t-1} + \omega_2(1-x_{c,p,t-1})PCI_{c,p,t-1} \times \\ & Density_{c,p,t-1} + \alpha_1 \sum CV_{c,p,t-1} + \mu_p + \varepsilon \end{aligned} \quad (6-11)$$

第六章　产品复杂度对中国纺织产业升级影响的实证分析　| 175

式中，c 表示国家，就本书的研究主题而言，c 代指中国；$x_{c,p,t}$ 表示 c 国在 t 年的显性比较优势的逻辑值，$x_{c,p,t-1}$ 是 $x_{c,p,t}$ 的滞后 1 期，二者的对比用来刻画产品形态的发展变化；$PCI_{c,p,t-1}$ 表示中国纺织产品 p 在 $t-1$ 时期的复杂度指数；$Density_{c,p,t-1}$ 表示中国纺织产品 p 在 $t-1$ 时期的密度指数；$\sum CV_{c,p,t-1}$ 表示控制变量，包括 Rpop、Year 年份固定效应变量；μ_p 表示个体固定效应；ε 表示模型的扰动项。

如果说前面的产品密度调节效应总体回归是基础模型，那么这里的产品密度调节效应机理检验则是对总体的细化。在产品发展形态模型中，当产品 p 在 $t-1$ 时期具有优势时，$x_{c,p,t-1}=1$；当产品 p 在 t 时期不具有优势时，$x_{c,p,t}=0$，这一形态被称为产品失势或市场退出，即形态 3。此时 $PCI_{c,p,t-1}$、$Density_{c,p,t-1}$ 以及交互项的系数 β_2、γ_2、ω_2 与 $1-x_{c,p,t-1}$ 的乘积为 0，旨在考察形态 3。β_1、γ_1、ω_1 考察主要解释变量在纺织业升级中的支撑作用。

当产品 p 在 $t-1$ 时期不具有优势时，$x_{c,p,t-1}=0$；当产品 p 在 t 时期具有优势时，$x_{c,p,t}=1$，这一形态被称为产品升级成功，即形态 2。此时 β_1、γ_1、ω_1 与 $x_{c,p,t-1}$ 的乘积为零，旨在考察形态 2。β_2、γ_2、ω_2 考察主要解释变量在纺织产业升级中的引领作用。

在控制时间效应和个体效应的基础上对模型（6-11）进行稳健 Probit 回归检验，同时为提升回归结果的稳健性，又进行了 Logit 回归分析。回归结果见表 6-11，回归 3 与回归 4 分别是 Probit 和 Logit 回归结果。

结果分析时主要以 Probit 回归结果为主，从中可以得出结论：第一，$x_{c,p,t-1}$ 的系数为 3.09，在 1% 的检验水平下显著，说明上期的产品形态对当期的产品形态有显著影响，产品形态具有持续性。举例来讲，如果中国的纺织产品 p 在上期不具有显性比较优势，那么当期它升级成功的概率很低。如果产品 p 在上期具有显性比较优势，那么当期它维持其优势的形态的概率就很高。就产品发展的四种形态而言，上述两种情况对应表 5-7 中的形态 1 和形态 4。虽然说纺织产品形态具有持续性，但并不是说形态 2 和形态 3 就不会发生。只是相对形态 1 和形态 4 而言，形态 2 和形态 3 的情况没那么普遍而已，但恰恰是发生概率较低的形态 2 和形态 3 推动了纺织产品空间结构的优化升级。

第二，针对主要解释变量，在产品密度调节效应总体回归结果中产品复杂度（$PCI_{c,p,t-1}$）和产品密度（$Density_{c,p,t-1}$）的回归系数均通过了1%的显著性检验，但是产品复杂度的系数为负，而产品密度的系数为正。该结果在相应的产品发展形态模型中得到进一步的诠释。在产品发展形态模型中，（$1-x_{c,p,t-1}$）×$PCI_{c,p,t-1}$ 的系数 β_2 和（$1-x_{c,p,t-1}$）×$Density_{c,p,t-1}$ 的系数 γ_2 同样通过了1%的显著性检验，且同样前者为负，后者为正。这说明，就纺织产品技术复杂度而言，产品技术复杂度越高，纺织产品升级的目标越难以达成；反之则不然。可能的原因是随着纺织产品复杂度的提升，产品升级的难度和风险也随之增加；而当纺织产品复杂度较低时，产品跳跃一"台阶"所需的技术和专业知识相对简单，更容易填补"技术鸿沟"，产品升级的目标很容易达成。就纺织产品密度而言，产品密度越大，局部产品空间越密集，越能扩大产品"跳跃"的幅度，到达目标产品的位置。

第三，除了产品升级形态，对产品失势形态的分析更有利于系统完成机理解释。随着中国经济的增长，纺织产业的结构固化阻碍了经济的进一步发展，造成产能过剩和产业经济力减弱。回归3中 $x_{c,p,t-1}$×$PCI_{c,p,t-1}$ 的系数 β_1 不再显著，而 $x_{c,p,t-1}$×$Density_{c,p,t-1}$ 的系数 γ_1 显著为正。这表明产品密度抑制了产品复杂度对产业升级的负向影响，意味着违背比较优势提高纺织产品的复杂度不利于纺织产业升级。可能的原因是产品密度越大，局部产品空间越密集，产品"跳跃"到更高技术复杂度产品所需要填补的"能力鸿沟"就越小，产品转型升级的风险成本就越低，企业家就越有动力进行创新以淘汰"没落"产品，促进产品升级。

第四，交互项分析。回归3中 $x_{c,p,t-1}$×$PCI_{c,p,t-1}$×$Density_{c,p,t-1}$ 的系数 ω_1 和（$1-x_{c,p,t-1}$）×$PCI_{c,p,t-1}$×$Density_{c,p,t-1}$ 的系数 ω_2 均显著为正。其中，ω_1 反映交互项对纺织产业升级的支撑作用，ω_2 反映交互项对纺织产业升级的引领作用。交互项的支撑作用主要表现为产品密度通过倒逼复杂度较低的纺织产品退出市场，将沉淀和浪费在被迭代产品上的资源重新配置到复杂度高的纺织产品上。复杂度较高的纺织产品在市场自发调节和政策倾斜的作用下得以持续保持竞争优势。如此一来,产品复杂度和产品密度协同在产业升级中发挥支撑作用。交互项的引领作用主要表现为:产品密度和产品复杂度通过开发潜在优势产品和提高新开发产品的附加价值协同推进产品升级,从而在纺织产业升级中发挥引领作用。高复杂度产品普适性低,技术含量高,对转型升级产品的挑战大;而高产品密度,可以促进产品之间的知识溢出,给转型升级产品提供更多的能力,助推产品实现升级。

产品密度和产品复杂度相互补充,通过优化纺织产业内部结构,同时提高纺织产品附加值,从而协同完成纺织产业升级的系统工程。这意味着产品复杂度对纺织产业升级的促进作用具有路径依赖性。

表 6-11　　　　　　　　产品密度调节效应机理检验

变量	回归 3 Probit	回归 4 Logit
$x_{c,p,t-1}$	3.09*** (0.53)	5.08*** (1.10)
$x_{c,p,t-1} \times PCI_{c,p,t-1}$	-0.40 (0.47)	-0.69 (0.99)
$x_{c,p,t-1} \times Density_{c,p,t-1}$	5.75*** (1.27)	11.03*** (2.55)
$x_{c,p,t-1} \times PCI_{c,p,t-1} \times Density_{c,p,t-1}$	2.36** (1.08)	4.55** (2.29)
$(1-x_{c,p,t-1}) \times PCI_{c,p,t-1}$	-0.73** (0.30)	-1.58*** (0.61)
$(1-x_{c,p,t-1}) \times Density_{c,p,t-1}$	9.81*** (1.11)	18.28*** (2.20)
$(1-x_{c,p,t-1}) \times PCI_{c,p,t-1} \times Density_{c,p,t-1}$	2.95*** (0.86)	6.12*** (1.73)
$Rpop_{c,p,t-1}$	6.51*** (1.14)	16.25*** (2.90)

续表

变量	回归 3	回归 4
	Probit	Logit
$Year$	控制	控制
$Const$	-3.67*** (0.34)	-6.67*** (0.67)
观察值	5488	5488

注：***表示 p<0.01，**表示 p<0.05；括号内为稳健标准误。

第四节　产业政策的影响效应检验

为验证产业政策对产品复杂度与产业升级之间关系的影响效应，考虑到产业政策具有典型的时间阶段性，以纺织产业历次五年规划为基本标准设置分样本进行分时期回归检验。以每个五年计划为基本划分标准，将样本划分为 10 个（具体划分标准见第五章表 5-11）。

表 6-12 列示了产业政策影响纺织产品复杂度与产业升级之间关系的总体回归结果。其中，回归 1—回归 10 依次是对"三五"时期至"十二五"时期纺织产品复杂度与产业之间关系的总体回归结果。可以发现，产品复杂度（$PCI_{c,p,t-1}$）的系数在大多数时期均显著为负，但是系数的绝对值逐渐减小。这说明，中国纺织产品复杂度对纺织产业的抑制作用在逐渐降低，而这是比较优势规律和产业政策适当引导共同作用下的结果。要想考察产业政策的效应，还需要关注自变量系数的异常值。

关于自变量系数的异常值有 4 个。一是回归 1 中系数值虽然为负，但是统计上不显著。这与"三五"时期的"大跃进"有直接的关系。二是回归 5 中系数值也在统计上不显著。可能的原因是"七五"时期，中国纺织业在改革开放的背景下制定了扩大出口创汇的发展战略，通过贸易交换，获取技术支持，努力提高产品附加值（钱有青，

第六章　产品复杂度对中国纺织产业升级影响的实证分析 | 179

表6-12　产业政策的影响效应检验

变量	回归1	回归2	回归3	回归4	回归5	回归6	回归7	回归8	回归9	回归10
$RCA_{c,p,t-1}$	0.71*** (0.20)	0.78*** (0.10)	0.84*** (0.10)	1.04*** (0.18)	0.86*** (0.17)	0.69*** (0.09)	0.83*** (0.12)	0.68*** (0.07)	0.63*** (0.11)	0.93*** (0.04)
$PCI_{c,p,t-1}$	−0.45 (0.33)	−1.14** (0.58)	−1.15*** (0.39)	0.23 (0.43)	−0.68 (0.44)	−0.83*** (0.31)	−1.22* (0.65)	−0.44** (0.22)	−0.28* (0.16)	0.09 (0.09)
$Rpop_{c,p,t-1}$	0.20 (0.42)	−0.66* (0.40)	−0.79 (0.63)	−0.44 (0.58)	−1.73*** (0.67)	−0.98*** (0.29)	−0.99*** (0.33)	−0.29** (0.12)	0.15** (0.07)	−0.08 (0.07)
$Const$	0.62 (0.40)	0.69** (0.27)	0.64*** (0.20)	0.10 (0.65)	0.97 (0.73)	1.13*** (0.35)	0.34 (0.24)	0.80*** (0.17)	0.49** (0.23)	0.25*** (0.09)
Obs	784	490	490	490	490	490	490	490	490	686

注：*** 表示 p<0.01，** 表示 p<0.05，* 表示 p<0.10；括号内为稳健标准误。

1991），经过五年的发展，成为我国出口创汇的支柱产业。三是回归4中，自变量的系数转负为正。"六五"时期，纺织产业通过交换价值，进一步提高纺织装备行业的技术水平，促进了产品技术复杂度的提升。四是回归10中产品复杂度的系数也为正。可能的原因是在"十二五"时期的新常态背景下，我国纺织产业多数经济指标由两位数降至个位数，同时，数字化技术、网络化技术和新材料技术对纺织产业的支撑作用进一步加强（高华斌和牛方，2015）。

得出的结论为：第一，中国纺织产业的发展是比较优势规律和纺织产业政策适当引导共同作用下的结果。第二，纺织产业政策的实施提高了纺织产品的技术复杂度，但却没有形成新的比较优势。在旧的比较优势已经失去的前提下，中国纺织产业升级面临断档的危机。

第五节 本章小结

产品复杂度（PCI）表征中国纺织产品的技术复杂度大小，PCI越大，纺织产品所承载的专业知识和技术含量越多，越容易向产品空间的核心区域移动，越具有竞争优势。本章主要研究了纺织产业的产品复杂度对产业升级的影响。由于产品密度在产品空间演化中的基础性作用，本章又将产品密度调节变量置于基准模型以研究产品密度和产品复杂度的交互作用对产业升级的影响，得出如下结论：

首先，就中国纺织产品平均PCI的动态演化趋势而言，中国纺织产品的平均PCI呈现波动下降的趋势，说明中国纺织产品的平均技术复杂度在下降。

其次，就产品复杂度对纺织产业升级的非线性影响而言，产品复杂度整体上抑制了纺织产业升级，抑制程度呈先加剧后减弱的非线性趋势。非线性的可能解释是缺乏足够的基础设施和互补的生产要素来支持高技术复杂度的产品实现升级，不过随着纺织产业生产要素禀赋的增加，这种抑制力量最终会减弱。作用机理为：产品复杂度支撑了既有比较优势纺织产品保持竞争优势，但抑制了潜在比较优势纺织产

第六章 产品复杂度对中国纺织产业升级影响的实证分析 | 181

品升级，结果抑制了纺织产业升级。按照产品复杂度（PCI）五分位数设置分样本进行的稳健性检验，证明上述结论可靠。

再次，就产品密度的调节机制而言，产品密度不仅有利于抑制产品复杂度对纺织产业升级的负向影响，而且与产品复杂度协同促进产业升级。这表明，中国纺织产业位居全球价值链的"低端锁定"并非缘于路径依赖效应。作用机理为产品密度和产品复杂度相互补充，通过发挥支撑作用和引领作用，协同完成纺织产业升级的系统工程。交互项的支撑作用主要表现为产品密度通过倒逼复杂度低的纺织产品退出市场，将沉淀和浪费在被迭代产品上的资源重新配置到复杂度高的纺织产品上。复杂度高的纺织产品在市场自发调节和政策倾斜的作用下得以持续保持竞争优势。如此一来，产品复杂度和产品密度协同在产业升级中发挥支撑作用。交互项的引领作用主要表现为产品密度和产品复杂度通过开发潜在优势产品和提高新开发产品的附加价值协同推进产品升级，从而在纺织产业升级中发挥引领作用。高复杂度产品普适性低，技术含量高，对转型升级产品的挑战大；而高产品密度可以促进产品之间的知识溢出，给转型升级产品提供更多的能力，助推产品实现升级。按照产品密度中位数设置分样本进行的稳健性检验，证明上述结论可靠。

最后，就纺织产业政策而言，由于中国纺织产业的发展是比较优势规律和纺织产业政策适当引导共同作用下的结果，纺织产业政策的实施提高了纺织产品的技术复杂度，但目前还没有形成新的比较优势。在旧的比较优势已经失去的前提下，中国纺织产业升级面临"断档"的危机，中国纺织产业内部亟须供给侧结构调整。

第七章 产品机会前景收益对中国纺织产业升级影响的实证分析

第一节 研究设计

一 模型设定

采用非线性的门槛模型，研究产品机会前景收益对纺织产业升级的影响以及产品密度对两者关系的调节机制。前者的门槛变量为产品机会前景收益；后者的门槛变量为产品密度。这里仅详细介绍以产品机会前景收益作为门槛变量的门槛模型的构建过程。由于以产品密度作为门槛变量的门槛模型的构建过程与之类似，故不再赘述。

产品机会前景收益对纺织产业升级支持水平的不同将引致异质性的升级速度。因此，若运用基于线性假设前提的传统模型来研究产品机会前景收益与纺织产业升级之间的关系，将会忽略由于产品机会前景收益演变所导致的非线性关系。本章采用非线性的面板门槛方法（Wang et al.，2019），来识别不同水平下产品机会前景收益与纺织产业升级之间的关系。门槛模型的主要优势体现在，只需将门槛变量（产品机会前景收益）作为未知变量纳入回归模型，无须设定非线性方程的形式，通过建立分段函数，由样本内生决定门槛值及数量，从而避免了人为划分产品机会前景收益水平的主观性。通过对门槛效应的存在性进行检验并估计确定具体的门槛值，继而对样本进行内生分组，可以考察不同水平下的产品机会前景收益对纺织产业升级的不同影响（戴魁早和刘友金，2015）。

遵循由单一门槛扩展到多门槛的原则对门槛模型展开描述。单一门槛回归的基本思想是在模型内的某一区域内存在一个门槛的情况下，对于 $COG_{c,p,t} \leq \gamma$ 与 $COG_{c,p,t} > \gamma$ 两种情况而言，产品机会前景收益对纺织产业升级的影响存在着明显的差异。单一门槛模型如式（7-1）所示：

$$RCA_{c,p,t} = \beta_1 COG_{c,p,t} I(COG_{c,p,t} \leq \gamma) + \beta_2 COG_{c,p,t} I(COG_{c,p,t} > \gamma) + \alpha \sum CV_{c,p,t} + \mu_p + \varepsilon_{c,p,t} \quad (7-1)$$

式中，$COG_{c,p,t}$ 表示门槛变量（在本书中同时为核心解释变量）；γ 表示门槛值；β_1 表示门槛变量（$COG_{c,p,t}$）在 $COG_{c,p,t} \leq \gamma$ 区间时自变量（$COG_{c,p,t}$）的系数；β_2 表示门槛变量（$COG_{c,p,t}$）在 $COG_{c,p,t} > \gamma$ 区间时自变量（$COG_{c,p,t}$）的系数；$I(\cdot)$ 表示一个指示函数，即对于 $COG_{c,p,t} \leq \gamma$，$I(\cdot) = 0$，否则 $I(\cdot) = 1$；$\sum CV_{c,p,t}$ 表示一系列控制变量；μ_p 表示不随时间而变的个体效应；ε 表示随机干扰项。

式（7-1）的另外一种松散表达形式为：

$$\begin{cases} RCA_{c,p,t} = \beta_1 COG_{c,p,t} + \alpha \sum CV_{c,p,t} + \mu_p + \varepsilon_{c,p,t}, & COG_{c,p,t} \leq \gamma \\ RCA_{c,p,t} = \beta_2 COG_{c,p,t} + \alpha \sum CV_{c,p,t} + \mu_p + \varepsilon_{c,p,t}, & COG_{c,p,t} > \gamma \end{cases}$$

式（7-1）的另外一种紧凑表达形式为：

$$RCA_{c,p,t} = \beta COG_{c,p,t}(\gamma) + \alpha \sum CV_{c,p,t} + \mu_p + \varepsilon_{c,p,t} \quad (7-2)$$

式中，$\beta = \begin{cases} \beta_1 \\ \beta_2 \end{cases}$

$$COG_{c,p,t}(\gamma) = \begin{cases} COG_{c,p,t} I(COG_{c,p,t} \leq \gamma) \\ COG_{c,p,t} I(COG_{c,p,t} > \gamma) \end{cases}$$

式（7-2）中 γ 估计值 $\hat{\gamma}$ 可通过最小化其残差平方和获得（罗军和陈建国，2014），继而可估计出其他参数。首先要对式（7-2）在时间指数 t 上取平均值，得到式（7-3）：

$$\overline{RCA}_{c,p} = \beta \overline{COG}_{c,p}(\gamma) + \alpha \sum \overline{CV}_{c,p} + \mu_p + \overline{\varepsilon}_{c,p} \quad (7-3)$$

其次，对式（7-2）和式（7-3）进行减法运算，得到消除 μ_p 的式（7-4）：

$$RCA_{c,p,t}^* = \beta COG_{c,p,t}^*(\gamma) + \alpha_{c,p,t} + \varepsilon_{c,p,t}^* \quad (7-4)$$

其中，$RCA_{c,p,t}^* = RCA_{c,p,t} - \overline{RCA}_{c,p}$，$COG_{c,p,t}^*(\gamma) = COG_{c,p,t}(\gamma) - \overline{COG}_{c,p}(\gamma)$，依次类推。

最后，求式（5-4）中的门槛值 γ，可将任意的 γ_0 作为初始值赋给 γ，采用 OLS 方法估计各斜率系数 β，同时求得相应的残差平方和 $S(\gamma)$。如果依次在 γ 取值范围内从小到大选定 γ_0（董利红和严太华，2015），就可以得到多个不同的 $S(\gamma)$。其中，使残差平方和 $S(\gamma)$ 的值最小的 γ_0 就是门槛值，暂且标记为 γ^*，即 $\gamma^* = \arg\min S_1(\gamma)$，门槛值一旦确定，对应的 β 估计值便可求出，同时，可得残差方差 $\widehat{\sigma}_1^2 = S_1(\gamma^*)/[n(t-1)]$。

以上只是假设产品机会前景收益存在一个门槛时的估计过程，为了进一步确定是否存在两个及以上门槛，可以假设已经估计出第一个门槛值，接下来开始估计第二个门槛值。在此，设定双重门槛模型：

$$RCA_{c,p,t} = \beta_1 COG_{c,p,t} I(COG_{c,p,t} \leq \gamma_1) + \beta_2 COG_{c,p,t}$$
$$I(\gamma_1 < COG_{c,p,t} \leq \gamma_2) + \beta_3 COG_{c,p,t}$$
$$I(\gamma_2 < COG_{c,p,t}) + \alpha \sum CV_{c,p,t} + \mu_p + \varepsilon_{c,p,t} \quad (7-5)$$

利用联合估计法，将临时值 $\widehat{\sigma}_1^2$ 代入式（7-5），运用逐步搜索法可得 γ_2 的值，进而有 $\gamma_2 = \arg\min S_2(\gamma^*, \gamma_2)$，$\widehat{\sigma}_2^2 = S_1(\gamma^*, \widehat{\gamma}_2)/[n(t-1)]$。产品机会前景收益对纺织产业升级的多重门槛模型可在单一和双重门槛模型的基础上进行类推，在此不再赘述（张志新等，2017）。

在估计出 γ 和 β 的基础上进行以下两方面的检验。一是检验模型（7-5）是否表现出显著的门槛特征（$\beta_1 \neq \beta_2$），如果 F 统计量的 P<0.1，则门槛特征显著。P 值可通过采用 Hansen（2000）的 Bootstrap 算法获得 F 统计量渐进分布来构造。二是检验门槛值的真实性（$\widehat{\gamma} = \gamma_0$）（刘德学和喻叶，2019）。Hansen 认为当似然比统计量（Likelihood Ratio Statistic）$LR(\gamma_0) \leq c(\tau) = -2\ln(1-\tau)$ 时（τ 表示显著性水平），门槛值等于真实值。其中，当 τ 在 95% 的置信水平下时，$c(\tau) = 7.35$（张国庆和李卉，2019）。

二 内生性讨论

本章考察的产品机会前景收益对纺织产业升级的影响可能存在内生性，从而导致不一致的估计。由于产生内生性的原因已经在前文进行了详细阐述，在此不再赘述。本章在实证策略上采取三种方式克服上述难题。一是将因变量的滞后 1 期加入解释变量。二是将自变量滞后 1 期再进行回归。三是引入一系列产业层面的特征变量加以控制。通过上述分析，可以将模型（7-5）改写为动态面板数据模型：

$$RCA_{c, p, t} = \beta_0 RCA_{c, p, t-1} + \beta_1 COG_{c, p, t-1} I(COG_{c, p, t-1} \leq \gamma_1) +$$
$$\beta_2 COG_{c, p, t-1} I(\gamma_1 < COG_{c, p, t-1} \leq \gamma_2) +$$
$$\beta_3 COG_{c, p, t-1} I(\gamma_2 < COG_{c, p, t-1}) +$$
$$\alpha \sum CV_{c, p, t-1} + \mu_p + \varepsilon \quad (7-6)$$

三 变量选取与数据描述

模型中的核心解释变量，即产品机会前景收益、产品密度。由于产业升级的代理指标 RCA，以及 $Density$ 和 $Rpop$ 已经在前文详细测算和说明，这里主要对核心解释变量的测度方式进行说明。

（一）变量说明

本章的主要解释变量有两个。被解释变量为产业升级，核心解释变量为产品机会前景收益。控制变量包括人均产业优势和一系列时间虚拟变量。

1. 因变量

因变量是产业升级。由于在第五章已经对其进行详细解释，在此不再赘述。

2. 自变量

自变量是产品机会前景收益。该变量衡量一国开发一种新产品获得的收益，它来自开发潜在产品 p 以后一国复杂性展望指数的变化，能够量化新产品在打开更多更复杂产品的大门方面的贡献。用数理形式表达为：

$$COG_{c, p, t} = \left[\sum_s \frac{\varphi_{p, s}}{\sum_u \varphi_{s, u}} (1 - x_{c, s, t}) PCI_s \right] - Density_{c, p, t} PCI_p$$

式中，产品 p、s、u 之间的逻辑关系为，新开发出的产品 p 打通产品 s 的链路，而产品 s 又打通产品 u 的链路；PCI 表示新开发的产品 p 和被 p 打通链路的产品 s 的技术复杂性指数；$(1-x_{c,s,t})$ 表示该国目前没有生产的产品；$(1-x_{c,s,t})PCI_s$ 表示隐性优势产品 s 的技术复杂性指数；$Density_{c,p,t}PCI_p$ 表示新开发出的显性优势产品 p 的密度的加权平均，权重为产品 p 的复杂性指数。

就本书的研究主题而言，纺织产品 p 的机会前景收益越高，表明纺织产品打通的更复杂产品的数量越多，其拓展性越强，意味着中国纺织产业目前的生产能力附近的复杂产品的数量就越多，能生产更复杂纺织产品的可能性就越大。而纺织产品 p 的机会前景收益越低，越没有开发价值，甚至占用了开发新产品的要素禀赋。当纺织产品 p 的机会前景收益为负值时，表明此产品的开发会造成资源错配，影响其他有潜力的纺织产品的开发。

3. 调节变量

调节变量是产品密度，由于在第五章已经对其进行详细解释，在此不再赘述。

4. 控制变量

控制变量是人均产业优势和时间虚拟变量，由于在第六章已经对其进行详细解释，在此不再赘述。

本节涉及的变量定义与说明见表 7-1。

表 7-1　　　　　　　　　　变量定义与说明

变量	变量名称	变量符号	变量取值方法及主要说明
因变量	产业升级	$RCA_{c,p,t}$	产品 p 在 c 国的市场份额/产品 p 在全球的市场份额
		$x_{c,p,t}$	$RCA_{c,p,t}$ 大于等于 1 时，$x_{c,p,t}$ 为 1，否则为 0
自变量	产品机会前景收益	COG	c 国开发产品 p 的潜在价值部分所获得的收益
调节变量	产品密度	$Density_{c,p,t}$	产品 p 与 c 国显性优势产品的邻近度之和/产品 p 与 c 国所有产品的邻近度之和

续表

变量	变量名称	变量符号	变量取值方法及主要说明
控制变量	人均产业优势	Rpop	中国纺织产业的出口总值与中国总人口的比值除以全球纺织产业的出口总值与全球所有产品的出口值的比值
	年份虚拟变量	Year	t 年当年，Year 等于 1；其他年份等于 0。$t \in$ [1962, 2018]

(二) 资料来源与说明

本章所用资料来源与第六章相同，在此不再赘述。

第二节 实证结果与稳健性测试

一 统计描述

(一) 中国纺织产品空间结构属性指标的动态演化（RCA 和 COG）

图 7-1 描绘了中国纺织产品比较优势和机会前景收益的演化趋势及两者之间的关系。其中，图 7-1（a）为中国纺织产品 RCA 的动态演化图。RCA 表征中国纺织产品的比较优势大小。RCA 越大，纺织产品的显性比较优势越明显，出口量占比越大。1962—1985 年中国纺织产品的平均 RCA 呈上升趋势，1985 年以后为下降趋势。1985 年是一个拐点，中国纺织产品的平均 RCA 达到 8.44。

图 7-1（b）为中国纺织产品 COG 的动态演化图。COG 用以度量某一纺织产品 p 的潜在开发价值，COG 越大，开发纺织产品 p 带来的收益越大，这里的"收益"是指"打开"通向更复杂产品大门的链路。COG 越小，纺织产品 p 的潜在开发价值就越小。当 COG 为负值时，表明此种纺织产品没有潜力，如果继续开发，会因占用其他具有潜在开发价值的纺织产品的要素禀赋而产生沉没成本。从图中可以看出，中国纺织产品的平均 COG 呈现波动下降的趋势，说明随着时间

的推移，没有潜力的纺织产品迟迟没有退出市场，限制了具有较大潜在收益的纺织产品的发展规模和效率，以至于纺织产品的平均 COG 呈下降趋势。

图 7-1（c）为中国纺织产品 RCA 与 COG 之间的相关关系图。从图 7-1（c）中可以看出，中国纺织产品的 RCA 与 COG 的整体趋势是波动下降，而且两者的下降速度在每个小阶段的波动趋势相对而行，例如，1962—1977 年中国纺织产品的平均 RCA 呈上升趋势，而平均 COG 呈下降趋势；1977—1985 年中国纺织产品的平均 RCA 下降速度小于平均 COG；1985—2007 年中国纺织产品的平均 COG 的下降速度小于平均 RCA；2007—2017 年中国纺织产品的平均 RCA 下降速度小于平均 COG。

（二）中国纺织产品空间的动态演进

图 7-2 为利用 UCINET 和 NETDRAW 软件绘制的中国纺织产业 50 余年显性比较优势产品在产品空间的演化趋势。根据中国纺织产品的出口贸易数据，测算 RCA，取 RCA 大于 1 的纺织产品作为显性比较优势产品，以 1962 年显性优势纺织产品为基准，标记为圆圈；将后来升级成功的显性比较优势纺织产品标记为正方形。点的大小代表 RCA 的大小。可以看出，1962 年中国纺织产品空间比较稀疏，优势产品数量比较少，且主要位于全球产品空间的边缘位置。2017 年中国纺织产品空间发生较大变化，产品空间更加稠密，产品种类明显增多，且逐步向全球产品空间的核心区域移动。值得注意的是，与"旧"产品（圆圈）的数量相比，开发的新产品（正方形）数量有限，尤其是新的处于核心区域的纺织产品有限。可能的原因是，机会前景收益为负值的纺织产品的大量开发占用了有限且宝贵的要素禀赋，影响了具有较大潜在机会价值的纺织产品的开发以及国际竞争力的提升。

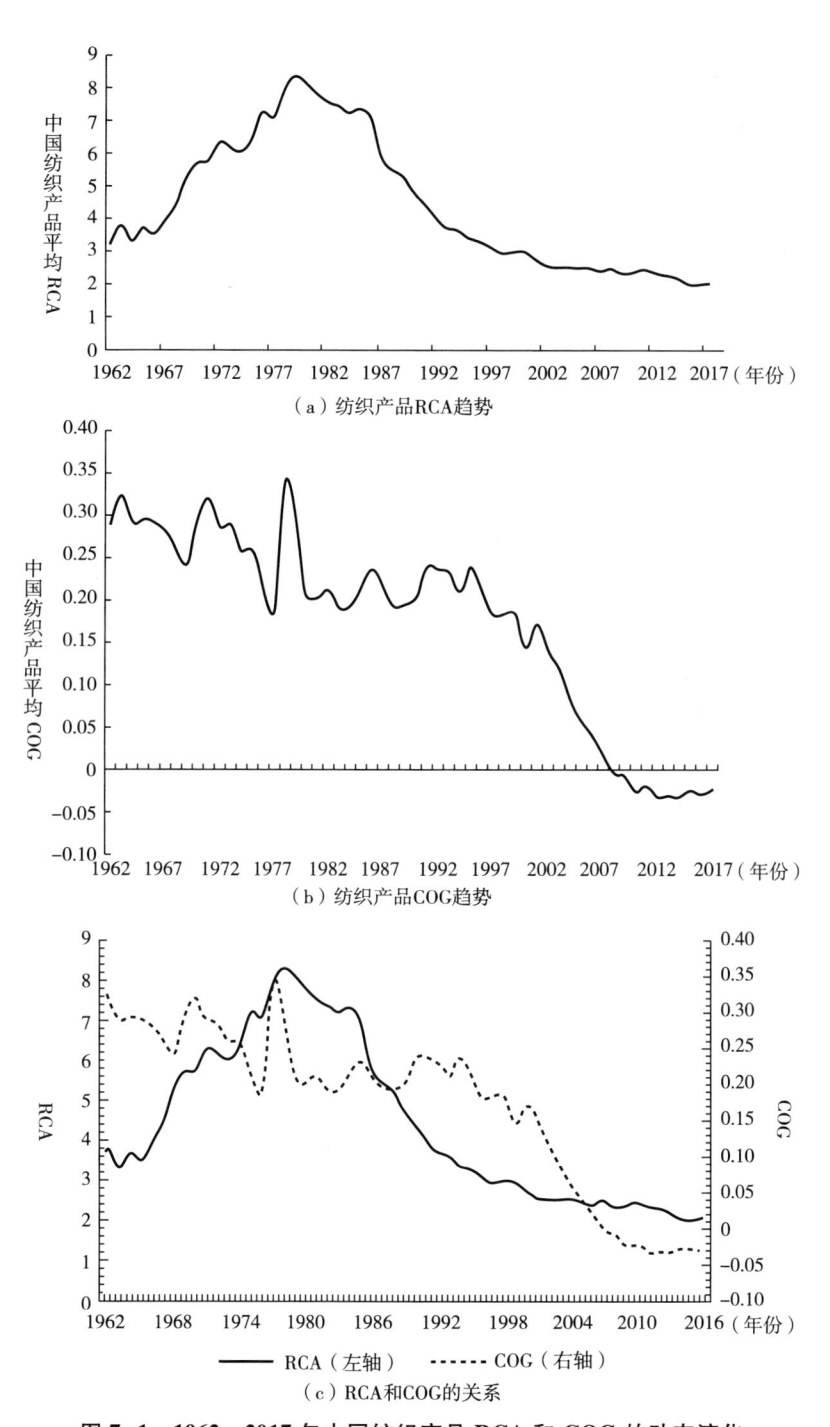

第七章 产品机会前景收益对中国纺织产业升级影响的实证分析 | 189

(a) 纺织产品RCA趋势

(b) 纺织产品COG趋势

(c) RCA和COG的关系

图 7-1 1962—2017 年中国纺织产品 RCA 和 COG 的动态演化

1962年　　　　　　　　　　　　　2017年

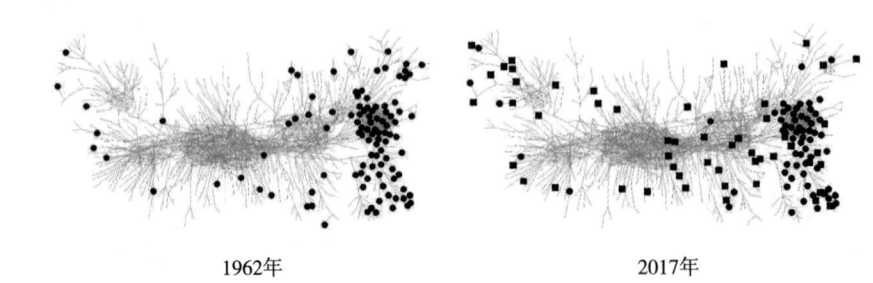

图 7-2　中国纺织产业比较优势演化

资料来源：见附录。

二　估计结果与分析

（一）变量的平稳性检验

在进行门槛回归之前，首先采用适用于长面板数据的 LLC 检验方法对数据进行平稳性检验以规避伪回归问题并提高估计结果有效性。检验结果见表 7-2，所有变量均不显著。这说明所有变量均存在单位根。但经过一阶差分后，所有变量均在 1% 的显著性水平下拒绝了原假设。也就是说，所检验的变量都是一阶单整序列 [I（1）过程]。

表 7-2　　　　　　　　　面板数据单位根检验

变量	LLC	IPS	ADF-Fisherx^2
RCA	0.01 (0.50)	-0.37 (0.36)	15.89*** (0.00)
ΔRCA	-41.21*** (0.00)	-47.38*** (0.00)	
$COG_{c,p,t}$	-0.16 (0.44)	0.98 (0.84)	14.11*** (0.00)
$\Delta COG_{c,p,t}$	-27.69*** (0.00)	-47.96*** (0.00)	
$Density_{c,p,t-1}$	-0.41 (0.34)	-1.68** (0.05)	16.17*** (0.00)

续表

变量	LLC	IPS	ADF-Fisherx^2
$\Delta Density_{c,p,t-1}$	-58.60*** (0.00)		
$Rpop_{c,p,t-1}$	8.01 (1.00)	13.79 (1.00)	8.19*** (0.00)
$\Delta Rpop_{c,p,t-1}$	-39.45*** (0.00)	-35.91*** (0.00)	

注：***表示 p<0.01，**表示 p<0.05。括号内为 P 值。

由于 LLC 具有一定的局限性，本书又采用 Im 等（2003）提出的面板单位根检验方法，即 IPS 检验，以弥补 LLC 检验方法的缺陷。检验结果显示，除了 Density 在 5% 的水平下拒绝原假设，RCA、COG 和 Rpop 均未通过单位根检验，但它们的一阶差分序列均平稳。费雪式检验与 IPS 检验的基本逻辑相似，即对每个个体分别进行单位根检验，然后再将这些信息综合起来。费雪检验在计算 P 值时，有两种方法，一是根据 ADF 检验计算 P 值，二是根据 PP 检验获取 P 值。本书选用前者计算 P 值。费雪检验结果见表 7-2 最后一列 ADF-Fisherx^2。可知，RCA、COG、Density 与 Rpop 在 1% 的水平下通过单位根检验。

上述检验结果表明，所有变量序列均不完全平稳，但是它们的一阶差分均平稳，因此这些变量可能拥有共同的随机趋势（Common Stochastic Trend），如果对这些变量进行线性组合，那么就可以消去此随机趋势。上述单位根检验结果表明运用协整检验来验证"伪回归"问题的前提条件得到满足。

（二）协整检验

综合运用 Westerlund（2007）和 Persyn（2008）的面板协整之误差修正技术来检验变量的协整性。其中，Gt 和 Ga 是针对截面进行检验，Gt 不考虑序列相关，Ga 考虑序列相关；Pt 和 Pa 是针对整个面板进行检验，Pt 不考虑序列相关，Pa 考虑序列相关。四种方法均用于检验是否存在协整关系。由表 7-3 可知，Gt、Ga、Pt 和 Pa 均在 1% 的显著性水平下拒绝原假设，表明因变量和自变量以及控制变量之间存在协整关系,即 *RCA* 与 *COG*、*Density*、*Rpop* 之间存在长期稳定的均衡关系,不存在虚假回归问题,可以进行回归。

表 7-3　　因变量 *RCA* 与 *COG* 等变量之间的协整关系检验

统计参数	值	Z 值	P 值
Gt	-4.49	-21.23	0.00
Ga	-15.92	-3.83	0.00
Pt	-28.53	-6.70	0.00
Pa	-11.93	-3.42	0.00

(三) 门槛效应检验

门槛效应检验包括两部分,依次为门槛存在自抽样检验和门槛真实性检验。第一,检验门槛效应的显著性。本书参照 Hansen (2000)、Munir 和 Li (2018) 的做法,依次针对不存在门槛值、一个门槛值或多个门槛值的原假设进行检验,得到统计量 F_1、F_2 和 F_3,并采用"自抽举法"(Bootstrap)获得对应的 P_1、P_2 和 P_3 值以确定门槛个数。

检验结果如表 7-4 所示,模型 (7-6) 只对不存在单一门槛、双重门槛以及三重门槛的检验效果显著,相应的自抽样 P 值依次为 0.00、0.00、0.00。这表明在 10% 的显著性水平下接受只存在三个门槛的原假设,三门槛值分别是 0.28、0.49、0.77。对应的低、中、高三门槛区间依次是 $(-\infty, 0.28]$、$(0.28, 0.49]$、$(0.49, 0.77]$ 和 $(0.77, +\infty)$。上述分析说明三重门槛模型为最优选择。

表 7-4　　　　　　　门槛存在的自抽样检验

	F 值	P 值	临界值 1%	临界值 5%	临界值 10%	门槛值	置信区间
单一门槛	56.08	0.00	4.78	1.92	-1.33	0.28	[0.16, 0.34]
双重门槛	18.24	0.00	2.92	0.01	-2.11	0.49	[0.36, 0.63]
三重门槛	7.63	0.00	6.76	4.07	2.95	0.77	[0.12, 0.80]

注:F 值和 P 值采用反复抽样 1000 次得到(Iyidogan and Turan,2017)。

第二，检验门槛估计值的真实性。图7-3描绘了三个门槛参数及其置信区间的似然比函数（Likelihood Ratio）。三个门槛估计值依次为0.28、0.49、0.77，分别对应图7-3（a）、图7-3（b）、图7-3（c）中虚线以下最底端对应的门槛参数。三门槛值对应的95%置信区间依次为图7-3（a）、图7-3（b）、图7-3（c）中虚线以下的区间。由于三个门槛值均包含在置信区间内，故可证门槛估计值等于真实值。

（四）主效应实证结果

主效应实证结果如表7-5所示。为了衬托出面板门槛模型的优势，本章首先构造了两个线性模型，分别是FE和sys-GMM模型。两线性模型的回归结果见表7-5中回归1与回归2，其产品机会前景收益（$COG_{c,p,t-1}$）的系数均显著为负，说明纺织产品机会前景收益越高，对产业升级的抑制作用越强，这与张亭等（2017）的结论相似，即产品机会前景收益与产业升级之间存在显著的负向关系。可能的原因是，机会前景收益高的纺织产品，其比较优势较低。

相较于线性回归模型，区分不同水平下的产品机会前景收益之后的门槛回归结果更为丰富。回归3显示产品机会前景收益与纺织产业升级之间呈现出非单调的三门槛特征。虽然在四个不同层次的门槛区间内，产品机会前景收益的系数符号均显著为负，但系数绝对值逐步递减。这表明随着产品机会前景收益的提高，其对纺织产业升级的抑制作用逐步减弱。一是当产品机会前景收益处于较低水平（$COG_{c,p,t-1}<0.28$）时估计系数为-6.19且在1%的水平下显著。二是当产品机会前景收益处于中下等水平（$0.28 \leq COG_{c,p,t-1}<0.49$）时，估计系数为-3.37且在1%的水平下显著。三是当产品机会前景收益处于中高等水平（$0.49 \leq COG_{c,p,t-1}<0.77$）时，其估计系数为-2.14且在1%的水平下显著。四是当产品机会前景收益跨越中高等水平进入高等水平时，其对纺织产业升级发展的抑制作用最低。

得出的结论为：第一，相比于线性模型，面板模型更能展示产品机会前景收益的演变特征。第二，中国纺织产品机会前景收益抑制了纺织产业升级发展，尽管抑制的程度呈现逐步减弱的非线性趋势，但

(a) 第1个门槛估计值和置信区间

(b) 第2个门槛估计值和置信区间

(c) 第3个门槛估计值和置信区间

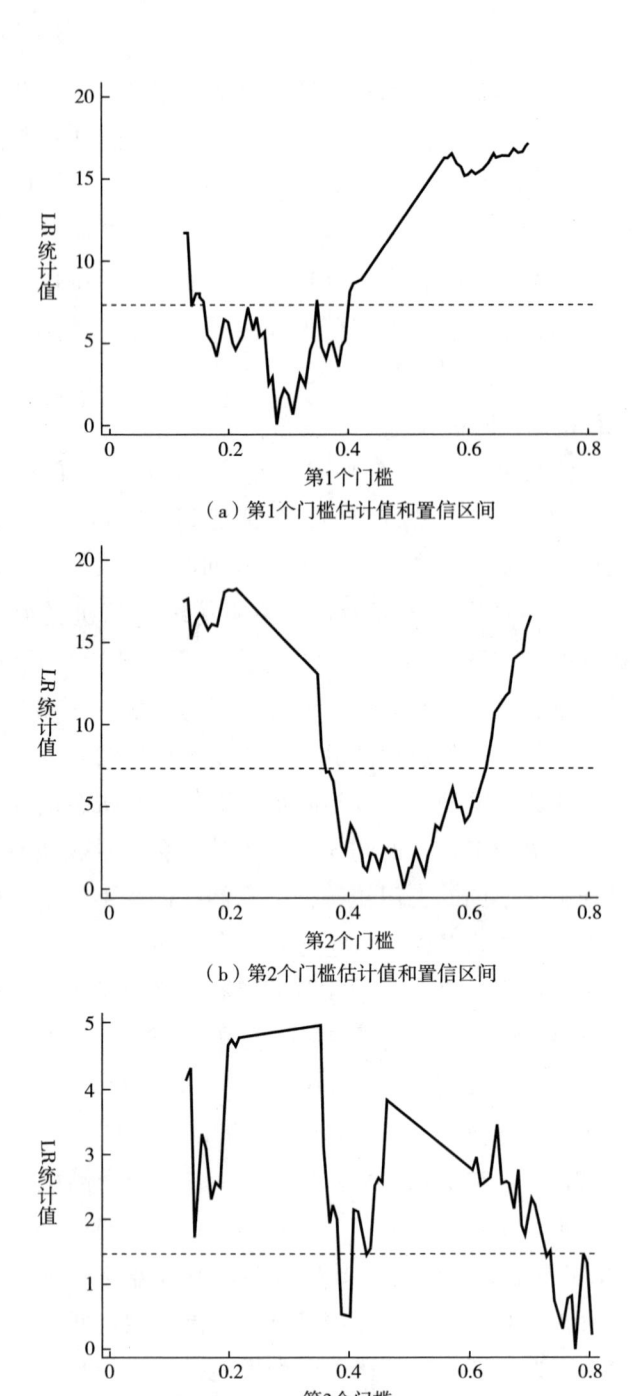

图7-3 门槛估计值和置信区间

表 7-5　产品机会前景收益影响纺织产业升级的总体回归结果

变量	回归 1 线性模型（FE）	回归 2 线性模型（sys-GMM）	回归 3 面板门槛模型
$COG_{c,p,t-1}\_1$	-1.11*** (0.08)	-0.40*** (0.09)	-6.19*** (0.43)
$COG_{c,p,t-1}\_2$			-3.37*** (0.18)
$COG_{c,p,t-1}\_3$			-2.14*** (0.09)
$COG_{c,p,t-1}\_4$			-1.69*** (0.06)
$RCA_{c,p,t-1}$	0.13*** (0.00)	0.90*** (0.02)	0.12 (0.01)
$Rpop_{c,p,t-1}$	0.10*** (0.03)	-0.38*** (0.04)	0.02 (0.03)
$Const$	2.49*** (0.04)	0.63*** (0.08)	
Ar（1）.p 值		0.00	
Ar（2）.p 值		0.08	
Sargan.p 值		1.00	
观察值	5488	5390	
R^2	0.26		

注：＊＊＊表示 p<0.01；括号内为稳健标准误。

是始终没有改变"负"向关系这个结果。结合前文的追求赶超式的中国纺织产业政策可知，中国选择性地开发潜在机会价值大的纺织产品是为了实现跨越式升级。

（五）调节效应总体回归结果

前面的主效应回归结果表明纺织产品潜在机会价值的开发偏离了比较优势，即虽然产品种类多样化水平得到提高，纺织产业内部结构得到优化，但是新产品却迟迟未形成明显的比较优势。第五章得出结论，中国纺织产业的升级具有路径依赖性，依赖于累积的生产能力和要素禀赋。在此将产品密度这一基础性变量置于模型,以检验产品密度的支撑作用。如果产品机会前景收益和产品密度的交互项的系数显著为正,那便可以证明上述推理正确。

将产品机会前景收益($COG_{c,p,t}$)依然作为核心解释变量,将产品密度($Density_{c,p,t}$)作为门槛变量构建关于产品密度调节效应的门槛模型:

$$RCA_{c,p,t} = \beta_0 RCA_{c,p,t-1} + \beta_1 COG_{c,p,t-1} I(Density_{c,p,t-1} \leq \gamma_1) + \\ \beta_2 COG_{c,p,t-1} I(\gamma_1 < Density_{c,p,t-1} \leq \gamma_2) + \\ \beta_3 COG_{c,p,t-1} I(\gamma_2 < Density_{c,p,t-1}) + \\ \alpha \sum CV_{c,p,t-1} + \mu_p + \varepsilon \quad (7-7)$$

1. 门槛效应检验

门槛效应检验包括两部分,依次为门槛存在自抽样检验和门槛真实性检验。第一,检验门槛效应的显著性。本书参照 Hansen(2000)、Munir 和 Li(2018)的做法,依次针对不存在门槛值、一个门槛值或多个门槛值的原假设进行检验得到统计量 F_1、F_2 和 F_3,并采用"自抽举法"(Bootstrap)获得对应的 P_1、P_2 和 P_3 值以确定门槛个数。检验结果如表 7-6 所示,产品密度的调节机制模型只对不存在单一门槛、双重门槛的检验效果显著(吴传清和张雅晴,2018),相应的自抽样 P 值依次为 0.00、0.00。这表明在 10% 的显著性水平下接受只存在两个门槛的原假设,两门槛值分别是 0.40、0.45。对应的低、中、高三门槛区间依次是(-∞,0.40)、[0.40,0.45)和[0.45,+∞)。上述分析说明双重门槛模型为最优选择。

表 7-6　　　　　　　　门槛存在的自抽样检验

	F 值	P 值	临界值			门槛值	置信区间
			1%	5%	10%		
单一门槛	56.46	0.00	6.74	3.79	3.08	0.40	[0.36,0.42]
双重门槛	16.30	0.00	8.11	3.32	0.96	0.45	[0.45,0.47]
三重门槛	1.07	0.28	5.94	3.78	2.64		

注:F 值和 P 值采用反复抽样 1000 次得到(Iyidogan and Turan,2017)。

第七章　产品机会前景收益对中国纺织产业升级影响的实证分析　197

第二，检验门槛估计值的真实性。图7-4描绘了两个门槛参数及其置信区间的似然比函数。两个门槛估计值依次为0.40、0.45，分别对应图7-4（a）、图7-4（b）中虚线以下最底端对应的门槛参数。两门槛值对应的95%置信区间依次为图7-4（a）、图7-4（b）中虚线以下的区间。由于两门槛值均包含在置信区间内，因此可证门槛估计值等于真实值。

（a）第1个门槛估计值和置信区间

（b）第2个门槛估计值和置信区间

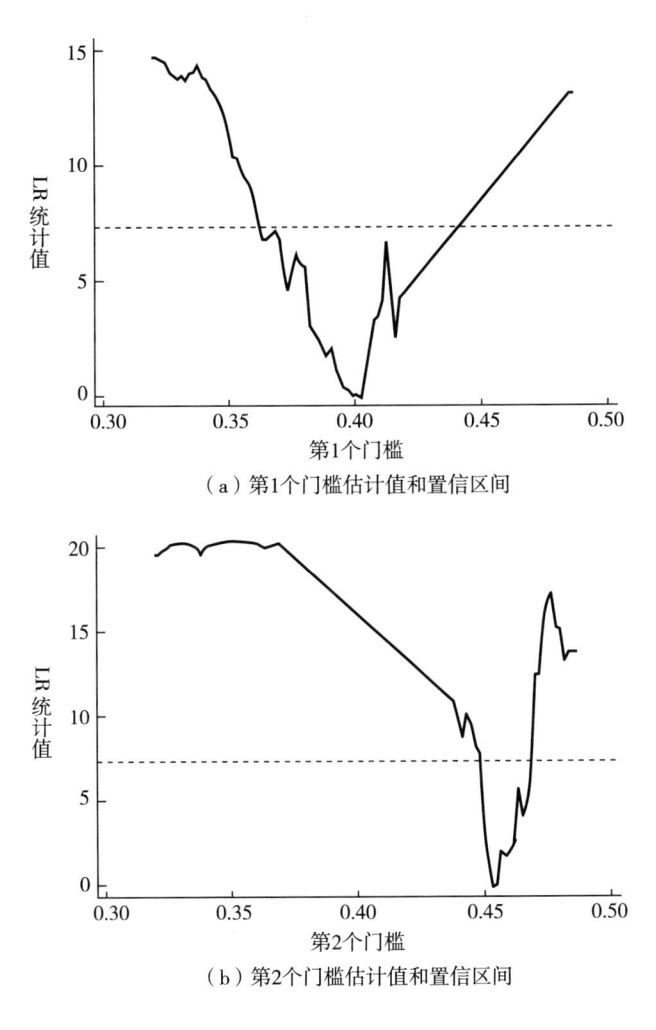

图7-4　门槛估计值和置信区间

2. 门槛估计结果

表7-7为产品密度（$Density_{c,p,t-1}$）的调节机制检验结果。为了比较出非线性模型（7-7）的优势，本书先构造了两个线性模型，分别为FE和sys-GMM模型，两线性模型的回归结果见回归4、回归5，其产品机会前景收益（$COG_{c,p,t-1}$）的系数均显著为负，但与产品密度的交互项（$COG_{c,p,t-1}(Density_{c,p,t-1})$）的系数却显著为正。

表7-7 产品密度对产品机会前景收益与纺织产业升级关系的调节效应

变量	回归4 线性模型（FE）	回归5 线性模型（sys-GMM）	回归6 面板门槛模型
$COG_{c,p,t-1}\_1$	−2.02*** （0.41）	−0.58*** （0.19）	−1.19*** （0.05）
$COG_{c,p,t-1}\_2$			0.54* （0.32）
$COG_{c,p,t-1}\_3$			3.80*** （0.65）
$RCA_{c,p,t-1}$	0.13*** （0.00）	0.93*** （0.00）	0.13*** （0.01）
$Density_{c,p,t-1}$	0.85* （0.47）	0.54*** （0.04）	
$COG_{c,p,t-1}\times$ $Density_{c,p,t-1}$	3.84*** （1.41）	1.17* （0.63）	
$Rpop_{c,p,t-1}$	0.05 （0.04）	−0.25*** （0.00）	0.07** （0.03）
$Const$	2.14*** （0.08）	0.21*** （0.01）	
Ar（1）.p值		0.00	
Ar（2）.p值		0.07	
Sargan.p值		1.00	
观察值	5488	5390	
R^2	0.26		

注：*** 表示p<0.01，** 表示p<0.05，* 表示p<0.10；括号内为稳健标准误。

相较于线性回归模型，区分不同水平下的产品密度之后的门槛回归结果相对更为丰富。从回归 6 可以看出，产品机会前景收益（$COG_{c,p,t-1}$）与纺织产业升级之间呈现出非单调的双门槛特征。在三个不同层次的门槛区间内，产品机会前景收益（$COG_{c,p,t-1}$）的系数符号由负转正。这表明在产品密度的调节作用下，产品机会前景收益与产业升级之间存在正"U"形关系。

（1）当产品密度处于较低水平（$Density_{c,p,t-1}<0.40$）时，产品机会前景收益（$COG_{c,p,t-1}$）的估计系数为-1.19 且在 1%的水平下显著，说明纺织产品机会前景越高，中国的纺织产业目前的生产能力附近的复杂产品数量就越多，但是由于产品密度较低，现有的生产能力和要素禀赋不足以开发这些潜在产品，致使产业升级的目标难以达成。（2）当产品密度处于中等水平（$0.40 \leqslant Density_{c,p,t-1}<0.45$）时，产品机会前景收益（$COG_{c,p,t-1}$）的估计系数转负为正，系数值为 0.54 且在 10%的水平下显著。（3）当产品密度达到高等水平（$Density_{c,p,t-1} \geqslant 0.45$）时，产品机会前景收益（$COG_{c,p,t-1}$）的估计系数为 3.80 且在 1%的水平下显著。这表明，只有当产品密度跨越低门槛区间时，才能支撑新开发的具有潜力的纺织产品持续成长，使其比较优势越来越明显。

通过对产品密度调节效应总体回归结果的分析，得出如下结论：第一，相较于线性模型，面板模型更能展示产品密度调节效应的演变特征。第二，产品密度正向调节效应的发挥具有门槛特征，只有当产品密度跨越第一门槛时，才能扭转产品机会前景收益对纺织产业升级的负向影响。可是，现实是新开发的纺织产品的比较优势水平非常低，根据这一现象推断，中国纺织产业目前累积的生产能力禀赋不足以支撑新开发的纺织产品实现跨越式升级。

三 产品密度的调节效应机理检验结果与分析

前面的产品密度调节效应的总体回归结果表明，产品密度对产品机会前景收益与产业升级之间关系的调节效应具有门槛特征。本部分尝试将产品密度调节变量置于产品发展形态模型，构建包含产品密度和产品机会前景收益交互项的产品发展形态模型以揭示产品密度发挥调节效应的内在机理：

$$\begin{aligned}x_{c,p,t} = & \alpha_0 x_{c,p,t-1} + \beta_1(x_{c,p,t-1})COG_{c,p,t-1} + \\ & \gamma_1(x_{c,p,t-1})Density_{c,p,t-1} + \omega_1(x_{c,p,t-1})COG_{c,p,t-1} \times \\ & Density_{c,p,t-1} + \beta_2(1-x_{c,p,t-1})COG_{c,p,t-1} + \\ & \gamma_2 Density_{c,p,t-1} + \omega_2(1-x_{c,p,t-1})COG_{c,p,t-1} \times \\ & Density_{c,p,t-1} + \alpha_1 \sum CV_{c,p,t-1} + \mu_p + \varepsilon \end{aligned} \quad (7-8)$$

式中，c 表示国家，就本书的研究主题而言，c 代指中国；$x_{c,p,t}$ 表示 c 国在 t 年的显性比较优势的逻辑值，$x_{c,p,t-1}$ 是 $x_{c,p,t}$ 的滞后1期，二者的对比用来刻画产品形态的发展变化；$COG_{c,p,t-1}$ 表示中国纺织产品 p 在 $t-1$ 时期的机会前景收益指数；$\sum CV_{c,p,t-1}$ 表示各种控制变量，包括 $Rpop$、$Year$ 年份固定效应变量；$Density_{c,p,t-1}$ 表示中国纺织产品 p 在 $t-1$ 时期的密度指数；μ_p 表示个体固定效应；ε 表示模型的扰动项。

如果说前面的产品密度调节效应总体回归模型是基础模型，则这里的产品密度调节效应机理检验模型是基础模型的细化，即产品发展形态模型。在产品发展形态模型中，当产品 p 在 $t-1$ 时期具有优势时，$x_{c,p,t-1}=1$；当产品 p 在 t 时期不具有优势时，$x_{c,p,t}=0$，这一形态被称为产品失势或市场退出，即形态3。此时，$COG_{c,p,t-1}$、$Density_{c,p,t-1}$ 以及交互项的系数 β_2、γ_2、ω_2 与 $1-x_{c,p,t-1}$ 的乘积为0，旨在考察形态3。β_1、γ_1、ω_1 考察主要解释变量在纺织产业升级中的支撑作用。

当产品 p 在 $t-1$ 时期不具有优势时，$x_{c,p,t-1}=0$；当产品 p 在 t 时期具有优势时，$x_{c,p,t}=1$，这一形态被称为产品升级成功，即形态2。此时，β_1、γ_1、ω_1 与 $x_{c,p,t-1}$ 的乘积为零，旨在考察形态2。β_2、γ_2、ω_2 考察主要解释变量在纺织产业升级中的引领作用。

在控制时间和个体效应的基础上对模型（7-8）进行稳健的 Probit 回归检验，同时，为提升回归结果的稳健性，又进行了 Logit 回归分析。回归结果见表7-8，回归3是 Probit 回归结果，回归4是 Logit 回归结果。结果分析时主要以 Probit 回归结果为主，从中可以得出如下结论。

第一,针对主要解释变量,在产品密度调节效应总体回归结果中,产品机会前景收益($COG_{c,p,t-1}$)和产品密度($Density_{c,p,t-1}$)的回归系数均通过了1%的显著性检验,但是产品机会前景收益和产品密度的系数却相反,前者为负,后者为正。该结果在相应的产品发展形态模型中得到进一步的诠释。在产品发展形态模型中,$(1-x_{c,p,t-1})\times COG_{c,p,t-1}$的系数$\beta_2$和$(1-x_{c,p,t-1})\times Density_{c,p,t-1}$的系数$\gamma_2$同样通过了1%的显著性检验,且同样前者为负,后者为正。这说明,就纺织产品机会前景收益而言,产品机会前景收益越高,产品升级的可能性越小,反之则不然。可能的原因是纺织产品潜在开发价值高,意味着开发产品p能带来更多的更复杂的纺织产品;反过来也说明,纺织产品p自身的复杂度高,那么生产产品p所要求的技术和专业知识就比较高,其实现升级的难度和风险就较大。就纺织产品密度而言,产品密度越大,局部产品空间越密集,越能扩大产品"跳跃"的幅度,使其到达目标位置。

第二,除分析产品升级形态以外,对产品失势形态的分析更能相对系统地完成机理解释。回归3中$x_{c,p,t-1}\times COG_{c,p,t-1}$的系数$\beta_1$不再显著,而$x_{c,p,t-1}\times Density_{c,p,t-1}$的系数$\gamma_1$为正。这表明在控制了产品密度的情况下,产品机会前景收益对产业升级的抑制作用不再具有效力。与此同时,产品密度促进了产品失势。可能的原因是产品密度越大,局部产品空间越密集,产品"跳跃"到具备更高潜在机会价值的纺织产品所需要填补的能力"鸿沟"就越小,产品转型升级的风险成本就越低,企业家就越有动力进行创新以淘汰"没落"产品,从而化解过剩产能,合理化产业内部结构。

第三,最后分析最重要的交互项。回归3中$x_{c,p,t-1}\times COG_{c,p,t-1}\times Density_{c,p,t-1}$的系数$\omega_1$为正,促进了产品失势;$(1-x_{c,p,t-1})\times COG_{c,p,t-1}\times Density_{c,p,t-1}$的系数$\omega_2$显著为正,促进了产品升级。其中,$\omega_1$反映了交互项对纺织产业升级的支撑作用,$\omega_2$反映了交互项对纺织产业升级的引领作用。

交互项的支撑作用主要表现为,产品密度高,既有的能力禀赋能为潜在开发价值大的产品提供更强大的支持,企业家更有动力去开发产品潜能,新产品对"旧"产品形成挤出效应。如此一来,产品密度与产品机会前景收益相互推动促进产品失势,化解过剩产能,使纺织产业内部结构更加合理化,在产业升级中发挥支撑作用。

交互项的引领作用主要表现为,产品密度高,累积的能力禀赋更大,更有能力开发更复杂的潜在优势产品,提高产品种类多样化水平;同时,多样化水平的提升使产品分布空间更加稠密,进一步增强了累积的生产能力和要素禀赋,如此良性循环,两者协同在产业升级中发挥引领作用。

由此可知,当产品密度值很低时,产品密度和产品机会前景收益不能形成相互补充的作用,也就不能通过优化纺织产品结构,同时提高纺织产品附加值,来完成纺织产业升级的系统工程。

表 7-8　　　　　　　　产品密度调节效应机理检验

变量	回归 3 Probit	回归 4 Logit
$x_{c,p,t-1}$	3.66*** (0.586)	6.37*** (1.20)
$x_{c,p,t-1} \times COG_{c,p,t-1}$	-4.62 (4.29)	-7.12 (6.89)
$x_{c,p,t-1} \times Density_{c,p,t-1}$	1.47 (1.08)	2.31 (2.23)
$x_{c,p,t-1} \times COG_{c,p,t-1} \times Density_{c,p,t-1}$	12.49 (12.63)	19.37 (21.00)
$(1-x_{c,p,t-1}) \times COG_{c,p,t-1}$	-1.40*** (0.51)	-2.97*** (1.06)
$(1-x_{c,p,t-1}) \times Density_{c,p,t-1}$	6.35*** (1.29)	11.71*** (2.57)
$(1-x_{c,p,t-1}) \times COG_{c,p,t-1} \times Density_{c,p,t-1}$	5.49*** (1.65)	11.61*** (3.32)
$Rpop_{c,p,t-1}$	6.45*** (1.14)	16.19*** (3.01)

续表

变量	回归3	回归4
	Probit	Logit
Year	控制	控制
Const	-2.83*** (0.48)	-5.06*** (0.97)
观察值	5488	5488

注：***表示 p<0.01；括号内为稳健标准误。

四 稳健性检验

（一）主效应实证结果的稳健性检验

为保证纺织产品机会前景收益（COG）影响其产业升级的回归结果具有可信性，以产品机会前景收益（COG）二分位数设置分样本进行稳健性检验。构建计量模型为：

$$RCA_{c,p,t} = \beta_1 COG_{c,p,t-1} + \alpha \sum CV_{c,p,t-1} + \mu_p + \varepsilon \quad (7-9)$$

考虑到纺织产品机会前景收益（COG）对其产业升级的影响可能存在遗漏变量内生性，从而导致不一致的估计，本章采用动态面板数据两步 sys-GMM 方法进行估计，将模型（7-9）改写为动态的面板数据模型：

$$RCA_{c,p,t} = \beta_0 RCA_{c,p,t-1} + \beta_1 COG_{c,p,t-1} + \alpha \sum CV_{c,p,t-1} + \mu_p + \varepsilon \quad (7-10)$$

回归结果见表 7-9，回归 7 和回归 8 中 $COG_{c,p,t-1}$ 的系数均显著为负。该结论再次证实中国纺织产品机会前景收益抑制纺织产业的升级，结合第五章已论证的结论可知，这是赶超式纺织产业政策影响下的综合结果，目的是实现纺织产品的跨越式升级。

表 7-9　　　　　　　基于哑变量 COG 的稳健性检验

变量	回归7	回归8
	$COG_{c,p,t-1}<0$	$COG_{c,p,t-1}\geqslant 0$
$RCA_{c,p,t-1}$	0.95*** (0.00)	0.18*** (0.07)

续表

变量	回归7 $COG_{c,p,t-1}<0$	回归8 $COG_{c,p,t-1} \geqslant 0$
$COG_{c,p,t-1}$	-0.39*** (0.13)	-0.30*** (0.11)
$Rpop_{c,p,t-1}$	0.84*** (0.01)	1.67*** (0.20)
Const	-0.49*** (0.01)	0.40*** (0.09)
Ar（1）.p值	0.01	0.20
Ar（2）.p值	0.21	0.51
Sargan.p值	1.00	1.00
观察值	4114	1276

注：***表示p<0.01；括号内为稳健标准误。

（二）产品密度调节效应回归结果的稳健性检验

通过对产品密度（$Density_{c,p,t-1}$）调节效应总体回归结果的分析可以发现，产品密度不仅有利于抑制产品机会前景收益对纺织产业升级的负向影响，而且随着产品密度水平的提高，产品机会前景收益对纺织产业升级的促进作用越来越大。为验证此结论的稳健性，本章以产品密度的第一门槛值设置分样本，运用广义矩计方法（GMM）进行回归。

结果见表7-10，其中，回归9为$Density_{c,p,t-1}<0.40$时的回归结果，回归10为$Density_{c,p,t-1} \geqslant 0.40$时的回归结果。可以明显看出：第一，回归9中交互项$COG_{c,p,t-1} \times Density_{c,p,t-1}$的系数在1%的水平下显著为负。第二，回归10中交互项$COG_{c,p,t-1} \times Density_{c,p,t-1}$的系数显著为正。该结论再次证实产品密度的调节效应具有门槛特征，当产品密度低于0.40时，其无力调节产品机会前景收益与产业升级之间的负向关系。由现实中纺织产品的机会前景收益与产业升级之间确实存在负向关系可推断，中国纺织产业政策引导开发了一些潜在机会价值非常大的纺织产品实现跨越式升级，但是由于中国纺织产业目前累积的生

产能力和要素禀赋还处于低水平，无法支撑其实现跨越式升级。另外，只有当产品密度不小于0.40时，产品密度将与产品机会前景收益协同促进纺织产业升级，这意味着只有继续累积纺织产业的生产能力和要素禀赋才有可能使其实现跨越式升级。

表7-10　　　　　　　基于产品密度哑变量的回归结果

变量	回归9 $Density_{c,p,t-1}<0.40$	回归10 $Density_{c,p,t-1}\geq 0.40$
$RCA_{c,p,t-1}$	0.34*** (0.01)	0.69*** (0.00)
$COG_{c,p,t-1}$	0.18*** (0.01)	-2.16*** (0.43)
$Density_{c,p,t-1}$	-1.47*** (0.09)	2.42*** (0.03)
$COG_{c,p,t-1}\times Density_{c,p,t-1}$	-0.67*** (0.04)	5.89*** (1.07)
$Rpop_{c,p,t-1}$	1.84*** (0.50)	-1.44*** (0.01)
Ar（1）.p值	0.092	0.02
Ar（2）.p值	0.549	0.08
Sargan.p值	1.00	1.00
Const	-0.13*** (0.02)	2.15*** (0.06)
观察值	2647	2740

注：***表示p<0.01；括号内为稳健标准误。

第三节　产品机会前景收益影响纺织产业升级的机理检验

前面的经验研究表明纺织产业的产品机会前景收益抑制了产业升

级。本节试图通过细分产品发展形态从实证上对这一问题进行探究。四种产品发展形态见第五章表5-7。其中，形态1为产品未升级，形态2为产品升级成功，形态3为产品失势，形态4为产品继续保持优势。

聚焦于具有动态变化的形态2和形态3，即分析纺织产品机会前景收益对纺织产业升级的影响是其"化解过剩产能"和"开发潜在优势产品"的组合净效应。如果形态2发生，则说明纺织产品机会前景收益发挥了"开发潜在产品"的功能，促进了纺织产业内部结构高级化。如果形态3发生，则表示纺织产品机会前景收益发挥了"化解过剩产能"的功能，促进了纺织产业内部结构合理化。由此可见，纺织产业升级是形态2和形态3共同作用下的组合净效应。本书参考Hausmann等（2006）、刘林青和邓艺林（2019）的做法，构建产品发展形态模型以探究上述组合净效应对纺织产业升级的影响，具体如下：

$$x_{c,p,t} = \alpha_0 x_{c,p,t-1} + \beta_1(x_{c,p,t-1})COG_{c,p,t-1} + \beta_2(1-x_{c,p,t-1})COG_{c,p,t-1} + \alpha_1 \sum CV_{c,p,t-1} + \mu_p + \varepsilon \tag{7-11}$$

式中，c表示国家，就本书的研究主题而言，c代指中国；$x_{c,p,t}$表示c国在t年的显性比较优势的逻辑值，$x_{c,p,t-1}$是$x_{c,p,t}$的滞后1期，二者的对比用来刻画产品形态的发展变化；$COG_{c,p,t-1}$表示中国纺织产品P在$t-1$时期的机会前景收益指数；$\sum CV_{c,p,t-1}$表示各种控制变量，包括Rpop、Year年份固定效应变量；μ_p表示个体固定效应；ε表示模型的扰动项。

如果说总体回归模型主要是从总体上关注纺织产品机会前景收益对其产业升级的影响，那么产品发展形态模型则是对总体的细化：当产品p在$t-1$时期具有优势时，$x_{c,p,t-1}=1$，当产品p在t时期不具有优势时，$x_{c,p,t}=0$，这一形态被称为产品失势或市场退出，即形态3。此时β_2与$1-x_{c,p,t-1}$的乘积为0，β_1旨在考察纺织产品机会前景收益在产品失势或市场退出中的作用。如果$\beta_1>0$，则说明纺织产品机会前景收益的增加推动了产品失势与市场退出，合理化了纺织产品结构；否则，则说明其支撑了旧有的纺织产品维持比较优势。β_1主要考察中国纺织的潜在开发价值对其产业升级的支撑作用。

当产品 p 在 $t-1$ 时期不具有优势时，$x_{c,p,t-1}=0$，当产品 p 在 t 时期具有优势时，$x_{c,p,t}=1$，这一形态被称为产品升级成功，即形态2。此时 β_1 与 $x_{c,p,t-1}$ 的乘积为零，β_2 旨在考察纺织产品机会前景收益在产品升级中的作用。一方面，如果 $\beta_2>0$，说明中国纺织产品的潜在开发价值在产品的升级过程中起到了推动作用。另一方面，如果 $\beta_2<0$，表明纺织产品的潜在开发价值在产品升级过程中发挥抑制作用。总而言之，β_2 主要考察中国纺织产品的潜在开发价值对其产业升级的引领作用。

在控制时间和个体效应的基础上，对模型（7-11）进行稳健的 Probit 回归检验，同时为提升回归结果的稳健性，又进行了 Logit 回归分析。回归结果见表7-11，回归1和回归2分别是 Probit 和 Logit 回归结果。结果分析时主要以 Probit 回归结果为主，可以看出 $x_{c,p,t-1}$ 的系数为2.84，在1%的检验水平下显著，说明上期的产品形态对当期的产品形态有显著影响，产品形态具有持续性。

表7-11　　　　　　　　产品发展形态模型回归结果

变量	回归1 Probit	回归2 Logit
$x_{c,p,t-1}$	2.84*** (0.08)	5.00*** (0.16)
$x_{c,p,t-1}COG_{c,p,t-1}$	-1.72*** (0.62)	-3.26*** (1.06)
$(1-x_{c,p,t-1})COG_{c,p,t-1}$	-0.23** (0.09)	-0.40** (0.18)
$Rpop_{c,p,t-1}$	0.98*** (0.12)	2.26*** (0.27)
Year	控制	控制
Constant	-1.45*** (0.06)	-2.61*** (0.13)
观察值	5488	5488

注：***表示 p<0.01，**表示 p<0.05；括号内为稳健标准误。

针对核心解释变量，在总体回归中产品机会前景收益（$COG_{c,p,t-1}$）的回归系数显著为负，该结论的内在机理在产品发展形态模型中得以诠释。从回归1中可以看出，$(1-x_{c,p,t-1})COG_{c,p,t-1}$ 的系数 β_2 也显著为负，逻辑方向保持一致。这表明无论在总体上还是细分产品发展形态上，纺织产品机会前景收益越高，产品实现升级的难度就越大。纺织产品机会前景收益越高表明纺织产品的潜在开发价值越大，越难以升级成功。可能的原因是虽然产品 p 的延展性较高，在"打通更复杂产品的大门"这一方面的贡献较大，但是作为新产品的 p，市场竞争力还比较弱，暂时还没有表现出明显的比较优势。

在分析产品升级形态之后，分析产品失势形态。从回归1中可以看出，$x_{c,p,t-1}COG_{c,p,t-1}$ 的系数 β_1 显著为负，说明产品机会前景收益抑制了产品失势，也就是支撑了纺织产品持续保持比较优势。可能的原因是纺织产品的潜在开发价值越大，越容易得到企业家的青睐和政策倾斜，从而更好地保持其目前的比较优势，因而更不容易退出市场。由此可见，中国纺织产品的潜在开发价值在产业升级中发挥着支撑作用。

综上所述，纺织产品机会前景收益虽然支撑了产品保持比较优势，但是没有引领纺织产品升级，结果抑制了纺织产业升级。

第四节 本章小结

产品机会前景收益（COG）可以度量某一纺织产品 p 的潜在开发价值，COG 越大，开发纺织产品 p 带来的收益越大，这里的收益指"打开"通向更复杂产品大门的链路。COG 越小，纺织产品 p 的潜在开发价值就越小。当 COG 为负值时，表明此种纺织产品没有潜力，如果继续开发，会因占用其他具有潜在开发价值的纺织产品的要素禀赋而产生沉没成本。本章主要研究了纺织产业的产品机会前景收益对产业升级的影响。与此同时，由于产品密度在产品空间演化中的基础性作用，又将产品密度作为调节变量置于基准模型以研究产品密度和

第七章　产品机会前景收益对中国纺织产业升级影响的实证分析

产品复杂度的交互作用对产业升级的影响。得到许多重要的研究结论，归纳如下。

首先，就中国纺织产品平均COG的动态演化趋势而言，中国纺织产品的平均COG呈现波动下降的趋势，说明随着时间的推移，没有潜力的纺织产品迟迟没有退出市场，限制了具有较大潜在收益的纺织产品的发展规模和效率，导致纺织产品的平均COG逐年递减。

其次，就产品机会前景收益对纺织产业升级的非线性影响而言，中国纺织产品机会前景收益抑制了纺织产业升级发展，尽管抑制的程度呈现逐步减弱的非线性趋势，但是始终没有改变负向关系这个结果。结合第五章的结论可知，追求"赶超式"的纺织产业政策试图通过选择性地开发潜在机会价值大的纺织产品，实现跨越式升级的目标没有达成。以COG二分位数设置分样本进行的稳健性检验再次证实，上述结论可靠。这是赶超式纺织产业政策影响下的综合结果，目的是实现纺织产品的跨越式升级。纺织产品机会前景收益之所以表现出抑制作用，是因为虽然产品 p 的延展性较高，在"打通更复杂产品的大门"这一方面的贡献较大，但是作为新产品的 p，市场竞争力还比较弱，暂时还没有表现出明显的比较优势。此外，纺织产品的潜在开发价值越大，越容易得到企业家的青睐和政策倾斜，从而更好地保持其目前的比较优势，因而更不容易退出市场。综上所述，纺织产品机会前景收益虽然支撑了产品保持比较优势，但是没有引领纺织产品升级，结果抑制了纺织产业升级。

最后，就产品密度的调节机制而言，产品密度正向调节效应的发挥具有门槛特征，只有当产品密度跨越第一门槛时，才能扭转产品机会前景收益对纺织产业升级的负向影响。结合现实中纺织产业长期处于"低端锁定"困境这一现实可知，中国纺织产业目前累积的生产能力禀赋不足以支撑新开发的纺织产品实现跨越式升级。以产品密度的第一门槛值设置分样本，运用广义矩计法（GMM）进行的稳健性检验，再次证实产品密度的调节效应具有门槛特征，当产品密度低于0.40时，其无力调节产品机会前景收益与产业升级之间的负向关系。中国纺织产业政策引导开发了一些潜在机会价值非常大的纺织产品实现跨越式升级，但是由于中国纺织产业目前累积的生产能力和要素禀赋还处于低水平，无法支撑其实现跨越式升级。

另外，只有当产品密度不小于0.40时，产品密度将与产品机会前景收益协同促进纺织产业升级。这意味着，只有继续累积纺织产业的生产能力和要素禀赋才有可能使其实现跨越式升级。实现跨越式升级离不开交互项的支撑作用和引领作用的协同推进。交互项的支撑作用主要表现为，产品密度高，既有的能力禀赋能为潜在开发价值大的产品提供更强大的支持，企业家更有动力去开发产品潜能，新产品对"旧"产品形成挤出效应。如此一来，产品密度与产品机会前景收益相互推动促进产品失势，化解过剩产能，使纺织产业内部结构更加合理化，在产业升级中发挥支撑作用。交互项的引领作用主要表现为，产品密度高，累积的能力禀赋更大，更有能力开发更复杂的潜在优势产品，提高产品种类多样化水平；同时，多样化水平的提升使产品分布空间更加稠密，进一步增强了累积的生产能力和要素禀赋，如此良性循环，两者协同在产业升级中发挥引领作用。

由此可知，当产品密度值很低时，产品密度和产品机会前景收益不能形成相互补充的作用，也就不能通过优化纺织产品结构，同时提高纺织产品附加值，来完成纺织产业升级的系统工程。

第八章 升级路径设定

科学实施纺织产业升级路径需要遵循以下几点原则：一是遵循比较优势进行升级的原则，即遵循纺织产业自身发展规律的前提下进行渐进式升级。因为遵循纺织产业自身发展规律的前提下攀升价值链是产品空间理论视角下纺织产业升级的基本保障；遵循纺织产业自身发展规律的前提下挖掘纺织产品的机会前景是产品空间理论视角下纺织产业升级的重要推动力。二是遵循优化纺织产品空间整体网络的原则，即缩短纺织产品空间网络的平均路径长度，并提高其聚类系数。这需要提高纺织产品个体的密度和局部产品空间的密度。基于此原则，在进行纺织产业升级时需要做到产业结构升级和产业内升级协同发展。三是依赖市场与政府相结合的双轮驱动的原则，市场为主、政府为辅是产品空间理论视角下纺织产业升级的基本要求。长远来讲，相信在产品空间理论的指导下，以市场为主导，通过对纺织产业进行正确的结构调整，准确地识别可升级的复杂产品以及开发潜力较高的纺织产品，纺织产业一定能突破升级"断档"的"瓶颈"，实现可持续升级。

第一节 沿着邻近产品进行升级

本书的研究结论表明，长期来看，纺织企业如果进行跨越式升级，则不利于产业的可持续发展。另外，第五章的实证分析结果表明产品密度有利于促进纺织产业升级，意味着局部产品空间越稠密，产品升级时落入安全区域的范围越大，产品升级成功的风险概率越小，因此应该遵循渐进式升级路线，选择邻近的产品进行升级。

一方面是调整"弯道超车"的纺织产业发展模式。目前，中国纺织产业处于全球价值链的低端，产品复杂度很低，远远低于全球平均水平。通过技术引进提升产品的附加价值的渠道也受制于愈演愈烈的国际贸易摩擦。国际形势倒逼中国纺织企业进行自主创新，但关键问题在于创新的幅度。如果采取"釜底抽薪"式的创新，忽视产品之间的技术距离产生的"跳跃"成本，则纺织产业既有的能力禀赋不足以支撑这种模式的长期运行。如果人为调动创新所需的资源、资本等要素，短期内不会有太大影响，但长期看，将会导致要素禀赋结构失衡，既有的比较优势丢失，新的比较优势又没有形成。这种结构失衡会导致局部产业升级中断，当局部断档扩大为全局断档时，经济将会陷入停滞状态，因此，纺织产业升级应该沿着邻近产品升级，考虑产品之间的技术距离产生的产业升级成本。由于市场存在马歇尔外部性，政府的适当引导非常有必要。不过，目前纺织产业的发展水平与适度赶超的战略思路并不十分契合，因此有必要遵循比较优势并适度调整。

另一方面是增加产品的密度。当特定纺织产品周围的邻近产品增多时，它在"跳跃"时可选择的余地便增大，产品升级更容易成功。而有效增加产品密度的途径是发展纺织产品升级所需的共性技术和关键技术，这些技术可拓展性强，能够有效增强产品之间的关联性。

第二节　产品结构升级与产品价值升级协同推进

前文研究表明中国纺织产业的升级路线是非线性的，在升级的过程中可能会出现分岔，意味着中国纺织产业的升级伴随着跨产品间的升级和产品自身附加价值的升级两种模式。但是在顺序上，究竟是优先进行跨产品间升级还是产品自身附加价值的升级，取决于产品之间的技术距离。当跨产品之间的技术距离小于产品自身和升级换代后的产品之间的技术距离时，就要选择产品间升级。当产品自身和升级换代后的产品之间的技术距离小于跨产品之间的技术距离时，就要选择延伸产品的内涵，即纺织产品自身进行功能升级。前文中刻画的中国纺织产品空间图显示，大部分技术含量较低的纺织产品和非纺织产品（主要是技术复杂度较低的电子产品）、不同种类的纺织产品之间犬牙交错，分布在全球产品空间的边缘区域，这些产品之间的技术距离相对较近。对于这部分产品适合优先进行产品间升级，但是，由于邻近产品的技术复杂度均较低，产品升级模式可能会影响纺织产业升级的速度和幅度。同时，还有一小部分技术含量非常高的纺织产品处于全球产品空间的核心区域，这部分产品相距较远，适合优先进行产业内升级，沿着 OEA—OEM—ODM—OBM 的顺序从附加价值的低端向高端攀升，但是由于技术距离太远，很容易发生产品升级失败，造成资源浪费。纺织产业应该同时进行跨产品间升级和产品内升级。此外，为有效促进跨产品间的升级，可以采取产业集群的方式。同时，为有效进行产品内升级，可提高企业（尤其是民营企业）的研发投入和人力资本水平。

第三节　提升复杂度高的纺织产品的国际竞争力

第六章的研究结论表明中国低技术复杂度的纺织产品的比较优势在逐渐消失，而高技术复杂度的纺织产品的比较优势还很低，导致中国纺织产业被"低端锁定"，因此，提高技术复杂度高的纺织产品的比较优势有利于优化纺织产品结构，进而突破"低端锁定"的困局。实施供给侧结构性改革有利于调整纺织产品的出口结构，化解过剩产能，提高资源利用效率，促进产品技术创新，最终实现纺织产业的升级发展和经济的可持续增长。

前文的研究表明，中国的纺织产品中复杂度比较高的产品在国际市场上没有竞争力，而具有比较优势的产品的竞争力却在逐步下降。

目前最主要的任务是维持既有产品的比较优势，同时进一步提高能够生产的复杂度高的纺织产品的竞争力，而如何维持既有比较优势产品的竞争力是一个值得商榷的问题。在美国"工业互联网"、德国"工业4.0"以及中国"互联网+"的大背景下，本书认为有效维持既有产品的竞争力，需要提高中国纺织产业的信息化智能化水平。有效提高其信息化智能化水平，一是将大规模标准化生产转变为个性化定制生产。这一点在服装行业表现得尤为明显，中国出口的服装质量稳定，但是国际品牌少，很大一部分原因是新颖性不足。而"互联网+服装"有利于在设计环节通过网络调研，精准实现中国传统文化和欧美特定文化元素的有机融合；在研发环节实现国内研发机构和国外研发机构的远程合作与思维碰撞；在生产环节实现个性化生产；在广告宣传环节借助互联网实现快速传播；在销售环节借助电子商务和安全支付手段打开更广阔的市场；在售后环节做到及时反馈，及时搜集市场情报。要维持既有的比较优势是为了增强累积的既有能力禀赋，以便进一步提高技术复杂度高的纺织产品的比较优势。因为有些产品复杂度非常高，风险也就比较高，但是企业在产品空间中"跳跃"的距离有限，落入"安全"区域的概率较低，容易导致产品升级失败。在"锁定"正确的复杂度高的纺织产品的基础上，遵循科学的市场退出机制，有目的性地合并或撤掉落后产能部门，将有限的生产能力和要素禀赋集聚到被"锁定"的纺织产品上，提高其优化升级的可能性。

由于不具有发展潜力的纺织产品占用着有限的宝贵资源，具有发展潜力的纺织产品因为缺乏必要的要素禀赋而升级失败，因此亟须进行供给侧结构性改革来重新优化配置资源。有效进行供给侧结构性改革需要从两方面进行。一方面，清理"僵尸企业"。尽管国家一直进行国有企业改革，但是大量"僵尸企业"依然存在，不仅占有大量优质资源，而且盈利水平低，创新能力低，运营能力低，拉低了纺织产业的平均生产效率，而有效清除"僵尸企业"，只需让其公平参与市场竞争，接受市场"优胜劣汰"的洗礼，随着丧失自生能力的"僵尸企业"退出市场，留下的是经得起市场考验的国企。另一方面，加大对民营企业的支持力度，尤其是具有竞争优势和发展潜力的民营企业。第三章的结论显示民营企业现已成为中国纺织产业的中流砥柱，因此加大民营企业的创新活力成为中国纺织产业竞争力提升的重点。然而，"僵尸企业"占用大量宝贵的资源，对民营和外资企业造成挤出效应，导致民营企业面临严重的要素禀赋匮乏"瓶颈"，尤其是资金约束。这时需要完善纺织产业补贴机制，而有效完善补贴机制需要借助企业信用评价平台，甄选出具有潜力的企业进行补贴，规避一些规模企业的"寻租"行为，同时提高信息透明度。如此，才能真正激发纺织企业的创新潜力并提高研发补贴的成本收益率。

最后，本书对中国未来值得被"锁定"的纺织产品进行了估计，发现以下排名前十的纺织产品是中国目前能够生产且其复杂度较高但是竞争力还比较弱的产品，亟须进行优化升级。具体如下：丝绸织物、特殊材料、浸渍纺织物、黏合纤维织物、再生材料编织织物、合成纤维针织物、玻璃纤维织物、亚麻织物、用于灯芯等机械设备填料、纺纱用再生纤维。

第四节 挖掘升级潜力大的纺织产品的潜在机会价值

本书的研究结论表明，企业开发了一些潜在机会价值非常大，但是升级潜力比较小的纺织产品，长期如此，中国纺织产业的发展后劲会不足，因此，要挖掘升级潜力大的纺织产品的潜在机会价值。这意味着并不是机会前景收益越高的纺织产品就越值得开发，而是要开发处于稠密区域且潜在机会价值比较大的纺织产品，因为稀疏区域积累的生产能力和要素禀赋不足以支撑潜在机会价值大的纺织产品跨越较大的技术距离，容易导致产品升级断档。纺织企业应提高在开发潜在机会价值大的纺织产品时面临的风险不确定性的应对能力。目前，纺织企业多数为民营企业，应对风险的能力较低，在这种情况下，除非国家一直进行扶持和积极培育，直到产品升级成功，否则产品升级的目标很难达成。而且，这要求国家具备非常强大的资本运作能力来撬动资源的分配，并保证这种分配机制长期运行下去，就像韩国曾经花费十余年时间培养三星公司一样，对于纺织产业而言，我国目前还不具备这样的前提条件。实际上，从长远来看，只有那些具有比较优势比较明显的纺织企业才能承受得了开发新产品的沉没成本，并长期运营下去，直至产品升级成功的那一刻。由此可知，应该开发那些产品稠密区域且潜在开发价值又比较高的纺织产品。因为产品空间越稠密，产品与产品之间的距离越近，猴子跳跃的距离落入安全区域的可能性越大，产品升级越容易实现。也就是说，加强既有能力禀赋对开发纺织产品潜能的促进作用，在提升纺织产品附加价值的同时，丰富了产品的种类。不仅要把现有的纺织产品做好，而且应该把已经能做但是目前还没比较优势的产品做好。

此外，中国纺织产业有上百种细分行业，有些不具有潜在开发价值的行业竞争力很强，对符合潜在比较优势的行业造成"挤出效应"。这时需要政府适当地对弱势行业进行政策扶持，通过提供基础设施服务、降低交易费用促进其发展，但并不是对所有的弱势行业进行政策扶持。其实，某些行业存在的市场失灵现象只不过是其因失去比较优势后退出市场的正常现象。对弱势行业进行扶持的关键是将创新渠道由技术引进转移到自主创新上来，配以良好的知识产权保护制度，从而有效激励企业家在不断的尝试中进行技术创新，促使企业进入实质创新阶段。同时，通过加大研发补贴，激励纺织企业，尤其是有实力的大企业进行应用研究和基础研究，以提高纺织产品的技术复杂度。据了解，日本的纺织产品就赢在研发端，例如，日本的可乐丽公司建有一个强大的技术开发中心，各个研发机构分工非常明确且具有协调性。中央研究所负责战略性地开展基础性研究；研究开发本部负责市场情报搜集和研发规划；应用开发部负责承担中间实验或者工业化实验；各个工厂的研究室承担产品性能的改进、品种种类的多样化等。中国的纺织公司普遍缺乏这样的有机研发组织，在这一方面可以向日本纺织企业借鉴。目前比较有效的方法是进行校企合作，充分利用高校的科研场所、科研方法开展项目合作，在提高科研院所和高校科研成果转化率的同时，提高企业的艺术设计水平。

最后，本书通过计算列举了排在前 10 位的升级潜力大的纺织产品，依次是毛毡、用于灯芯等机械设备填料、羊毛织物、大麻原料、地板覆盖物、不连续的合成纤维、用于不连续合成纤维的连续长丝束、用于零售的再生纤维纱线、人造纤维、头盔及其配件。

第五节　本章小结

产品空间理论视角下纺织产业升级路径设计应遵循三大原则：比较优势原则、优化纺织产品空间整体网络原则、依赖市场与政府相结合的双轮驱动的原则。本书在上述原则指导下设计了四条升级路径：一是沿着邻近产品进行升级；二是产品结构升级与产品价值升级协同进行；三是提升复杂度较高的纺织产品的国际竞争力；四是挖掘升级潜力大的纺织产品的潜在机会价值。为保障纺织产业升级路径的顺利进行，本书从四个方面提出了政策建议：一是渐进调整赶超式的纺织产业发展政策；二是依托"一带一路"转移出口主战场，维持纺织产业既有比较优势；三是多措并举提高纺织产业自主创新能力；四是培养高级纺织技术和管理人才，培育核心驱动力，从而使纺织产业突破升级"断档"的"瓶颈"，实现可持续升级的综合服务体系。

第九章 研究结论与展望

第一节 研究结论

本书着眼于中国纺织产业竞争力的可持续提升，在使用 CiteSpace 软件对纺织产业升级的相关文献进行知识图谱分析的基础上，发现产业结构主义观、全球价值链理论、产品质量阶梯理论均不能系统地诠释处于增长动力转换期的纺织产业竞争力提升后劲乏力的现实困境，所以为了实现中国纺织产业竞争力的可持续提升，本书提出全新的理论分析视角——产品空间理论。在将政府行为纳入产品空间理论分析并构建全书理论框架的基础上，本书有机地将物理学领域的复杂网络分析法和计量经济学分析法相结合，剖析中国纺织产业陷入全球价值链"低端锁定"且发展后劲乏力的发生机制、影响因素及其内在机理。首先，着眼于中国纺织产业发展轨迹是否偏离比较优势这一问题，从产品密度的视角为其找到理论解释，并运用产品发展形态模型，考察了产品密度对纺织产业升级的作用机理，进一步进行了国别异质性分析。其次，探讨了产品复杂度与产品机会前景收益影响中国纺织产业升级的作用机制，以及产品密度与产品复杂度、产品机会前景收益之间的交互作用机制。最后，重点考察了纺织产业政策的影响效应。具体研究结论如下：

（1）近60年来中国纺织产业升级路线渐进偏离比较优势。本书运用面板门槛模型实证检验产品密度与纺织产业升级之间的非线性关系，发现产品密度对纺织产业升级的促进作用在逐渐减弱，这表明中国纺织产业的升级路线逐渐偏离比较优势。拓展地国别异质性分析表明，与同等水平的"低收入—中高收入类型"国家相比，中国纺织产业更加偏离比较优势，但与国民收入水平增幅大的国家相比，还存在很大的差距。进一步地，本书对中国纺织产业政策的影响效应进行检验，结果表明中国模仿发达国家追求赶超式发展战略的纺织产业政策使中国纺织产业在发展过程中逐渐偏离比较优势，致使其发展后劲不足。

（2）中国纺织产业陷入"低端锁定"并非缘于路径依赖效应。运用门槛面板模型进行回归，发现产品复杂度抑制了纺织产业升级，且抑制的程度呈现先加剧后减弱的非线性趋势。机理检验结果表明，虽然产品复杂度支撑了纺织产品持续保持比较优势，却抑制了纺织产品升级，结果阻碍了纺织产业升级。这意味着中国纺织产业面临着既有的比较优势逐渐消失，而新的比较优势还未形成的尴尬局面。对产品密度与产品复杂度的交互项进行门槛面板回归，发现产品密度不仅有利于抑制产品复杂度对纺织产业升级的负向影响，而且随着产品密度水平的提高，产品复杂度对中国纺织产业升级的促进作用越来越大。这表明中国纺织产业陷入"低端锁定"并非缘于路径依赖效应。与此同时，纺织产业政策效应的检验结果表明，纺织产业政策加剧了产品复杂度对纺织产业升级的抑制作用，这意味着对于中等收入水平的中国而言，偏离比较优势的发展战略使纺织产业升级面临"断档"的风险。

（3）目前，中国纺织产业累积的生产能力和要素禀赋尚不足以支撑其实现跨越式升级。门槛面板回归结果表明，产品机会前景收益抑制了纺织产业升级，但这种抑制作用在逐步减弱。机理检验结果表明，产品机会前景收益通过抑制产品升级和产品失势从而抑制纺织产业升级。这表明产品机会前景收益对纺织产业保持比较优势的支撑作用呈递减趋势，且不利于创造新的比较优势。对产品密度与产品机会前景收益的交互项进行门槛面板回归，发现产品密度对产品机会前景收益的正向调节效应具有门槛效应，当产品密度处于低水平区间时，产品机会前景收益仍然抑制纺织产业升级。只有当产品密度跨越低水平区间时，潜在机会价值的开发才有利于纺织产业升级。而中国的纺织产业仍然位居"低端锁定"，意味着产品密度仍然处于低水平区间，这表明中国纺织产业目前累积的生产能力和要素禀赋尚不足以支撑其实现跨越式升级。

（4）设计出适合中国纺织产业可持续发展的升级路径。路径设计应遵循三大原则：比较优势原则、优化纺织产品空间整体网络原则、依赖市场与政府相结合的双轮驱动原则。在上述原则指导下设计了四条升级路径：一是沿着邻近产品进行升级；二是产品结构升级与产品价值升级协同推进；三是提升复杂度较高的纺织产品的国际竞争力；四是挖掘升级潜力大的纺织产品的潜在机会价值。为保障纺织产业升级路径的顺利进行，有四个方面的政策建议：一是渐进调整赶超式的纺织产业发展政策；二是依托"一带一路"转移出口主战场，维持纺织产业既有比较优势；三是提高纺织产业自主创新能力，培育核心驱动力；四是培养高级纺织技术和管理人才，多措并举保障中国纺织产业升级可持续顺利进行。

第二节　研究不足与展望

尽管本书对中国纺织产业升级的相关研究进行了一系列创新，但相比于产业经济的广泛领域来说，本书所做的工作仅是沧海一粟。在本书的研究基础上，提出以下四点未来可深入的研究方向。

（1）纺织产品空间结构的更多属性指标有待进一步挖掘。本书在研究中用到的核心指标只有三个，即产品密度、产品复杂度和产品机会前景收益。这三个指标均是基于个体网络视角展开的研究，未来还可基于整体网络视角进行拓展研究，例如，从整体网络密度出发探讨纺织产品空间的演化规律和影响因素。

（2）本书主要是基于国家层面研究产品空间理论在纺织产业升级领域的应用，未来还可从企业层面进行更加深入的探索。例如，可以利用各个纺织企业的出口数据，研究纺织产业升级的影响因素和对策措施，并可进一步分析企业异质性的影响效应。如此得出的结论可直接落地，因为企业是产品升级的最直接主体，尤其是对不同产权性质的企业的分组分析使研究结论更具针对性，能够有效地促进产品升级目标的达成。

（3）除了本书重点考察的产品空间结构指标，影响纺织产业升级的因素还要特别关注制度因素。例如，未来可以从知识产权保护、研发补贴机制深入研究政府行为对纺织产业升级的影响。此外，如果以跨产业交叉融合为切入点，研究其对纺织产品空间演化的影响，可以拓宽产品空间理论的应用领域和提高产品空间理论的应用价值。

附录 中国纺织产品比较优势（1962—2017年）

id	1962 dumrea	1963 dumrea	1964 dumrea	1965 dumrea	1966 dumrea	1967 dumrea	1968 dumrea	1969 dumrea	1970 dumrea	1971 dumrea	1972 dumrea	1973 dumrea	1974 dumrea	1975 dumrea
2613	1	1	1	1	1	1	1	1	1	1	1	1	1	1
2614	1	1	1	1	1	1	1	1	1	0	1	1	1	1
2631	0	0	0	0	0	0	0	0	0	0	0	0	0	1
2632	0	0	0	0	0	0	1	1	0	1	1	1	1	1
2633	0	0	0	0	0	0	1	1	0	0	0	0	0	0
2634	0	0	0	0	0	0	0	0	1	0	0	0	0	0
2640	0	0	0	0	0	0	0	0	1	1	0	0	0	0
2651	1	1	1	1	1	1	1	1	1	1	1	1	1	1
2652	1	1	1	1	1	1	1	1	1	1	1	1	1	1

附录 中国纺织产品比较优势（1962—2017年）

续表

id	1962 dumrca	1963 dumrca	1964 dumrca	1965 dumrca	1966 dumrca	1967 dumrca	1968 dumrca	1969 dumrca	1970 dumrca	1971 dumrca	1972 dumrca	1973 dumrca	1974 dumrca	1975 dumrca
2654	0	0	0	0	0	0	0	0	0	0	0	0	0	0
2655	0	0	0	0	0	0	0	0	0	0	0	0	0	0
2659	0	0	0	0	0	0	0	0	0	0	0	0	0	0
2665	0	0	0	0	0	0	0	0	0	0	0	0	0	0
2666	0	0	0	0	0	0	0	0	0	0	0	0	0	0
2667	0	0	0	0	0	0	0	0	0	0	0	0	0	0
2671	0	0	0	0	0	0	0	0	0	0	0	0	0	0
2672	0	1	1	1	0	0	0	0	0	0	0	0	0	0
2681	0	0	0	1	0	0	0	0	0	0	0	0	0	0
2682	1	1	1	1	0	1	1	1	1	1	1	1	1	1
2683	1	1	1	1	1	1	1	1	1	1	1	1	1	1
2685	0	0	0	0	0	0	0	0	0	0	0	0	0	0
2686	0	0	0	0	0	0	0	0	0	0	0	1	0	0
2687	0	0	0	0	0	0	0	0	0	0	0	0	0	0
2690	0	0	0	1	1	1	1	1	1	1	1	1	1	1
6511	1	1	1	1	0	0	0	0	0	0	0	0	0	0
6512	0	0	0	0	0	0	0	0	0	0	0	0	0	0

续表

id	1962 dumrea	1963 dumrea	1964 dumrea	1965 dumrea	1966 dumrea	1967 dumrea	1968 dumrea	1969 dumrea	1970 dumrea	1971 dumrea	1972 dumrea	1973 dumrea	1974 dumrea	1975 dumrea
6513	1	1	1	0	1	1	1	1	1	1	1	1	1	1
6514	0	0	0	0	0	0	0	0	0	0	0	0	0	0
6515	0	0	0	0	0	0	0	0	0	0	0	0	0	0
6516	0	0	0	0	0	0	0	0	0	0	0	0	0	0
6517	0	0	1	1	1	1	1	1	1	1	1	1	1	1
6518	0	0	1	0	0	1	1	0	0	0	1	1	0	1
6519	0	0	0	0	0	0	1	0	0	0	1	1	1	1
6521	1	1	1	1	1	1	1	1	1	1	1	1	1	1
6522	1	1	1	1	0	1	1	1	1	1	1	1	1	1
6531	1	1	1	1	0	1	1	1	1	1	1	1	0	0
6532	1	1	1	1	0	1	1	1	1	1	1	1	0	0
6534	1	1	1	1	1	1	1	1	1	1	1	1	0	0
6535	1	1	1	1	1	1	1	1	1	1	1	1	1	1
6536	1	1	1	1	1	1	1	1	1	1	1	1	1	1
6538	1	1	1	1	1	1	1	1	1	1	1	1	1	1
6539	1	1	1	1	1	1	1	1	1	1	1	1	1	1
6541	1	1	1	1	1	1	1	1	1	1	1	1	1	1

附录　中国纺织产品比较优势（1962—2017年）

续表

id	1962 dumrca	1963 dumrca	1964 dumrca	1965 dumrca	1966 dumrca	1967 dumrca	1968 dumrca	1969 dumrca	1970 dumrca	1971 dumrca	1972 dumrca	1973 dumrca	1974 dumrca	1975 dumrca
6542	0	0	0	0	0	0	0	0	0	0	0	0	0	0
6543	0	0	0	0	0	0	0	0	0	0	0	0	0	0
6544	0	0	0	0	0	1	1	1	0	0	0	0	0	0
6545	0	0	0	0	0	0	0	0	0	0	0	0	0	1
6546	0	0	1	0	1	1	0	1	1	1	1	1	0	0
6549	1	1	1	1	1	0	0	0	0	0	0	0	1	1
6551	0	0	0	0	0	0	0	0	0	1	1	1	0	0
6552	0	0	0	0	1	0	0	0	0	0	0	1	0	0
6553	1	1	1	1	0	0	0	0	0	0	0	0	0	1
6560	0	0	0	0	0	0	0	0	0	0	0	0	0	1
6571	1	1	1	0	0	0	0	0	0	0	0	0	0	0
6572	0	0	0	0	0	0	0	1	1	0	0	0	0	0
6573	0	0	0	0	0	0	0	0	1	0	0	0	0	0
6574	0	0	0	0	0	0	0	0	1	0	0	0	0	0
6575	1	1	1	1	1	1	1	1	1	1	1	1	1	1
6576	1	1	1	1	1	1	1	1	0	0	0	0	1	1
6577	0	0	0	0	0	0	0	0	0	0	0	0	0	0

续表

id	1962 dumrca	1963 dumrca	1964 dumrca	1965 dumrca	1966 dumrca	1967 dumrca	1968 dumrca	1969 dumrca	1970 dumrca	1971 dumrca	1972 dumrca	1973 dumrca	1974 dumrca	1975 dumrca
6579	0	0	0	0	0	0	0	0	0	0	1	1	1	1
6581	1	1	0	1	0	0	0	0	0	0	0	1	1	1
6582	1	0	0	0	0	0	0	0	0	0	0	0	0	0
6583	1	1	1	1	1	1	1	1	1	1	1	1	1	1
6584	1	1	1	1	1	1	1	1	1	1	1	1	1	1
6589	0	0	0	0	0	0	0	0	0	0	0	1	0	0
6591	1	1	0	1	0	0	0	0	0	0	0	0	0	1
6592	0	0	0	0	0	0	0	0	0	0	0	0	0	0
6593	0	0	0	0	0	0	0	0	0	0	0	0	0	0
6594	0	0	0	0	0	0	0	0	0	0	0	0	0	0
6595	0	0	0	0	0	0	0	0	0	0	0	0	0	0
6596	1	1	0	0	0	0	0	0	0	0	0	0	0	1
6597	1	1	1	1	1	1	1	1	1	1	1	1	1	1
8421	1	1	1	1	1	1	1	1	1	1	1	1	1	1
8422	1	1	1	1	1	1	1	1	1	1	1	1	1	1
8423	1	1	1	1	1	1	1	1	1	1	1	1	1	1
8424	1	1	1	1	1	1	1	1	1	1	1	1	1	1

附录　中国纺织产品比较优势（1962—2017 年）

续表

id	1962 dumrca	1963 dumrca	1964 dumrca	1965 dumrca	1966 dumrca	1967 dumrca	1968 dumrca	1969 dumrca	1970 dumrca	1971 dumrca	1972 dumrca	1973 dumrca	1974 dumrca	1975 dumrca
8429	1	1	1	1	1	1	1	1	1	1	1	1	1	1
8431	1	1	1	1	1	1	1	1	1	1	1	1	1	1
8432	1	1	1	1	1	1	1	1	1	1	1	1	1	1
8433	1	1	1	1	1	1	1	1	1	1	1	1	1	1
8434	1	1	1	1	1	1	1	1	1	1	1	1	1	1
8435	1	1	1	1	1	1	1	1	1	1	1	1	1	1
8439	1	1	1	1	1	1	1	1	1	1	1	1	1	1
8441	1	1	1	1	1	1	1	1	1	1	1	1	1	1
8442	1	1	1	1	1	1	1	1	1	1	1	1	1	1
8443	1	1	1	1	1	1	1	1	1	1	1	1	1	1
8451	1	1	1	1	1	1	1	1	1	1	1	1	1	1
8452	1	1	1	1	1	1	1	1	1	1	1	1	1	1
8459	1	1	1	1	1	1	1	1	1	1	1	1	1	1
8461	1	1	1	1	1	1	1	1	1	1	1	1	1	1
8462	1	1	1	1	1	1	1	1	1	1	1	1	1	1
8463	1	1	1	1	1	1	1	1	1	1	1	1	1	1
8464	1	1	1	1	1	1	1	1	1	1	1	1	1	1

续表

id	1962 dumrea	1963 dumrea	1964 dumrea	1965 dumrea	1966 dumrea	1967 dumrea	1968 dumrea	1969 dumrea	1970 dumrea	1971 dumrea	1972 dumrea	1973 dumrea	1974 dumrea	1975 dumrea
8465	1	1	1	1	1	1	1	1	1	1	1	1	1	1
8471	1	1	1	1	1	1	1	1	1	1	1	1	1	1
8472	1	1	1	1	1	1	1	1	1	1	1	1	1	1
8481	0	0	0	0	0	0	0	0	0	0	0	0	0	0
8482	0	0	0	0	0	1	1	1	1	1	1	1	1	1
8483	0	0	0	0	0	0	0	0	0	0	0	0	0	0
8484	1	1	1	1	1	1	1	1	1	1	1	1	1	1

id	1976 dumrea	1977 dumrea	1978 dumrea	1979 dumrea	1980 dumrea	1981 dumrea	1982 dumrea	1983 dumrea	1984 dumrea	1985 dumrea	1986 dumrea	1987 dumrea	1988 dumrea	1989 dumrea
2613	1	1	1	1	1	1	1	1	1	1	1	1	1	1
2614	1	1	1	1	1	1	1	1	1	1	1	1	1	1
2631	1	0	0	0	0	0	0	0	0	0	0	0	0	0
2632	1	1	0	1	0	1	1	0	1	1	1	1	1	1
2633	0	0	0	0	0	0	0	0	0	0	0	0	0	0
2634	0	0	0	0	0	0	0	0	0	0	0	0	0	0
2640	0	0	1	1	1	1	1	1	1	1	1	1	1	1
2651	1	1	1	1	1	1	1	1	1	1	1	1	1	1
2652	1	1	1	1	1	1	1	1	1	1	1	1	1	1

附录 中国纺织产品比较优势（1962—2017年）

续表

id	1976 dumrea	1977 dumrea	1978 dumrea	1979 dumrea	1980 dumrea	1981 dumrea	1982 dumrea	1983 dumrea	1984 dumrea	1985 dumrea	1986 dumrea	1987 dumrea	1988 dumrea	1989 dumrea
2654	0	0	0	0	0	0	0	0	0	0	1	0	0	0
2655	0	0	0	0	0	0	1	0	0	0	0	0	0	0
2659	0	1	1	0	0	0	0	0	0	0	0	0	1	0
2665	0	0	0	0	0	0	0	0	0	0	0	0	0	0
2666	0	0	0	0	0	0	0	0	0	0	0	0	0	0
2667	0	0	0	0	0	0	0	0	0	0	0	0	0	0
2671	0	0	0	0	0	0	0	0	0	0	0	0	0	0
2672	0	0	1	0	0	0	0	0	0	1	0	0	0	1
2681	1	1	1	1	1	1	1	1	1	1	0	1	1	1
2682	1	1	1	1	1	1	1	1	1	0	0	0	0	0
2683	0	0	1	0	1	1	0	0	0	0	0	0	0	1
2685	1	0	1	0	0	1	1	1	1	0	0	1	1	0
2686	0	0	0	0	0	1	0	1	0	1	1	0	0	1
2687	1	1	1	1	1	1	1	1	1	1	1	1	1	1
2690	0	0	0	0	0	0	0	0	0	0	0	0	0	0
6511	1	1	1	1	0	0	0	0	0	0	0	0	0	0
6512	0	0	0	0	0	0	0	0	0	0	0	0	0	0

续表

id	1976 dumrca	1977 dumrca	1978 dumrca	1979 dumrca	1980 dumrca	1981 dumrca	1982 dumrca	1983 dumrca	1984 dumrca	1985 dumrca	1986 dumrca	1987 dumrca	1988 dumrca	1989 dumrca
6513	1	1	1	1	1	1	1	1	1	1	1	1	1	1
6514	0	0	0	0	0	0	0	0	0	0	0	0	1	1
6515	0	0	0	0	1	1	1	1	1	1	1	1	1	1
6516	0	0	0	0	1	1	1	1	1	1	1	1	1	1
6517	1	1	1	1	1	1	1	1	1	1	1	1	1	1
6518	0	1	0	0	0	0	0	0	0	0	0	0	1	1
6519	0	0	0	0	0	0	0	0	0	0	0	0	0	0
6521	1	1	1	1	1	1	1	1	1	1	1	1	1	1
6522	1	1	1	0	1	1	1	1	1	0	0	0	0	0
6531	1	1	0	1	1	1	1	1	1	1	1	1	1	1
6532	1	1	0	0	1	1	1	1	1	1	1	1	1	1
6534	1	1	1	1	1	1	1	1	1	1	1	1	1	1
6535	1	1	0	1	1	1	1	1	1	1	1	1	1	1
6536	1	1	1	0	0	1	0	1	0	0	0	0	0	0
6538	1	1	0	0	0	0	0	0	0	0	0	0	0	0
6539	1	1	0	0	1	1	1	1	1	1	1	1	1	1
6541	1	1	1	1	1	1	1	1	1	1	1	1	1	1

续表

id	1976 dumrca	1977 dumrca	1978 dumrca	1979 dumrca	1980 dumrca	1981 dumrca	1982 dumrca	1983 dumrca	1984 dumrca	1985 dumrca	1986 dumrca	1987 dumrca	1988 dumrca	1989 dumrca
6542	1	1	1	1	1	1	1	1	1	1	1	1	1	1
6543	1	1	1	1	1	1	1	1	1	1	1	1	1	0
6544	0	0	0	0	0	1	1	1	0	0	1	0	1	1
6545	0	0	0	0	0	0	1	0	0	0	0	0	0	0
6546	0	0	0	0	0	0	0	0	0	0	0	1	0	1
6549	1	1	0	1	1	0	0	1	1	1	1	1	1	1
6551	0	0	0	0	0	0	0	0	0	0	0	1	1	1
6552	0	0	0	1	1	0	1	0	0	0	0	0	0	1
6553	1	1	1	0	1	0	1	1	0	1	1	1	1	0
6560	1	1	0	0	1	0	1	1	0	1	1	1	1	0
6571	0	0	0	0	0	0	0	0	0	0	0	0	0	0
6572	0	0	0	0	0	0	0	0	0	0	0	0	0	0
6573	0	0	0	0	0	0	0	0	0	0	0	0	0	0
6574	1	1	0	1	1	1	1	1	1	1	1	1	1	1
6575	1	1	1	1	1	1	1	1	1	1	1	1	1	1
6576	1	1	1	1	1	0	1	1	0	0	0	0	1	0
6577	0	0	0	0	0	0	0	0	0	0	0	0	0	0

续表

id	1976 dumrca	1977 dumrca	1978 dumrca	1979 dumrca	1980 dumrca	1981 dumrca	1982 dumrca	1983 dumrca	1984 dumrca	1985 dumrca	1986 dumrca	1987 dumrca	1988 dumrca	1989 dumrca
6579	1	0	1	0	1	0	0	0	0	0	0	0	0	0
6581	1	1	1	1	1	1	1	1	1	1	1	1	1	1
6582	0	0	0	0	0	1	1	1	0	1	1	1	1	1
6583	1	1	1	1	1	1	1	1	1	1	1	1	1	1
6584	1	1	1	1	1	1	1	1	1	1	1	1	1	1
6589	0	1	0	0	0	1	0	0	0	0	0	1	0	1
6591	1	1	1	1	1	1	1	1	1	1	1	1	1	1
6592	0	0	0	0	0	0	0	0	0	0	0	0	0	0
6593	1	0	1	1	1	1	1	1	1	1	1	1	1	1
6594	0	0	0	0	0	0	0	0	0	1	0	0	0	0
6595	0	0	0	0	0	1	0	1	0	0	0	0	0	0
6596	0	0	0	0	0	0	0	0	0	0	0	0	0	0
6597	1	1	1	1	1	1	1	1	1	1	1	1	1	1
8421	1	1	1	1	1	1	1	1	1	1	1	1	1	1
8422	1	1	0	0	0	0	1	1	0	1	1	1	1	1
8423	1	1	1	1	1	1	1	1	1	1	1	1	1	1
8424	1	1	1	1	1	1	1	1	1	1	1	1	1	1

续表

id	1976 dumrca	1977 dumrca	1978 dumrca	1979 dumrca	1980 dumrca	1981 dumrca	1982 dumrca	1983 dumrca	1984 dumrca	1985 dumrca	1986 dumrca	1987 dumrca	1988 dumrca	1989 dumrca
8429	1	1	1	1	1	1	1	1	1	1	1	1	1	1
8431	1	1	0	0	1	1	1	1	1	1	1	1	1	1
8432	1	1	0	0	1	1	1	1	1	1	1	1	1	1
8433	1	1	0	0	1	1	1	1	1	1	1	1	1	1
8434	1	1	0	0	1	1	1	1	1	1	1	1	1	1
8435	1	1	1	1	1	1	1	1	1	1	1	1	1	1
8439	1	1	1	1	1	1	1	1	1	1	1	1	1	1
8441	1	1	1	1	1	1	1	1	1	1	1	1	1	1
8442	1	1	1	1	1	1	1	1	1	1	1	1	1	1
8443	1	1	1	1	1	1	1	1	1	1	1	1	1	1
8451	1	1	0	0	0	0	0	0	1	1	1	1	1	1
8452	1	1	0	1	1	1	1	1	1	1	1	1	1	1
8459	1	1	1	1	1	1	1	1	1	1	1	1	1	1
8461	1	1	1	1	1	1	1	1	1	1	1	1	1	1
8462	1	1	0	0	1	1	1	1	1	1	1	1	1	1
8463	1	1	1	1	1	1	1	1	1	1	1	1	1	1
8464	1	1	1	1	1	1	1	1	1	1	1	1	1	1

续表

id	1976 dumrea	1977 dumrea	1978 dumrea	1979 dumrea	1980 dumrea	1981 dumrea	1982 dumrea	1983 dumrea	1984 dumrea	1985 dumrea	1986 dumrea	1987 dumrea	1988 dumrea	1989 dumrea
8465	1	1	0	0	0	1	1	1	1	1	1	1	1	1
8471	1	1	1	1	1	1	1	1	1	1	1	1	1	1
8472	1	1	1	1	1	1	1	1	1	1	1	1	1	1
8481	1	1	1	1	1	1	1	1	1	1	1	1	1	1
8482	0	0	1	1	1	1	1	1	1	1	1	1	1	1
8483	1	1	1	1	1	1	1	1	1	1	1	1	1	1
8484	1	1	1	1	1	1	1	1	1	1	1	1	1	1

id	1990 dumrea	1991 dumrea	1992 dumrea	1993 dumrea	1994 dumrea	1995 dumrea	1996 dumrea	1997 dumrea	1998 dumrea	1999 dumrea	2000 dumrea	2001 dumrea	2002 dumrea	2003 dumrea
2613	1	1	1	1	1	1	1	1	1	1	1	1	1	1
2614	1	1	1	1	1	1	0	1	0	0	0	0	0	0
2631	1	1	0	1	0	0	0	0	0	0	0	0	0	0
2632	1	1	0	0	0	0	0	0	0	0	0	0	0	0
2633	1	0	0	1	0	0	0	0	0	0	0	0	0	0
2634	0	0	0	1	0	0	0	0	0	0	0	0	0	0
2640	1	1	1	1	1	0	0	1	0	0	0	0	0	0
2651	1	1	1	1	1	1	1	1	1	0	0	1	0	0
2652	1	1	1	1	1	1	1	1	1	1	1	1	0	0

附录 中国纺织产品比较优势（1962—2017年）

续表

id	1990 dumrca	1991 dumrca	1992 dumrca	1993 dumrca	1994 dumrca	1995 dumrca	1996 dumrca	1997 dumrca	1998 dumrca	1999 dumrca	2000 dumrca	2001 dumrca	2002 dumrca	2003 dumrca
2654	0	0	0	0	0	0	0	0	0	0	0	0	0	0
2655	0	0	0	0	0	0	0	0	0	0	0	0	0	0
2659	0	0	1	0	0	0	0	0	0	0	0	0	0	0
2665	0	0	0	0	0	0	0	0	0	0	0	0	0	0
2666	0	0	0	0	0	0	0	0	0	0	0	0	0	0
2667	0	0	0	0	0	0	0	0	0	0	0	0	0	0
2671	0	0	0	0	0	0	0	0	0	0	0	0	0	0
2672	0	0	0	0	0	0	0	0	0	0	0	0	0	0
2681	1	1	1	1	1	1	1	1	1	1	1	1	1	1
2682	0	1	1	0	1	0	0	0	0	1	0	1	1	0
2683	1	0	0	0	0	0	0	0	0	1	0	0	0	1
2685	0	0	1	1	1	1	1	1	0	1	1	1	0	0
2686	1	0	0	0	0	0	0	0	0	1	0	1	0	0
2687	0	0	1	0	0	0	0	0	0	1	0	0	0	0
2690	1	1	1	1	1	1	1	1	1	1	1	1	1	1
6511	1	1	1	1	1	1	1	1	1	1	1	1	1	1
6512	1	1	1	1	1	1	1	1	1	1	1	1	1	1

续表

id	1990 dumrca	1991 dumrca	1992 dumrca	1993 dumrca	1994 dumrca	1995 dumrca	1996 dumrca	1997 dumrca	1998 dumrca	1999 dumrca	2000 dumrca	2001 dumrca	2002 dumrca	2003 dumrca
6513	1	1	1	1	1	1	1	1	1	1	1	1	1	1
6514	0	0	0	1	0	0	0	0	0	0	0	0	0	0
6515	1	1	0	0	0	0	0	0	0	0	1	1	1	1
6516	1	1	1	1	1	1	1	1	1	1	1	1	1	1
6517	1	1	1	1	1	1	1	0	1	0	1	1	1	1
6518	1	1	0	1	0	0	0	0	0	0	0	1	1	1
6519	1	1	1	1	1	1	1	1	1	1	1	1	1	1
6521	1	1	1	0	1	1	0	1	1	1	1	1	1	1
6522	0	0	0	1	0	0	0	0	0	0	0	0	1	1
6531	0	0	0	1	0	0	0	1	0	0	0	1	1	1
6532	1	1	1	1	1	1	1	1	1	1	1	1	1	1
6534	1	0	1	1	1	1	0	1	1	1	1	0	1	1
6535	1	1	1	0	0	0	0	0	0	0	1	1	1	1
6536	1	0	0	0	0	1	1	1	0	1	1	1	1	1
6538	0	0	0	0	0	0	0	0	0	0	0	0	0	0
6539	1	1	1	1	1	1	1	1	1	1	1	1	1	1
6541														

附录　中国纺织产品比较优势（1962—2017年）

续表

id	1990 dumrca	1991 dumrca	1992 dumrca	1993 dumrca	1994 dumrca	1995 dumrca	1996 dumrca	1997 dumrca	1998 dumrca	1999 dumrca	2000 dumrca	2001 dumrca	2002 dumrca	2003 dumrca
6542	0	0	0	0	0	0	0	0	0	0	0	0	0	0
6543	0	0	0	0	0	0	0	0	0	0	0	0	0	0
6544	1	1	1	0	1	1	1	1	1	1	1	1	1	1
6545	0	0	0	0	0	0	0	0	0	0	0	0	0	0
6546	0	0	0	1	0	0	0	0	0	1	0	1	1	0
6549	1	1	1	1	0	0	1	0	0	1	1	0	1	1
6551	1	1	0	0	0	0	0	1	0	0	0	1	1	1
6552	1	1	1	1	1	0	1	1	1	1	1	1	1	1
6553	1	1	0	0	0	0	1	0	1	1	1	1	1	1
6560	1	1	1	1	0	0	1	1	0	1	1	1	1	1
6571	0	0	0	0	0	0	0	0	0	0	0	0	0	0
6572	0	0	0	1	0	0	0	0	0	0	0	0	0	0
6573	0	0	0	0	0	0	0	0	0	0	0	0	0	0
6574	1	1	1	1	1	1	1	1	1	1	1	1	1	1
6575	1	1	1	1	1	1	1	1	1	1	1	1	1	1
6576	1	1	1	1	1	1	1	1	1	1	1	1	1	1
6577	0	0	0	0	0	0	0	0	0	0	0	0	0	0

续表

id	1990 dumrea	1991 dumrea	1992 dumrea	1993 dumrea	1994 dumrea	1995 dumrea	1996 dumrea	1997 dumrea	1998 dumrea	1999 dumrea	2000 dumrea	2001 dumrea	2002 dumrea	2003 dumrea
6579	0	0	0	0	0	0	0	0	0	0	0	0	0	0
6581	1	1	1	1	1	1	1	1	1	1	1	1	1	1
6582	1	1	1	1	1	1	1	1	1	1	1	1	1	1
6583	1	1	1	1	1	1	1	1	1	1	1	1	1	1
6584	1	1	1	1	1	1	1	1	1	1	1	1	1	1
6589	0	0	0	0	0	0	0	0	0	0	0	0	0	0
6591	1	1	1	1	1	1	1	1	1	1	1	1	1	1
6592	1	1	1	1	1	1	1	1	1	1	1	1	1	1
6593	1	1	1	1	1	1	1	1	1	1	1	1	1	1
6594	0	0	0	0	0	0	0	0	0	0	0	0	0	0
6595	0	0	0	0	0	0	0	0	0	0	0	0	0	0
6596	1	1	1	1	1	1	1	1	1	1	1	1	1	1
6597	1	1	1	1	1	1	1	1	1	1	1	1	1	1
8421	1	1	1	1	1	1	1	1	1	1	1	1	1	1
8422	1	1	1	1	1	1	1	1	1	1	1	1	1	1
8423	1	1	1	1	1	1	1	1	1	1	1	1	1	1
8424	1	1	1	1	1	1	1	1	1	1	1	1	1	1

续表

id	1990 dumrca	1991 dumrca	1992 dumrca	1993 dumrca	1994 dumrca	1995 dumrca	1996 dumrca	1997 dumrca	1998 dumrca	1999 dumrca	2000 dumrca	2001 dumrca	2002 dumrca	2003 dumrca
8429	1	1	1	1	1	1	1	1	1	1	1	1	1	1
8431	1	1	1	1	1	1	1	1	1	1	1	1	1	1
8432	1	1	1	1	1	1	1	1	1	1	1	1	1	1
8433	1	1	1	1	1	1	1	1	1	1	1	1	1	1
8434	1	1	1	1	1	1	1	1	1	1	1	1	1	1
8435	1	1	1	1	1	1	1	1	1	1	1	1	1	1
8439	1	1	1	1	1	1	1	1	1	1	1	1	1	1
8441	1	1	1	1	1	1	1	1	1	1	1	1	1	1
8442	1	1	1	1	1	1	1	1	1	1	1	1	1	1
8443	1	1	1	1	1	1	1	1	1	1	1	1	1	1
8451	1	1	1	1	1	1	1	1	1	1	1	1	1	1
8452	1	1	1	1	1	1	1	1	1	1	1	1	1	1
8459	1	1	1	1	1	1	1	1	1	1	1	1	1	1
8461	1	0	0	0	0	0	0	0	1	0	1	1	1	1
8462	1	1	1	1	1	1	1	1	1	1	1	1	1	1
8463	1	1	1	1	1	1	1	1	1	1	1	1	1	1
8464	1	1	1	1	1	1	1	1	1	1	1	1	1	1

续表

id	1990 dumrea	1991 dumrea	1992 dumrea	1993 dumrea	1994 dumrea	1995 dumrea	1996 dumrea	1997 dumrea	1998 dumrea	1999 dumrea	2000 dumrea	2001 dumrea	2002 dumrea	2003 dumrea
8465	1	1	1	1	1	1	1	1	1	1	1	1	1	1
8471	1	1	1	1	1	1	1	1	1	1	1	1	1	1
8472	1	1	1	1	1	1	1	1	1	1	1	1	1	1
8481	1	1	1	1	1	1	1	1	1	1	1	1	1	1
8482	1	1	1	1	1	1	1	1	1	1	1	1	1	1
8483	1	1	1	1	1	1	1	1	1	1	1	1	1	1
8484	1	1	1	1	1	1	1	1	1	1	1	1	1	1

id	2004 dumrea	2005 dumrea	2006 dumrea	2007 dumrea	2008 dumrea	2009 dumrea	2010 dumrea	2011 dumrea	2012 dumrea	2013 dumrea	2014 dumrea	2015 dumrea	2016 dumrea	2017 dumrea
2613	1	1	1	1	1	1	1	1	1	1	1	1	1	1
2614	1	1	1	1	1	1	0	0	0	0	0	0	0	0
2631	0	0	0	0	0	0	0	0	0	0	0	0	0	0
2632	0	0	1	1	0	0	0	0	0	0	0	0	0	0
2633	0	0	0	0	0	0	0	0	0	0	0	0	0	0
2634	0	0	0	0	0	0	0	0	0	0	0	0	0	0
2640	0	0	0	0	0	0	0	0	0	0	0	0	0	0

附录　中国纺织产品比较优势（1962—2017年）

续表

id	2004 dumrca	2005 dumrca	2006 dumrca	2007 dumrca	2008 dumrca	2009 dumrca	2010 dumrca	2011 dumrca	2012 dumrca	2013 dumrca	2014 dumrca	2015 dumrca	2016 dumrca	2017 dumrca
2651	0	0	0	0	0	0	0	0	0	0	0	0	0	0
2652	0	0	0	0	0	0	0	0	0	0	0	0	0	0
2654	0	0	0	0	0	0	0	0	0	0	0	0	0	0
2655	0	0	0	0	0	0	0	0	0	0	0	0	0	0
2659	0	0	0	0	1	1	1	1	1	1	1	1	1	1
2665	0	0	0	0	0	0	0	0	0	0	0	0	0	0
2666	0	0	0	0	0	0	0	1	0	0	0	0	0	0
2667	0	0	0	0	0	0	0	0	0	0	0	0	0	0
2671	0	0	0	0	0	0	0	0	0	0	0	0	0	0
2672	0	0	0	1	1	1	1	1	1	1	1	1	1	1
2681	1	1	1	1	1	1	1	1	1	1	1	1	1	1
2682	1	1	1	1	1	1	0	1	1	0	1	1	1	0
2683	0	1	1	1	1	1	1	1	1	1	1	0	1	0
2685	0	0	0	0	0	0	0	0	0	0	0	0	0	0
2686	1	1	1	1	1	1	1	1	1	1	1	1	1	1
2687	1	1	1	1	1	1	1	1	1	1	1	1	1	1

续表

id	2004 dumrea	2005 dumrea	2006 dumrea	2007 dumrea	2008 dumrea	2009 dumrea	2010 dumrea	2011 dumrea	2012 dumrea	2013 dumrea	2014 dumrea	2015 dumrea	2016 dumrea	2017 dumrea
2690	0	0	0	0	0	0	0	0	0	0	0	0	0	0
6511	1	1	1	1	1	1	1	1	1	1	1	1	1	1
6512	1	1	1	1	1	1	1	1	1	1	1	1	1	1
6513	1	1	1	1	1	1	1	1	1	1	0	0	0	0
6514	0	0	1	1	1	1	1	1	1	1	1	1	1	1
6515	1	1	1	1	1	1	1	1	1	1	1	1	1	1
6516	1	1	1	1	1	1	1	1	1	1	1	1	1	1
6517	1	1	1	1	1	1	1	1	1	1	1	1	1	1
6518	1	1	1	1	0	1	1	1	1	1	0	1	0	0
6519	1	1	1	1	1	1	1	1	1	1	1	1	1	1
6521	1	1	1	1	1	1	1	1	1	1	1	1	1	1
6522	1	1	1	1	1	1	1	1	1	1	1	1	1	1
6531	1	1	1	1	1	1	1	1	1	1	1	1	1	1
6532	1	1	1	1	1	1	1	1	1	1	1	1	1	1
6534	0	0	0	0	0	1	1	1	1	1	1	1	1	1
6535	0	0	0	0	0	1	1	1	1	1	1	1	1	1

附录 中国纺织产品比较优势（1962—2017 年）

续表

id	2004 dumrca	2005 dumrca	2006 dumrca	2007 dumrca	2008 dumrca	2009 dumrca	2010 dumrca	2011 dumrca	2012 dumrca	2013 dumrca	2014 dumrca	2015 dumrca	2016 dumrca	2017 dumrca
6536	1	1	1	1	1	1	1	1	1	1	1	1	1	1
6538	1	1	1	1	1	1	1	1	1	1	1	1	1	1
6539	1	1	1	1	1	1	1	1	1	1	1	1	1	1
6541	1	1	1	1	1	1	1	1	1	1	1	1	1	1
6542	1	1	1	1	0	0	0	1	0	0	0	0	0	0
6543	0	0	0	0	1	1	1	1	1	1	1	1	1	1
6544	1	1	1	1	1	1	1	1	1	1	1	1	1	1
6545	0	0	0	0	0	0	0	0	0	0	0	0	0	0
6546	1	1	1	1	1	1	1	1	1	1	1	1	1	1
6549	1	1	1	1	1	1	1	1	1	1	1	1	1	1
6551	1	1	1	1	1	1	1	1	1	1	1	1	1	1
6552	1	1	1	1	1	1	1	1	1	1	1	1	1	1
6553	1	1	1	1	1	1	1	1	1	1	1	1	1	1
6560	1	1	0	0	0	0	0	0	0	1	1	1	1	1
6571	0	0	0	0	0	0	0	1	0	1	1	1	0	0
6572	0	0	0	0	0	0	0	0	0	0	1	1	1	1

续表

id	2004 dumrea	2005 dumrea	2006 dumrea	2007 dumrea	2008 dumrea	2009 dumrea	2010 dumrea	2011 dumrea	2012 dumrea	2013 dumrea	2014 dumrea	2015 dumrea	2016 dumrea	2017 dumrea
6573	1	1	1	1	1	1	1	1	1	1	1	1	1	1
6574	1	1	1	1	1	1	1	1	1	1	1	1	1	1
6575	1	1	1	1	1	1	1	1	1	1	1	1	1	1
6576	0	0	0	0	0	0	0	0	0	0	0	0	0	0
6577	0	0	0	0	0	0	0	0	0	0	0	0	0	1
6579	1	1	1	1	1	1	1	1	1	1	1	1	1	1
6581	1	1	1	1	1	1	1	1	1	1	1	1	1	1
6582	1	1	1	1	1	1	1	1	1	1	1	1	1	1
6583	1	1	1	1	1	1	1	1	1	1	1	1	1	1
6584	0	0	0	0	0	0	0	0	0	0	0	0	0	0
6589	1	1	1	0	1	0	0	0	0	0	0	0	0	0
6591	1	1	1	1	1	0	0	0	0	0	0	0	0	0
6592	1	1	1	1	1	1	1	1	1	1	1	1	1	1
6593	0	0	0	0	0	0	0	0	0	0	0	0	0	0
6594	0	0	0	0	0	0	0	0	0	0	0	0	0	0
6595	0	0	0	0	0	0	1	1	1	1	1	1	1	1

附录 中国纺织产品比较优势（1962—2017年） 245

续表

id	2004 dumrca	2005 dumrca	2006 dumrca	2007 dumrca	2008 dumrca	2009 dumrca	2010 dumrca	2011 dumrca	2012 dumrca	2013 dumrca	2014 dumrca	2015 dumrca	2016 dumrca	2017 dumrca
6596	1	1	1	1	1	1	1	1	1	1	1	1	1	1
6597	1	1	1	1	1	1	1	1	1	1	1	1	1	1
8421	1	1	1	1	1	1	1	1	1	1	1	1	1	1
8422	1	1	1	1	1	1	1	1	1	1	1	1	1	1
8423	1	1	1	1	1	1	1	1	1	1	1	1	1	1
8424	1	1	1	1	1	1	1	1	1	1	1	1	1	1
8429	1	1	1	1	1	1	1	1	1	1	1	1	1	1
8431	1	1	1	1	1	1	1	1	1	1	1	1	1	1
8432	1	1	1	1	1	1	1	1	1	1	1	1	1	1
8433	1	1	1	1	1	1	1	1	1	1	1	1	1	1
8434	1	1	1	1	1	1	1	1	1	1	1	1	1	1
8435	1	1	1	1	1	1	1	1	1	1	1	1	1	1
8439	1	1	1	1	1	1	1	1	1	1	1	1	1	1
8441	1	1	1	1	1	1	1	1	1	1	1	1	1	1
8442	1	1	1	1	1	1	1	1	1	1	1	1	1	1
8443	1	1	1	1	1	1	1	1	1	1	1	1	1	1

续表

id	2004 dumrea	2005 dumrea	2006 dumrea	2007 dumrea	2008 dumrea	2009 dumrea	2010 dumrea	2011 dumrea	2012 dumrea	2013 dumrea	2014 dumrea	2015 dumrea	2016 dumrea	2017 dumrea
8451	1	1	1	1	1	1	1	1	1	1	1	1	1	1
8452	1	1	1	1	1	1	1	1	1	1	1	1	1	1
8459	1	1	1	1	1	1	1	1	1	1	1	1	1	1
8461	1	1	1	1	1	1	1	1	1	1	1	1	1	1
8462	1	1	1	1	1	1	1	1	1	1	1	1	1	1
8463	1	1	1	1	1	1	1	1	1	1	1	1	1	1
8464	1	1	1	1	1	1	0	1	1	1	1	0	1	1
8465	1	1	1	1	1	1	1	1	1	1	1	1	1	1
8471	1	1	1	1	1	1	1	1	1	1	1	1	1	1
8472	1	1	1	1	1	1	1	1	1	1	1	1	1	1
8481	1	1	1	1	1	1	1	1	1	1	1	1	1	1
8482	1	1	1	1	1	1	1	1	1	1	1	1	1	1
8483	1	1	1	1	1	1	1	1	1	1	1	1	1	1
8484	1	1	1	1	1	1	1	1	1	1	1	1	1	1

注：id 表示 SITC（rev.2）中出口商品的四位数编码；dumrea 表示商品的显性比较优势的逻辑值，当 RCA>1 时，dumrea=1，否则为 0。

参考文献

白俊红、聂亮：《技术进步与环境污染的关系——一个倒 U 形假说》，《研究与发展管理》2017 年第 3 期。

包特力根白乙：《渔业供给侧结构性改革：基本内涵、理论基础与现实依据》，《大连海事大学学报》（社会科学版）2018 年第 5 期。

曾世宏、郑江淮：《产品空间结构理论对我国转变经济发展方式的启示》，《经济纵横》2008 年第 11 期。

陈超美、陈悦、侯剑华等：《CiteSpace Ⅱ：科学文献中新趋势与新动态的识别与可视化》，《情报学报》2009 年第 3 期。

陈恒、侯建、陈伟：《知识产权保护对高技术产业科技绩效的影响机理——基于面板门限模型实证分析》，《系统工程》2016 年第 11 期。

陈丽娴、沈鸿、魏作磊：《服务业开放提高了经济增加值率吗？——基于产业集聚视角的门槛回归分析》，《国际贸易问题》2016 年第 10 期。

陈淑梅、江倩雯：《中国—欧盟自由贸易区的产业效应研究——基于 GTAP 模型的模拟分析》，《东南大学学报》（哲学社会科学版）2014 年第 6 期。

陈义方：《纺织大国崛起历程》，中国纺织出版社 2015 年版。

陈义方：《纺织业国际贸易》，中国纺织出版社 2015 年版。

程文、张建华：《中国模块化技术发展与企业产品创新——对 Hausmann-Klinger 模型的扩展及实证研究》，《管理评论》2013 年第 1 期。

戴魁早、刘友金：《要素市场扭曲、区域差异与 R&D 投入——来自中国高技术产业与门槛模型的经验证据》,《数量经济技术经济研究》2015年第9期。

戴翔:《服务出口复杂度与经济增长质量：一项跨国经验研究》,《审计与经济研究》2015年第4期。

戴翔、郑岚、张为付:《汇率变动是否影响了服务出口复杂度——基于跨国面板数据的实证分析》,《南开经济研究》2016年第6期。

邓金龙、曾建光:《行业景气度对高管辞职决策的影响》,《财经科学》2019年第5期。

邓向荣、曹红：《产业升级路径选择：遵循抑或偏离比较优势——基于产品空间结构的实证分析》,《中国工业经济》2016年第2期。

丁一兵、刘威:《进口产品复杂度对产业结构高级化的影响——来自中国34个工业行业的经验研究》,《经济评论》2018年第3期。

董利红、严太华:《技术投入、对外开放程度与"资源诅咒"：从中国省际面板数据看贸易条件》,《国际贸易问题》2015年第9期。

杜龙政、刘友金:《全球价值链下产业升级与集群式创新发展研究》,《国际经贸探索》2007年第12期。

樊海潮、郭光远：《出口价格、出口质量与生产率间的关系：中国的证据》,《世界经济》2015年第2期。

干春晖、郑若谷、余典范：《中国产业结构变迁对经济增长和波动的影响》,《经济研究》2011年第5期。

高华斌、牛方：《经济增长减速换挡更加注重运行质量——中国纺织工业联合会会长王天凯谈"十二五"行业发展》,《中国纺织》2015年第12期。

顾国达、郭爱美:《金融发展与出口复杂度提升——基于作用路径的实证》,《国际经贸探索》2013年第11期。

郭将、王德地:《产品空间结构视角下优势产业的识别与升级——以浙江省装备制造业为例》,《技术与创新管理》2018年第4期。

郭将、许泽庆：《产业相关多样性对区域经济韧性的影响》，《科技进步与对策》2019 年第 13 期。

胡兵、陈少林：《贸易开放对地方政府支出规模影响的门槛效应》，《亚太经济》2014 年第 3 期。

胡兵、李柯：《国家经济风险对中国 OFDI 的影响——以东道国经济发展水平为门槛变量的实证分析》，《广西财经学院学报》2012 年第 6 期。

金中夏、李良松：《TPP 原产地规则对中国的影响及对策——基于全球价值链角度》，《国际金融研究》2014 年第 12 期。

柯丽菲：《生产性服务业技术进步推动广西制造业升级的传导效率研究》，《学术论坛》2018 年第 2 期。

赖福平：《工业企业景气指数研究与实证分析》，硕士学位论文，暨南大学，2005 年。

黎映宸：《金融产业集聚对经济增长的影响研究》，硕士学位论文，哈尔滨商业大学，2016 年。

李江帆：《产业结构高级化与第三产业现代化》，《中山大学学报》（社会科学版）2005 年第 4 期。

李树：《环境治理、产业结构调整与经济增长——基于中国 247 个地级及以上城市数据的门槛回归模型分析》，《云南财经大学学报》2013 年第 5 期。

李文宇、刘洪铎：《多维距离视角下的"一带一路"构建——空间、经济、文化与制度》，《国际经贸探索》2016 年第 6 期。

梁文化：《中国 OFDI 逆向技术溢出影响自主创新的门槛检验——基于吸收能力视角》，《浙江工商大学学报》2019 年第 3 期。

林毅夫：《新结构经济学：反思经济发展与政策的理论框架》，北京大学出版社 2015 年版。

刘德学、喻叶：《要素禀赋与出口技术复杂度——基于制度的门槛回归分析》，《商业研究》2019 年第 4 期。

刘林青、邓艺林：《产品密度、产品机会收益与产业升级——基于产品空间理论的实证分析》，《现代经济探讨》2019 年第 2 期。

刘守英、杨继东：《中国产业升级的演进与政策选择——基于产品空间的视角》，《管理世界》2019年第6期。

刘晓宁：《贸易自由化、异质性企业出口决策与出口产品质量升级研究》，山东人民出版社2015年版。

刘艳、李文秀、曹芳：《制度环境对服务出口复杂度的影响——基于跨国面板数据的实证研究》，《中南财经政法大学学报》2015年第1期。

刘章生、宋德勇、刘桂海：《环境规制对制造业绿色技术创新能力的门槛效应》，《商业研究》2018年第4期。

刘志彪：《产业经济学》，机械工业出版社2015年版。

刘志彪：《服务业外包与中国新经济力量的战略崛起》，《南京大学学报》（哲学·人文科学·社会科学版）2007年第4期。

刘志彪：《中国贸易量增长与本土产业的升级——基于全球价值链的治理视角》，《学术月刊》2007年第2期。

陆安：《社会网络中群体连续观点演化研究》，博士学位论文，合肥工业大学，2018年。

路畅、王媛媛、于渤等：《制度环境、技术创新与传统产业升级》，《科技进步与对策》2019年第14期。

伦蕊：《研发逐利、风险控制与管理者经验》，《华中科技大学学报》（社会科学版）2016年第6期。

罗军、陈建国：《FDI、人力资本门槛与就业——基于门槛效应的检验》，《世界经济研究》2014年第7期。

罗斯托：《这一切是怎么开始的：现代经济的起源》，商务印书馆1997年版。

罗涛：《生产者价格指数与物流业景气指数关系研究》，《价格理论与实践》2018年第4期。

马广奇、黄伟丽：《"一带一路"与中美贸易：发展态势与替代路径研究》，《当代经济管理》2019年第9期。

马海燕、刘林青：《产品密度、模仿同构与产业升级——基于产品空间视角》，《国际贸易问题》2018年第8期。

马海燕、于孟雨：《产品复杂度、产品密度与产业升级——基于产品空间理论的研究》，《财贸经济》2018 年第 3 期。

毛怡欣：《上市公司信息披露的文字主观叙述与盈余操纵——基于机器学习法提取主观模式的研究》，《商业研究》2019 年第 1 期。

倪明明：《中国金融结构调整与产业结构优化研究》，博士学位论文，西北大学，2015 年。

钱有青：《我国"七五"期间纺织工业的发展》，《纺织导报》1991 年 1 月 11 日。

乔小勇、王耕、李泽怡：《全球价值链国内外研究回顾——基于 SCI/SSCI/CSSCI 文献的分析》，《亚太经济》2017 年第 1 期。

秦天、彭珏、邓宗兵：《生产性服务业发展与农业全要素生产率增长》，《现代经济探讨》2017 年第 12 期。

任英华、雷发林、谭朵朵：《全球价值链嵌入对出口技术复杂度的影响研究》，《湖南大学学报》（社会科学版）2019 年第 4 期。

沈玉良、彭羽：《全球价值链视角下中国电子产品的技术复杂度提升了吗？以智能手机为例》，《世界经济研究》2018 年第 6 期。

施振荣：《"微笑曲线"》，《竞争力·三联财经》2010 年第 4 期。

宋岩、方蓓蓓、孙晓妍：《CEO 自信程度、研发投入与企业社会责任履行——基于门槛效应的实证分析》，《重庆社会科学》2019 年第 7 期。

孙维伟、段白鸽：《经济增长、宏观政策对中国车险市场发展的影响研究》，《宏观经济研究》2017 年第 5 期。

孙云杰：《中国煤炭产业景气测度及其运行特征分析》，《统计与决策》2018 年第 17 期。

邰鹿峰、徐洁香：《服务贸易出口净技术复杂度对产业结构服务化转型的影响——基于跨国面板模型的实证检验》，《国际商务（对外经济贸易大学学报）》2017 年第 4 期。

田瑞强、姚长青、刘沨颖等：《科技期刊行业发展景气指数研究》，《中国科技期刊研究》2018 年第 5 期。

汪小帆、李翔、陈关荣：《复杂网络理论及其应用》，清华大学出版社 2006 年版。

王斌：《小世界网络理论在交通网络中的应用研究》，博士学位论文，南京航空航天大学，2003 年。

王桂军、卢潇潇：《"一带一路"倡议与中国企业升级》，《中国工业经济》2019 年第 3 期。

王国敏、常璇：《我国农业结构性矛盾与农业供给侧改革的着力点》，《理论探索》2017 年第 6 期。

王红月：《我国计算机、通信和其他电子设备制造业升级研究》，硕士学位论文，西北师范大学，2018 年。

王坤：《中国农产品比较优势培育路径研究》，硕士学位论文，华中师范大学，2018 年。

王亮、吴浜源：《贸易条件变动的通货膨胀效应——基于发展中国家数据的动态面板和门槛回归分析》，《国际贸易问题》2014 年第 9 期。

王晴颖：《中国纺织工业联合会副会长孙瑞哲出席 ITMF 行业研讨会》，《纺织导报》2012 年第 6 期。

王师勤：《霍夫曼工业化阶段论述评》，《经济学动态》1988 年第 10 期。

王树乔、王惠、李小聪：《研究生教育影响经济增长的非线性效应研究》，《现代教育管理》2017 年第 6 期。

王恕立、刘军：《贸易条件变动、技术进步与产业结构效益——基于跨国面板数据的分析》，《上海经济研究》2012 年第 5 期。

王兴宇：《一种可视化分析：一流大学研究之图景》，《现代教育管理》2019 年第 3 期。

吴传清、张雅晴：《环境规制对长江经济带工业绿色生产率的门槛效应》，《科技进步与对策》2018 年第 8 期。

吴友群、王立勇、廖信林：《政府债务与居民消费非线性关系的国际研究》，《统计与决策》2015 年第 2 期。

肖扬：《质量对企业出口行为的影响研究》，博士学位论文，中南财经政法大学，2018 年。

肖叶、刘小兵：《税收竞争促进了产业结构转型升级吗？——基于总量与结构双重视角》，《财政研究》2018年第5期。

徐建中、赵亚楠：《FDI知识溢出对区域低碳创新网络效率的门槛效应研究》，《科技进步与对策》2019年第9期。

许静：《浙江省纺织业景气评价与预警体系研究》，硕士学位论文，浙江工商大学，2012年。

许时泽：《全球服务贸易网络与服务空间的演化研究》，硕士学位论文，华东师范大学，2019年。

薛书明、陈江、马培华等：《金融减贫效应、门槛特征与实证检验——基于深度贫困地区临夏州的面板数据分析》，《甘肃金融》2018年第6期。

叶康涛、张姗姗、张艺馨：《企业战略差异与会计信息的价值相关性》，《会计研究》2014年第5期。

尤济红、王鹏：《环境规制能否促进R&D偏向于绿色技术研发？——基于中国工业部门的实证研究》，《经济评论》2016年第3期。

于研、魏文臻杰：《银行利差与表外业务的内生性研究——基于中国上市商业银行2008—2013年的实证分析》，《国际金融研究》2015年第8期。

张富禄：《推进工业领域供给侧结构性改革的基本策略》，《中州学刊》2016年第5期。

张国庆、李卉：《税收增长对产业升级的影响——基于空间计量和面板门槛模型的实证分析》，《云南财经大学学报》2019年第7期。

张慧明、蔡银寅：《中国制造业如何走出"低端锁定"——基于面板数据的实证研究》，《国际经贸探索》2015年第1期。

张鹏、于伟：《金融集聚对城市化发展效率的非线性效应——基于284个城市的门槛回归分析》，《云南财经大学学报》2018年第2期。

张其仔：《比较优势的演化与中国产业升级路径的选择》，《中国工业经济》2008年第9期。

张舒:《产业升级路径:产品质量阶梯的视角》,《财经问题研究》2014年第10期。

张亭、刘林青:《产品复杂性水平对中日产业升级影响的比较研究——基于产品空间理论的实证分析》,《经济管理》2017年第5期。

张亭、刘林青:《中美产业升级的路径选择比较——基于产品空间理论的分析》,《经济管理》2016年第8期。

张亭、刘林青:《中美知识产权密集型产业发展形态与路径选择的比较研究——基于产品空间理论的实证分析》,《宏观质量研究》2018年第1期。

张向阳、朱有为:《基于全球价值链视角的产业升级研究》,《外国经济与管理》2005年第5期。

张妍妍:《产品空间结构演化与产业升级研究》,博士学位论文,吉林大学,2014年。

张毅、曹晶晶、齐莉娜等:《旅游目的地虚拟网络结构特征研究——以黄山市为例》,《北京大学学报》(自然科学版)2013年第6期。

张幼文:《生产要素的国际流动与全球化经济的运行机制——世界经济学的分析起点与理论主线》,《世界经济研究》2015年第12期。

张雨、戴翔:《什么影响了服务出口复杂度——基于全球112个经济体的实证研究》,《国际贸易问题》2015年第7期。

张志新、张琳琛、刘欣:《外资流入、人力资本与我国出口贸易结构分析》,《商业研究》2017年第8期。

之剑:《中国服装行业"五大变局"》,《中国纤检》2008年第7期。

中国纺织工业企业管理协会:《企业生产经营总体平稳》,《中国纺织报》2019年5月6日。

周勤、周绍东:《产品内分工与产品建构陷阱:中国本土企业的困境与对策》,《中国工业经济》2009年第8期。

Alaabed, A., Masih, M., "Finance-Growth Nexus: Insights from an Application of Threshold Regression Model to Malaysia's Dual Financial System", *Borsa Istanbul Review*, Vol. 16, No. 2, 2016.

Alfada, A., "The Destructive Effect of Corruption on Economic Growth in Indonesia: A Threshold Model", *Heliyon*, Vol. 5, No. 10, 2019.

Balassa, B., "Trade Liberalisation and 'Revealed' Comparative Advantage", *The Manchester School*, Vol. 33, No. 2, 1965.

Baldwin, R., "Heterogeneous Firms and Trade: Testable and Untestable Properties of the Melitz Model", National Bureau of Economic Research, Working Paper, 2005.

Balland, P. A., De Vaan, M., Boschma, R., "The Dynamics of Interfirm Networks along the Industry Life Cycle: The Case of the Global Video Game Industry, 1987 – 2007", *Journal of Economic Geography*, Vol. 13, No. 5, 2013.

Berkowitz, D., Pistor, M. K., "Trade, Law, and Product Complexity", *The Review of Economics and Statistics*, Vol. 88, No. 2, 2006.

Birch, K., "Alliance-Driven Governance: Applying a Global Commodity Chains Approach to the UK Biotechnology Industry", *Economic Geography*, Vol. 84, No. 1, 2008.

Bonaglia, F., Colpan, A. M., Goldstein, A., "Innovation and Internationalisation in the White Goods GVC: The Case of Arcelik", *International Journal of Technological Learning, Innovation and Development*, Vol. 1, No. 4, 2008.

Bond, S. R., Hoeffler, A., Temple, J., "GMM Estimation of Empirical Growth Models", CEPR Discussion Papers, No. 3048, 2001.

Chang, Ning, "Changing Industrial Structure to Reduce Carbon Dioxide Emissions: A Chinese Application", *Journal of Cleaner Production*, Vol. 103, 2015.

Chenery, H. B., Taylor, L., "Development Patterns: Among Countries and Over Time", *The Review of Economics and Statistics*, Vol. 50, No. 4, 1968.

Chenery, H. B., *Patterens of Development*: 1950 – 1970, London: Oxford University Press, 1957.

Clark, C., *The Conditions of Economic Progress*, London: Macmillan, 1957.

Cremer, H., Thisse, J. F., "Location Models of Horizontal Differentiation: A Special Case of Vertical Differentiation Models", *Journal of Industrial Economics*, Vol. 39, No. 4, 1991.

Dangelico, R. M., Pontrandolfo, P., Pujari, D., "Developing Sustainable New Products in the Textile and Upholstered Furniture Industries: Role of External Integrative Capabilities", *Journal of Product Innovation Management*, Vol. 30, No. 4, 2013.

Ding, X., Tang, N., He, J., "The Threshold Effect of Environmental Regulation, FDI Agglomeration, and Water Utilization Efficiency Under 'Double Control Actions' —An Empirical Test Based on Yangtze River Economic Belt", *Water*, Vol. 11, No. 3, 2019.

Dixit, A. K., Stiglitz, J. E., "Monopolistic Competition and Optimum Product Diversity", *The American Economic Review*, Vol. 67, No. 3, 1977.

Enders, W., Falk, B., Siklos, Pierre L., "A Threshold Model of Real U. S. GDP and the Problem of Constructing Confidence Intervals in Tar Models", *Studies in Nonlinear Dynamics & Econometrics*, Vol. 11, No. 3, 2006.

Eum, W., Lee, J. D., "Role of Production in Fostering Innovation", *Technovation*, Vol. 84–85, 2019.

Feenstra, R. C., Lipsey, R. E., Deng, H., et al., "World Trade Flows: 1962–2000", NBER Working Papers, Vol. 11, No. 3, 2005.

Felipe, J., Kumar, U., Usui, N., et al., "Why has China Succeeded? And Why It Will Continue to Do So", *Cambridge Journal of Economics*, Vol. 37, No. 4, 2013.

Fisher, A. G. B., *Clash of Progress and Security*, London: Macmillan Co. Limited, 1935.

Garas, A., Guthmuller, S., Lapatinas, A., "The Development of Nations Conditions the Disease Space", *Plos One*, Vol. 16, No. 1, 2019.

Gereffi, G., Bair, J., "Local Clusters in Global Chains: The Causes and Consequences of Export Dynamism in Torreon's Blue Jeans Industry", *World Development*, Vol. 29, No. 11, 2001.

Gereffi, G., Humphrey, J., Sturgeon, T., "The Governance of Global Value Chains", *Review of International Political Economy*, Vol. 12, No. 1, 2005.

Gereffi, G., "International Trade and Industrial Upgrading in the Apparel Commodity Chain", *Journal of International Economics*, Vol. 48, No. 1, 1999.

Gereffi, G., *The Transformation of the North American Apparel Industry: Is NAFTA a Curse or a Blessing?* Chile: Economic Commission for Latin America and the Caribbean (ECLAC), 2000.

Glass, A. J., Saggi, K., "Intellectual Property Rights and Foreign Direct Investment", *Journal of International Economics*, Vol. 56, No. 2, 2002.

Glass, A. J., Wu, X., "Intellectual Property Rights and Quality Improvement", *Journal of Development Economics*, Vol. 82, No. 2, 2007.

Grossman, G., Helpman, E., "Technology and Trade", CEPR Discussion Papers, Vol. 269, No. 5220, 1994.

Grossman, G. M., Helpman, E., "Quality Ladders and Product Cycles", *The Quarterly Journal of Economics*, Vol. 106, No. 2, 1991.

Hallak, J. C., Sivadasan, J., "Productivity, Quality and Exporting Behavior under Minimum Quality Requirements", Working Paper, 2008.

Hamwey, R., Pacini, H., Assunção, L., "Mapping Green Product Spaces of Nations", *The Journal of Environment & Development*, Vol. 22, No. 2, 2013.

Hansen, B. E., "Sample Splitting and Threshold Estimation", *Econometrica*, Vol. 68, No. 3, 2000.

Hartmann, D., Guevara, M. R., Jara-Figueroa, C., et al., "Linking Economic Complexity, Institutions, and Income Inequality", *World Development*, Vol. 93, 2017.

Hausmann, R., Hwang, J., Rodrik, D., "What You Export Matters", *Journal of Economic Growth*, Vol. 12, No. 1, 2007.

Hausmann, R., Klinger, B., "The Evolution of Comparative Advantage: The Impact of the Structure of the Product Space", Center for International Development and Kennedy School of Government, Harvard University, 2006.

Heckscher, E. F., Ohlin, B. G., *Heckscher-Ohlin Trade Theory*, Washington: The MIT Press, 1991.

He, C., Yan, Y., Rigby, D., "Regional Industrial Evolution in China", *Papers in Regional Science*, Vol. 97, No. 2, 2018.

Helpman, E., Melitz, M. J., Yeaple, S. R., "Export versus FDI with Heterogeneous Firms", *American Economic Review*, Vol. 94, No. 1, 2004.

Hidalgo, César A., Ricardo Hausmann, "The Building Blocks of Economic Complexity", *Proceedings of The National Academy of Sciences*, Vol. 106, No. 26, 2009.

Hidalgo, C. A., Klinger, B., Barabási, A. L., et al., "The Product Space Conditions the Development of Nations", *Science*, Vol. 317, No. 5837, 2007.

Huang, W., Ma, G., Chen, X., "Does the Level of Environmental Uncertainty Matter in the Effect of Returnee Ceo on Innovation? Evidence from Panel Threshold Analysis", *Sustainability*, Vol. 11, No. 9, 2019.

Humphrey, J., Schmitz, H., "How Does InsertioniIn Global Value Chains Affect Upgrading in Industrial Clusters?" *Regional Studies*, Vol. 36, No. 9, 2002.

Im, K. S., Pesaran, M. H., Shin, Y., "Testing for Unit Roots in

Heterogeneous Panels", *Journal of Econometric*, Vol. 115, No. 1, 2003.

Iyidogan, P. V., Turan, T., "Government Size and Economic Growth in Turkey: A Threshold Regression Analysis", *Prague Economic Papers*, Vol. 2017, No. 2, 2017.

Jankowska, A., Nagengast, A., JoséRamón Perea, "The Product Space and the Middle-Income Trap: Comparing Asian and Latin American Experiences", OECD Development Centre Working Paper 311, 2012.

Jia, F., Ke-Fei, W., Xia, L., "Emerging Trends in Translation Studies (1993-2012): A Scientometric Analysis in CiteSpace", *Computer-Assisted Foreign Language Education*, Vol. 155, No. 1, 2014.

Kabadurmus, F. N. K., *Product Sophistication: A Cross-Country Analysis*, Turkey: IGI Global, 2019.

Kogut, B., "Designing Global Strategies: Comparative and Competitive Value-Added Chains", *Sloan Management Review*, Vol. 26 No. 4, 1985.

Kugler, M., Verhoogen, E., "The Quality-Complementarity Hypothesis: Theory and Evidence from Colombia", National Bureau of Economic Research Working Paper, 2008.

Kuznets, S., *Economic Growth of Nations: Total Output and Production Structure*, Cambridge: Harvard University Press, 1971.

Lancaster, K. J., "A New Approach to Consumer Theory", *Journal of Political Economy*, Vol. 74, No. 2, 1966.

Li, K., Lin, B., "The Nonlinear Impacts of Industrial Structure on China's Energy Intensity", *Energy*, Vol. 69, 2014.

Lo, Turco A., Maggioni, D., "On Firms' Product Space Evolution: The Role of Firm and Local Product Relatedness", *Journal of Economic Geography*, Vol. 16, No. 5, 2015.

Luan, B., Huang, J., Zou, H., "Domestic R&D, Technology Acquisition, Technology Assimilation and China's Industrial Carbon Intensity: Evidence from a Dynamic Panel Threshold Model", *Science of the To-*

tal Environment, Vol. 693, 2019.

Marchi, V. D., Maria, E. D., Micelli, S., "Environmental Strategies, Upgrading and Competitive Advantage in Global Value Chains", *Business Strategy & the Environment*, Vol. 22, No. 1, 2013.

Melitz, M. J., "The Impact of Trade on Intra-Industry Reallocations and Aggregate Industry Productivity", *Econometrica*, Vol. 71, No. 6, 2003.

Milgram, "The Small World Problem", *Psychology Today*, Vol. 2, No. 1, 1967.

Munir, Q., Li, T., "Nonlinearity between CEO Power and Firm Leverage: Evidence from the Threshold Model", *Review of Managerial Science*, Vol. 12, No. 3, 2018.

Neffke, F., Henning, M., Boschma, R., "How Do Regions Diversify Over Time? Industry Relatedness and the Development of New Growth Paths in Regions", *Economic Geography*, Vol. 87, No. 3, 2011.

Newman, M. E. J., Watts, D. J., "Renormalization Group Analysis of the Small-World Network Model", *Working Papers*, Vol. 263, No. 4-6, 1999.

Persyn, D., Westerlund, J., "Error-Correction-Based Cointegration Tests for Panel Data", *The STATA Journal*, Vol. 8, No. 2, 2008.

Petty, W., *Political Arithmetick*, Ontario: McMaster University, 1690.

Poncet, S., Waldemar, F. S. D., "Export Upgrading and Growth: The Prerequisite of Domestic Embeddedness", *World Development*, Vol. 51, No. 16, 2013.

Porter, M. E., *Competitive Advantage of Nations: Creating and Sustaining Superior Performance*, New York: Simon and Schuster, 2011.

Pula, G., Santabárbara, D., "Is China Climbing up the Quality Ladder?", BOFIT Discussion Papers, 2012.

Qiu, F., Yuan, H., Bai, L., et al., "Spatial-Temporal Heterogeneity of Industrial Structure Transformation and Carbon Emission Effect in Xuzhou Metropolitan Area", *Chinese Geographical Science*, Vol. 27,

No. 6, 2017.

Ricardo, D., *Principles of Political Economy and Taxation*, London: G. Bell and Sons, 1891.

Romer, P. M., "Endogenous Technological Change", NBER Working Papers, 1989.

Smith, A., Stewart, D., *An Inquiry into the Nature and Causes of the Wealth of Nations*, Homewood: Ill: Irwin, 1963.

Sun, Ping H., "Industry Relocation and Manufacturing Clusters Upgrading", *Advanced Materials Research*, Vols. 102–104, 2010.

Tirole, J., *The Theory of Industrial Organization*, Cambridge: MA, MIT Press, 1988.

Ushchev, P., Zenou, Y., "Price Competition in Product Variety Networks", *Games and Economic Behavior*, Vol. 110, 2018.

Verhoogen, E. A., "Trade, Quality Upgrading and Wage Inequality in the Mexican Manufacturing Sector", *Quarterly Journal of Economics*, Vol. 123, No. 2, 2008.

Vivarelli, M., "Globalization, Structural Change and Innovation in Emerging Economies: The Impact on Employment and Skills", IZA Discussion Paper, Vol. 1849, 2018.

Wang, S., Li, C., Zhou, H., "Impact of China's Economic Growth and Energy Consumption Structure on Atmospheric Pollutants: Based on a Panel Threshold Model", *Journal of Cleaner Production*, Vol. 236, 2019.

Wang, X. H., "A Note on the High-Quality Advantage in Vertical Differentiation Models", *Bulletin of Economic Research*, Vol. 55, No. 1, 2003.

Watts, D. J., Strogatz, S. H., "Collective Dynamics of 'Small-World' Networks", *Nature*, Vol. 393, No. 6684, 1998.

Watts, D. J., *Small Worlds: The Dynamics of Networks between Order and Randomness*, Princeton: Princeton University Press, 2000.

Westerlund, J., "Testing for Error Correction in Panel Data", *Ox-

ford Bulletin of Economics and Statistics, Vol. 69, No. 6, 2007.

Yi, Su, Xiao-Li, An, "Application of Threshold Regression Analysis to Study the Impact of Regional Technological Innovation Level on Sustainable Development", *Renewable and Sustainable Energy Reviews*, Vol. 89, 2018.

Zhang, Y. J., Liu, Z., Zhang, H., et al., "The Impact of Economic Growth, Industrial Structure and Urbanization on Carbon Emission Intensity in China", *Natural Hazards*, Vol. 73, No. 2, 2014.

Zhou, Y., Kong, Y., Sha, J., et al., "The Role of Industrial Structure Upgrades in Eco-Efficiency Evolution: Spatial Correlation and Spillover Effects", *Science of the Total Environment*, Vol. 687, 2019.

Zhu, L., Chen, L., Wu, X., et al., "Developing a Greenhouse Gas Management Evaluation System for Chinese Textile Enterprises", *Ecological Indicators*, Vol. 91, 2018.

Zhu, S., He, C., Luo, Q., "Good Neighbors, Bad Neighbors: Local Knowledge Spillovers, Regional Institutions and Firm Performance in China", *Small Business Economics*, Vol. 52, No. 3, 2019.